Dr. HOUSE

Dr. HOUSE

les secrets d'un antihéros

Henry Jacoby

Dr. HOUSE
LES SECRETS D'UN ANTIHÉROS

16, rue Albert Einstein – Marne-la-Vallée
77420 Champs-sur-Marne, France
www.musicbooks.fr

Première édition pour la traduction française

Titre original : *House and Philosophy, Everybody Lies*

Première publication par John Wiley & Sons, Inc., Hoboken, New Jersey, USA
Traduit de l'anglais par Marc-Emmanuel Konigson
ISBN 978-2-35726-021-4

Directeur d'édition : Eddy Agnassia
Collection coordonnée par Flore Law de Lauriston
Mise en page : Anthony Gaucher
Couverture : © Getty Images – Création : Mathieu Tougne – www.freelancer.fr

SOMMAIRE

DEUXIÈME PARTIE
« Bienvenue au bout du raisonnement » : la méthode et la logique du Dr. House

TROISIÈME PARTIE
« C'est la nature même de la médecine que vous allez foutre en l'air » : Dr. House et les principes éthiques

REMERCIEMENTS

Quoi ? Vous voulez que je vous remercie ?

Je voudrais tout d'abord remercier Bill Irwin pour m'avoir donné la possibilité de travailler sur ce livre. Je n'aurais rien pu faire sans ses indications, son aide patiente, et ses sages et pertinents conseils. Bill, tu fais vraiment partie des meilleurs, et ce fut un plaisir de travailler avec toi.

Merci à Jeff Dean qui, le premier, a lancé ce projet. Connie Santisteban et toutes les adorables personnes de chez Wiley ont aussi été d'excellents camarades de travail. Merci pour votre aide et votre soutien tout au long de ce projet.

Je dois aussi beaucoup à mes amis philosophes, et aux merveilleux essais qu'ils ont produits. Votre bon travail a facilité le mien.

Mon grand ami, et dieu de la guitare, Alan Berman a lu ce que j'écrivais, et m'a fait des suggestions enrichissantes. Il était également toujours là quand j'avais besoin de lui.

Sans les gens talentueux qui travaillent sur *Dr. House*, il n'y aurait, évidemment, aucun livre à écrire. Merci pour votre heure hebdomadaire de divertissement brillant et intelligent.

Chez moi, mes deux chats, Bunkai et Willow, m'ont beaucoup aidé, en particulier en dormant pour que je puisse travailler. Ils sont également venus se poser à côté de moi, à tour de rôle, lorsque j'avais besoin d'inspiration. Ce sont d'authentiques Maîtres Zen.

Enfin, il y a ma femme, Kathryn. Plus douce que Cameron, plus patiente que Wilson. Et elle m'a aidé à taper mon texte. Je n'aurais rien pu faire sans toi.

INTRODUCTION

Moins de lecture, plus de télé : une introduction excentrique, et plutôt impolie

Henry Jacoby

Dr. Gregory House, ce salaud qui se gave de pilules à longueur de journée, déambule en boitant à travers les couloirs du CHU de Princeton-Plainsboro, écartant l'éthique médicale à coups de canne. Il nous raconte que tout le monde ment, que l'humanité est surestimée, et que c'est la nature même de la médecine que l'on va foutre en l'air. Autre chose : lisez moins, et regardez plus la télé ! Ouais, House dit ça, aussi. Mais il ne parlait pas de *ce livre.* Vous devriez vraiment le lire, celui que vous tenez en ce moment entre vos mains. House aussi vous le demanderait.

Mais pourquoi devrions-nous l'écouter ? N'est-il pas juste un pauvre type ? Si, c'est vrai, mais contrairement au mec assis à côté de vous, et qui lit ce livre sur le dessein intelligent (« intelligent design »), House est cool. House joue super bien de la guitare, c'est un tueur au piano, et les minettes le trouvent sexy (à cause des yeux bleus). Il a même un rat qui s'appelle Steve McQueen – si ça ce n'est pas cool ! Une dernière chose : il est brillant. Alors qu'importe s'il pense que les attaques cardiaques sont marrantes à observer mais ennuyeuses à diagnostiquer ! Comment ne pas l'adorer ?

J'adore House, tout comme ceux qui ont collaboré à ce livre. L'humanité est peut-être en effet surestimée, mais pas cette équipe-là. Il ne m'est jamais passé par la tête de les virer, ou d'aller en chercher d'autres. Vous en saurez plus sur eux dans une minute (ils peuvent attendre, tout comme les patients de la clinique que House ignore). Revenons-en plutôt à la question « Comment ne pas l'adorer ? ».

Ai-je oublié l'impolitesse et la façon dont House ridiculise les idées de tous les autres ? (J'ai essayé, d'ailleurs, au passage. J'ai pensé que l'on me qualifierait peut-être de génie excentrique, et que mon salaire suivrait. Ça n'a pas marché). Ai-je oublié qu'il se droguait ? Ai-je oublié qu'un jour, il a demandé si c'était toujours illégal de pratiquer une autopsie sur une personne vivante ? Non, je n'ai rien oublié de tout cela, mais ne perdez jamais de vue qu'il sauve aussi des vies. Comme le faisait remarquer Dr. Cuddy à ce pervers de Tritter, il sauve beaucoup plus de vies qu'il n'en perd.

Comme Socrate et Sherlock Holmes, House est fasciné par les énigmes. Son désir borné et incorrigible de trouver la vérité, associé à ses extraordinaires capacités de raisonnement, font que les énigmes sont résolues, et les vies sauvées. Au diable le règlement de l'hôpital !

À propos de raisonnement et de vérité, House a également beaucoup à dire sur la philosophie. Et il est peut-être enfin temps que j'aborde la partie philosophique de *Dr. House et la Philosophie*. Pour House, selon la théorie du Rasoir d'Occam (ndt : également le titre original du troisième épisode de la première saison), l'explication la plus simple est que presque à chaque fois, quelqu'un s'est planté. Et la réalité ? Les philosophes en ont beaucoup débattu. House dit que la réalité est presque toujours mensongère. Et la méthode socratique ! Il adore ça. Il considère que c'est la meilleure façon de tout enseigner, à part jongler avec des tronçonneuses.

Les collaborateurs de cet ouvrage (il est temps de parler d'eux ; ce ne sont pas des patients de la clinique, après tout), tout comme ceux de l'équipe de House, font partie des meilleurs. Ils dissertent savamment sur les idées de House, et examinent de près son caractère. Tout y est : Sartre et Nietzsche, Socrate et Aristote, la logique et la chance, l'amour et l'amitié, et même le Zen. Il y a des passages plutôt bizarres, franchement, mais j'aime ça. Comme le dit House, ce qui est bizarre, ça me va. Maintenant, qu'on m'apporte le string de Lisa Cuddy !

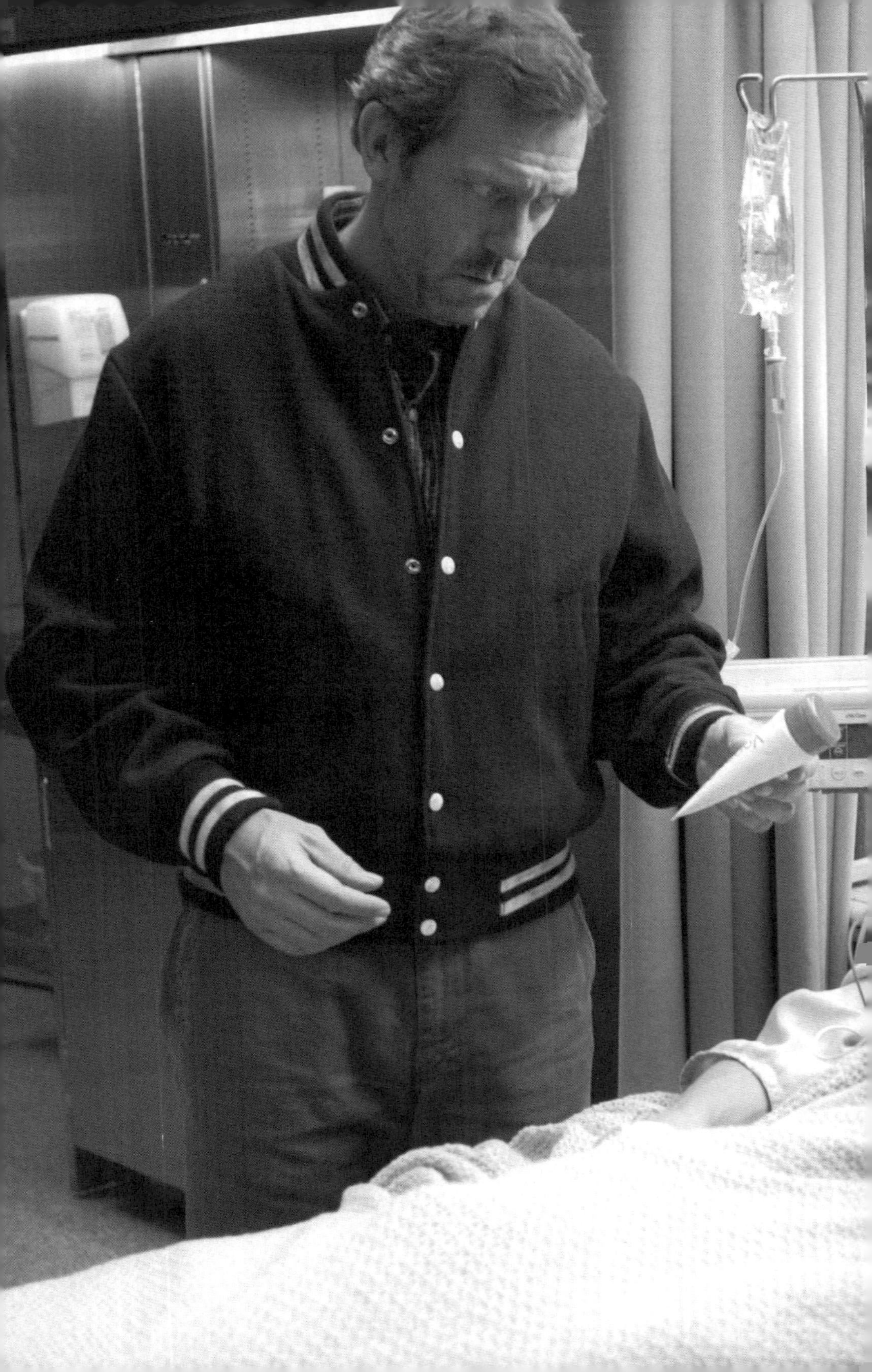

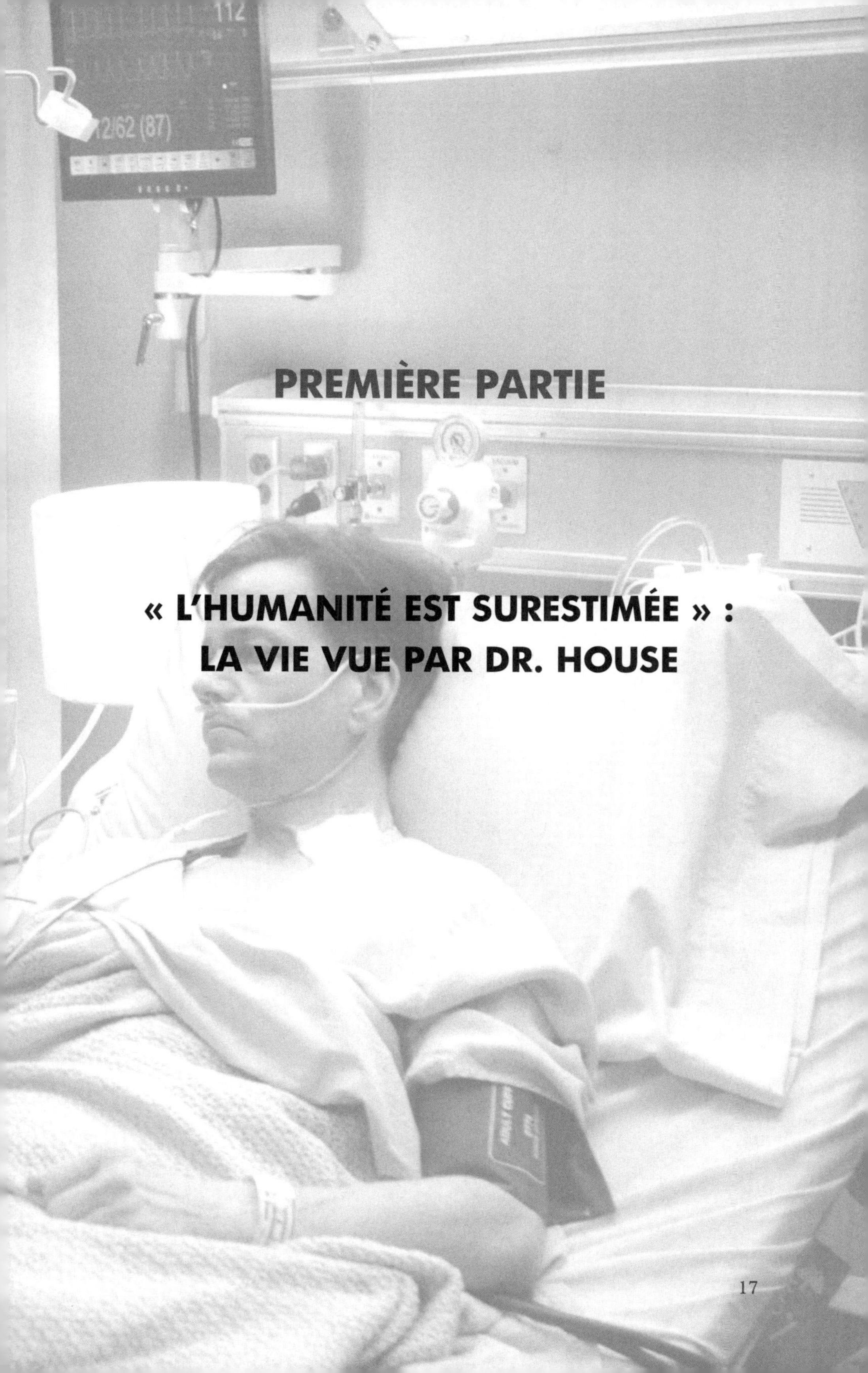

PREMIÈRE PARTIE

« L'HUMANITÉ EST SURESTIMÉE » : LA VIE VUE PAR DR. HOUSE

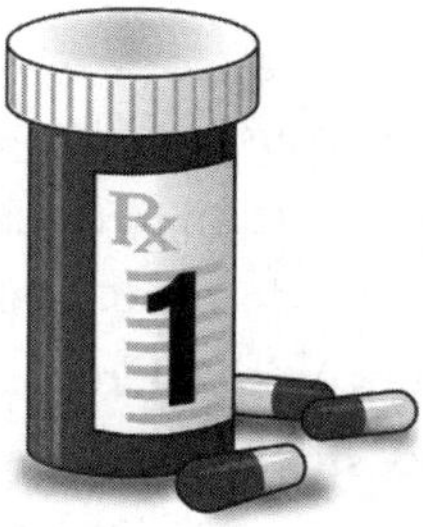

DES ANIMAUX VILS ET ÉGOÏSTES QUI RAMPENT À LA SURFACE DE LA TERRE : DR. HOUSE ET LE SENS DE LA VIE

Henry Jacoby

> *Nous sommes des animaux vils et égoïstes qui rampons à la surface de la Terre. Parce que nous avons un cerveau, nous nous donnons beaucoup de mal pour, parfois, aspirer à autre chose qu'à l'enfer absolu.*
>
> *« De pièces en pièces »*

Ainsi parle Gregory House. À l'entendre, on ne dirait pas qu'il considère que la vie a un quelconque sens, n'est-ce pas ? Pourtant, notre Dr. House mène ce que Socrate nommait « la vie examinée », et Aristote « une vie de raison », et une telle vie *a* un sens. Comment est-ce alors possible ? Quelqu'un comme House, qui semble penser que la vie n'a aucun sens, peut-il en mener une qui en aurait ? Et pense-t-il vraiment que nos vies sont dénuées de tout sens ?

« Si vous parlez à Dieu, vous êtes croyant ; Si Dieu vous parle, vous êtes psychotique »

De nombreuses personnes considèrent que sans Dieu, la vie n'aurait aucun sens. Partons de ce point. Admettons que nos vies ont un sens car nous accomplissons le projet de Dieu. Dans ce cas, le sens des choses correspond à une relation particulière que nous établissons avec un être spirituel. Si Dieu n'existe pas, alors nos vies n'ont plus de sens ; ou même si Dieu existe, mais que nous n'établissons pas avec lui la bonne relation, là encore nos vies n'ont pas de sens.

Peut-être Dieu a-t-il un projet, et la vie un sens, dans la mesure où on l'aide à le réaliser. Par exemple, dans la Kabbale, les écrits mystiques du judaïsme, nous sommes supposés aider Dieu à réparer l'univers. C'est un bon exemple de ce que je veux dire ; nous devons aider Dieu à faire réussir son projet. Par conséquent, une personne qui accomplit de bonnes actions mène une vie pleine de sens. On notera que vu sous cet angle, quelqu'un peut mener une vie pleine de sens, même s'il considère qu'elle n'en a aucun. Une telle personne pourrait aider Dieu sans même s'en rendre compte. Cela pourrait-il être une façon de dire que c'est ainsi que House mène une vie qui a du sens ?

House ne croit pas en Dieu : c'est assez clair. Il injurie abondamment ceux qui ont la foi – par exemple le docteur mormon qu'il appelle « Big Love », dans la saison quatre. Dans l'épisode « L'erreur est humaine » de la première saison, la patiente, sœur Augustine, est hypocondriaque. Alors qu'une autre sœur explique à House que « sœur Augustine croit en des choses qui ne sont pas réelles », il la taquine en rétorquant : « Je pensais que c'était la base de votre boulot. » Ailleurs, dans l'épisode « Deux frères », House tombe sur Foreman dans la chapelle de l'hôpital (Foreman a des remords après avoir perdu un patient), et il lui chuchote « Vous parliez à votre ami imaginaire ? Parce que je me disais que, peut-être, vous pourriez retourner faire votre travail. »

Le rejet que House éprouve pour la religion provient principalement du manque de raison, et de logique, inhérent à la croyance religieuse. Lorsque sœur Augustine demande à House : « Pourquoi est-ce si difficile pour vous de croire en Dieu ? », il dit : « J'ai surtout une difficulté avec le concept tout entier de croyance. La foi n'est fondée ni sur la logique, ni sur l'expérience. » On trouve encore un autre exemple dans la saison quatre (« Le boulot de ses rêves ») lorsque « Big Love » accepte de participer à une expérience qui pourrait sauver la vie d'un patient. Il est obligé de boire de l'alcool, ce que théoriquement ses convictions religieuses lui interdisent. Il confie à House, qui est à l'origine de la demande, qu'il a fini par être convaincu par son raisonnement. « Votre argument est le bon », dit-il. House est à la fois impressionné et surpris. « En général, les arguments rationnels n'ont pas de prise sur les croyants », dit-il, « sinon, personne ne serait croyant. »

La raison, et non la foi, permet d'obtenir des résultats dans le monde réel. Dans « L'erreur est humaine », à nouveau, House réprimande sœur Augustine lorsqu'elle refuse un traitement médical, préférant laisser sa vie entre les mains de Dieu. « Est-ce que vous essayez de me dissuader d'avoir la foi ? », demande-t-elle. House répond : « Vous pouvez avoir toute la foi que vous voulez spirituellement, et croire à la vie après la mort, au Paradis et à l'Enfer ; mais lorsqu'il s'agit de notre monde, ne soyez pas stupide. Vous pouvez me dire que vous consacrez toute votre foi à Dieu pour vous aider à avancer dans la journée, mais au moment de traverser la rue, je sais que vous regardez bien des deux côtés. » Ici, House insiste sur le fait que si la foi peut éventuellement vous soulager, ou vous aider à vous sentir mieux, lorsqu'il s'agit de questions pratiques, on a besoin de raison et de preuves.

Contrairement à beaucoup de gens, House ne considère pas que la croyance religieuse – et en particulier l'idée d'une vie après la mort – soit si réconfortante. À un moment, il dit : « Je trouve plus réconfortant de croire que cette vie n'est pas simplement un coup d'essai » (« Cours magistral »).

Même si l'on met un instant de côté le point de vue de House, l'idée que Dieu dicterait le sens de nos vies pose néanmoins de sérieux problèmes. Pensons aux grands scientifiques, qui améliorent nos vies grâce à leurs découvertes ; ou aux humanitaires, qui travaillent sans compter pour améliorer notre monde ; ou aux artistes, même – comme Hugh Laurie –, qui rendent nos vies plus agréables. Sommes-nous réellement prêts à dire que s'il n'y a pas de Dieu, ces accomplissements et ces bienfaits ne comptent pas ?

Il y a un autre problème incontournable (abordé pour la première fois, autour de la même idée, par Platon dans son dialogue de l'*Euthyphron*, et que je paraphrase ici sans honte) : Pourquoi le projet de Dieu aurait-il finalement tant de sens ? A-t-il du sens simplement *parce que* c'est le projet de Dieu, ou Dieu a-t-il ce projet *parce qu'il a du sens* ? Dans le premier cas, c'est alors un projet purement arbitraire. Il n'a aucun fondement particulier, donc ce pourrait tout aussi bien être le contraire ! Mais le raisonnement ne peut s'arrêter là. Ce n'est pas parce que l'on parle de quelque chose d'ancien que cela a automatiquement du sens.

La plupart d'entre nous diraient plutôt que le projet de Dieu est ce qu'il est *parce que Dieu considère qu'une telle série d'événements aurait du sens*. Si c'est exact, alors quelque chose d'autre (en plus de la volonté de Dieu) donne du sens à ce projet. Ainsi, le sens de nos vies n'a rien à voir avec Dieu. Sur ce point, House a raison (que Dieu existe ou non).

Un volontaire, pour l'éternité ?

Le seul fait que nous possédions une âme nous donne peut-être une valeur propre et donne du sens à nos vies. Peut-être aussi cela a-t-il quelque chose à voir avec l'idée que les âmes sont supposées être immortelles, et ont une vie après la mort. S'il y a une vie après la mort, alors notre vie a un sens parce qu'elle mène quelque part.

Mais House ne croit pas plus en l'âme qu'il ne croit en Dieu ; il est également convaincu qu'il n'y a pas de vie après la mort. Pas de preuve, n'est-ce pas ? Et ces soi-disant expériences où l'on frôle la mort ? Prouvent-elles quelque chose sur une vie ultérieure ?

Dans l'épisode « 97 secondes » de la saison quatre, un patient tente de se suicider parce qu'il croit à la vie après la mort et veut y parvenir. Il a déjà été déclaré cliniquement mort, puis ramené à la vie, et pendant qu'il était « mort », il a vécu « des expériences » dans une vie ultérieure

magnifique et apaisée : « Le personnel paramédical a dit que j'étais techniquement mort pendant 97 secondes. Ce furent les meilleures 97 secondes de ma vie. » House, évidemment, n'accepte pas un instant cette version. Il dit au patient : « OK, voilà ce qui vous est arrivé. Votre cerveau, privé d'oxygène, a provoqué en se fermant l'arrivée d'endorphine et de sérotonine qui vous ont donné ces visions. »
Dans le même épisode, le thème de la vie après la mort réapparaît lorsqu'un patient, mourant d'un cancer, refuse le traitement qui prolongerait sa vie douloureuse. Il préfère la mort, et dit à House et Wilson : « Je suis prisonnier de ce corps inutile depuis trop longtemps. J'aimerais enfin pouvoir en sortir. » House rétorque d'un coup sec : « Sortir et aller où ? Vous croyez que des ailes vont vous pousser et que vous allez partir voler avec les autres anges ? Ne soyez pas stupide. Il n'y a rien après, tout est ici. » Wilson et House quittent ensuite la pièce, et ont ce dialogue savoureux :

Wilson : Tu ne peux pas laisser un homme mourant trouver du réconfort dans sa croyance ?
House : Sa croyance est idiote.
Wilson : Pourquoi ne pas juste le laisser vivre son conte de fées, si cela le soulage d'imaginer des plages, ceux qu'il aime, et une vie sans fauteuil roulant ?
House : Et 72 vierges, aussi ?
Wilson : C'est terminé. Il ne lui reste que quelques jours, peut-être même quelques heures. Quel est le problème s'il passe ce temps avec un sourire tranquille ? Quel plaisir tordu trouves-tu à t'assurer qu'il sera absolument mort de peur jusqu'au bout ?
House : Il ne devrait pas prendre une décision fondée sur le mensonge. La souffrance vaut mieux que le rien.
Wilson : Tu ne sais pas s'il n'y a rien ; tu n'y es pas allé.
House (il fait rouler ses yeux) : Mon Dieu, j'en ai assez de cet argument. Je n'ai pas besoin de me rendre à Detroit pour savoir que ça pue.

Mais House, scientifique avant tout, veut une preuve. Il va voir cela par lui-même ! Il fait en sorte de se tuer, est cliniquement mort pendant une courte période avant d'être ramené à la vie. À la fin de l'épisode, il se tient debout devant le corps du patient, qui entre-temps est mort : « Je suis désolé de vous le dire... Je vous avais prévenu. » Qu'aurait dit House s'il y avait eu une vie après la mort, et si Dieu l'avait appelé pour rendre des comptes ? Sans doute quelque chose comme : « Il aurait fallu me fournir plus de preuves. »[1]

Que la petite expérimentation de House prouve ou non quoi que ce soit, que pouvons-nous dire sur le sens de la vie et l'éternité ? House, le philosophe, est en désaccord avec l'idée que la vie doit mener quelque part pour avoir une signification. Examinons cet échange entre House et sa patiente Eve, qui fut violée, dans l'excellent épisode « De pièces en pièces » :

> House : Si vous croyez à l'éternité, alors la vie ne vaut rien – tout comme un insecte ne vaut rien comparé à l'univers.
> Eve : Si vous ne croyez pas à l'éternité, alors ce que vous faites ici ne vaut rien.
> House : Vos actions ici-bas sont les seules qui comptent.
> Eve : Alors rien ne compte. Il n'y a aucune conséquence ultime.

La patiente exprime l'idée que s'il n'y a rien d'autre, alors quel intérêt ? Mais pour House, s'il n'y a rien d'autre, c'est ce que nous faisons ici qui est la seule chose qui compte. En fait, cela compte même d'autant plus.

« Si son pourcentage d'ADN n'était inférieur que d'un seul point, cette femme serait un dauphin »

Peut-être nos vies n'ont-elles pas la moindre signification. Peut-être sommes-nous en effet juste là à ramper à la surface de la terre, et rien de plus. Il y a deux façons d'arriver à cette conclusion. Si le sens de la vie dépend de Dieu, de l'âme ou de la vie après la mort, et si rien de tout cela n'est réel, la conclusion s'impose d'elle-même. Mais si nos vies sont éternelles, alors, comme le dit House, ce que nous entreprenons durant cette période limitée sur Terre n'est pas loin d'être insignifiant. De plus, si l'on se tient au point de vue d'un univers infini, comment nos petites gesticulations ici-bas peuvent-elles avoir la moindre importance ?

On appelle nihilistes les philosophes qui considèrent que la vie n'a pas de sens. Pour éviter d'être nihiliste, il semble qu'il vaut mieux arrêter de nous préoccuper de Dieu et de la vie après la mort – souvenez-vous que House rejette les deux – et plutôt essayer de trouver un sens à nos vies limitées dans le monde tel qu'il est. Comme le dit House : « Nos actions ici-bas sont les seules qui comptent. »

Maintenant, demandons-nous ce que nous *pensons* de nos actions. Nous importent-elles ? Si par exemple une personne a le sentiment de ne pas atteindre les buts qu'elle s'est fixés, ou qu'elle n'a pas un impact positif sur la société, elle pourrait se dire que sa vie n'a que peu de sens, voire aucun. Mais si elle est satisfaite de ce qu'elle produit, si c'est important *pour elle*, ne pouvons-nous pas conclure que sa vie a un sens ?

Non, c'est trop facile. Une personne peut bien obtenir tout ce qu'elle veut, mais si ce sont des choses triviales, irrationnelles ou mauvaises, il devient alors difficile de considérer que cela constitue une vie qui a du sens. Imaginons par exemple quelqu'un comme House, qui ne regarde que des feuilletons idiots et joue à des jeux vidéos, sans pour autant être ce brillant diagnosticien qui sauve des vies. Ce serait une vie sans beaucoup de sens, même si notre version « non médicale » de House en serait peut-être parfaitement satisfaite.

Non seulement « qui a du sens » n'équivaut pas à « obtenir ce que l'on veut », mais « qui n'a aucun sens » n'est pas non plus la même chose que « ne pas obtenir ce que l'on veut ». Nous pourrions à nouveau imaginer quelqu'un comme House, ou même House lui-même : un excellent médecin qui aide beaucoup de gens, sauve des vies, et qui est pourtant malheureux, et n'obtient absolument rien de ce qu'il attend de l'existence. Sa vie aurait néanmoins du sens, et serait importante grâce à ce qu'il accomplit, bien que lui-même ne le « ressente » pas ainsi.

Maintenant, que dire si l'on s'intéresse à ce qui n'est ni trivial, ni irrationnel, ni mauvais ? Peut-être considère-t-on alors que la vie a du sens pour nous – de façon *subjective*, comme disent les philosophes – mais aussi par rapport au monde où l'on vit, au-delà de ses propres sentiments, c'est-à-dire *objectivement*. La question peut alors se formuler ainsi : quel genre de vie pouvons-nous mener qui ait du sens selon ces deux points de vue ? Et notre Dr. House vit-il une telle vie ?

« Vous pouvez penser que j'ai tort, mais ce n'est pas une raison pour arrêter de penser »

Socrate (469-399 av. J.-C.), le premier grand héros de la philosophie occidentale, fut jugé coupable de corrompre la jeunesse d'Athènes, et de ne pas croire en les dieux. Pour ses crimes, il fut condamné à mort. En réalité, Socrate fut puni pour son habitude à questionner les autres, et à révéler leur ignorance dans sa quête pour la vérité. La cour se serait contentée de le voir quitter Athènes, mais Socrate n'accepta pas cette possibilité, car il savait que son mode de vie continuerait où qu'il soit. Pourquoi alors ne pas simplement changer ? Dans le dialogue de Platon l'*Apologie de Socrate*, qui décrit le procès de Socrate, ce dernier prononce la fameuse phrase : « Une vie non examinée ne vaut pas la peine d'être vécue. » Socrate nous explique là qu'il préfère mourir, plutôt que d'abandonner son mode de vie. Pourquoi ? Qu'est-ce que la vie examinée, d'ailleurs ?

Dans une vie examinée, on recherche la vérité. On est curieux. On veut comprendre. On ne se contente pas d'accepter les idées juste parce qu'elles sont populaires ou traditionnelles ; on n'a pas peur de poser des questions. Telle est la vie du philosophe.

Le grand philosophe britannique Bertrand Russell (1872-1970) décrit la valeur de ce mode de vie, et celle de la philosophie en général, lorsqu'il écrit :

On doit étudier la philosophie, non pas simplement pour trouver des réponses définitives aux questions qu'elle pose, puisque aucune réponse définitive ne peut, en tant que règle, être reconnue comme étant vraie, mais plutôt pour les questions elles-mêmes ; parce que ces questions élargissent notre conception du possible, enrichissent notre imagination intellectuelle, et réduisent l'assurance dogmatique qui ferme l'esprit à la spéculation.[2]

House est sûrement d'accord avec ça. Dans l'épisode « Démission », il finit par comprendre ce qui est en train de tuer une jeune fille, et il essaye de le lui dire. Étant donné que l'information ne changera rien au fait qu'elle va mourir, entendre ce qu'il a à lui dire n'a pas d'intérêt pour elle. « Je ne veux pas savoir », dit-elle. House demeure incrédule : « Voilà ce qui est en train de vous tuer : vous ne voulez pas savoir ce que c'est ? » Alors que les parents lui demandent de quitter la pièce, il dit : « Quel est l'intérêt de vivre sans curiosité ? » Cela ressemble fort à du Socrate.

Une vie de curiosité – la vie du philosophe (ou celle du scientifique, intéressé par le savoir lui-même) – est peut-être une vie valable, meilleure qu'une vie « non examinée ». Mais cela ne veut pas du tout dire pour autant qu'une vie non examinée ne vaut pas la peine d'être vécue. Pourquoi Socrate pense-t-il cela ? Et pourquoi House sous-entend-il qu'une telle vie n'a aucun sens ?

La vie examinée est celle du philosophe, une vie de raison. Et la raison est ce qui distingue les hommes entre eux. Lorsque Aristote (384-322 av. J.-C.) dit que « l'homme est un animal rationnel », il ne veut pas dire que nous sommes constamment rationnels, ni jamais émotionnels ou instinctifs. Il pense que seuls les hommes ont la *capacité* de raison. Donc, selon moi, ce que veut dire Socrate est qu'une personne qui n'utilise pas sa raison, qui ne mène pas une vie examinée, ne développe pas le potentiel lié à son caractère humain. Une vie sans raison ni curiosité, une vie que l'on ne consacre pas à la recherche de la vérité, est par conséquent une vie qui n'est pas plus ambitieuse que celle d'un animal inférieur.

House ne le dirait probablement pas exactement comme cela. Souvenons-nous qu'il considère l'humanité comme « surestimée ». Néanmoins, une vie où ses talents de résolveur d'énigmes ne seraient pas utilisés à leur juste valeur serait une vie qu'il trouverait profondément ennuyeuse et sans intérêt.

Dr. House et la vie raisonnable

La vie non examinée est peut-être vide de sens et, par conséquent, ne vaut pas la peine d'être vécue, mais cela ne signifie pas pour autant que *la vie examinée soit pleine de sens* (et valable). Après tout, les nihilistes ont peut-être raison. Peut-être qu'aucune vie n'a vraiment de valeur. Peut-être qu'aucune vie ne vaut vraiment la peine d'être vécue. Comment décider ?

Afin de répondre, il faut à nouveau se demander ce qui fait qu'une vie est, ou non, significative. Nous devons expliquer les propriétés inhérentes à une vie qui a du sens, puis montrer que la vie examinée socratique possède ces propriétés. De ce que nous avons observé jusqu'ici, en particulier concernant House, ces propriétés n'ont rien à voir avec Dieu, l'âme ou la vie après la mort. Elles peuvent, cependant, avoir un lien avec nos propres sentiments sur notre vie, tant qu'ils correspondent à ce qui nous importe, et ce qui nous semble être important.

La vie de House a du sens parce que, dans l'ensemble, elle a des conséquences souhaitables. Il sauve des vies. Le problème, c'est qu'il ne semble pas tant que ça se soucier des vies qu'il sauve. Pour lui, il s'agit avant tout de résoudre un problème. Pourquoi ? Parce que cela lui suffit ? Parce que cela l'empêche de souffrir ?

Il faut aller au-delà. En résolvant ces problèmes, et ainsi en sauvant des vies, House symbolise l'exemple même d'une vie raisonnable. C'est ce qu'Aristote juge comme étant notre exacte fonction.

Aristote tentait de répondre à la question « Quelle est la bonne vie ? ». Pour lui, *bon* se définit par rapport à la fonction exacte d'une chose. Par exemple, une bonne canne est celle qui est facile à tenir, qui vous aide à garder votre équilibre, et vous évite de vous faire encore plus mal lorsque vous marchez ; un bon docteur est celui qui est capable d'établir des diagnostics précis et efficaces, et de soigner les maladies (entre autres). Ainsi, une bonne vie sera le genre de vie que mènera une bonne personne. Qu'est-ce qu'une bonne personne, alors ? Quelle est la juste fonction de l'humanité ?

Nous connaissons déjà la réponse : il s'agit de mener une vie raisonnable. Pour Aristote, cela revient à ce que notre partie rationnelle contrôle la partie irrationnelle. Notre partie irrationnelle contient nos désirs ; elle nous informe de ce que nous voulons, et de ce que nous ne voulons pas. J'aime la nourriture thaïlandaise ; je déteste les haricots de Lima. Cela fonctionne ainsi. Mais cela ne nous dit pas en quelles quantités, ni à quelle fréquence, nous désirons ce que nous voulons. La partie irrationnelle, dit Aristote, ne propose aucun moyen de le mesurer.

C'est la raison qui nous permet de mesurer et de discerner des quantités exactes. Ces « quantités exactes » sont les vertus. Considérons, par exemple, le courage. Une personne qui se fâche facilement, et est toujours prête à se battre, n'a pas de courage. Pas plus que le lâche. Le courage, comme le notait Platon, consiste à « savoir quand se battre, et quand se retenir. » Wilson, par exemple, montre souvent beaucoup de courage lorsqu'il discute avec House, son ami. Il sait quand il peut s'opposer à lui, mais il sait aussi quand ne rien dire et éviter la colère.

Utiliser simplement sa raison de façon classique n'est, bien sûr, pas la même chose que de mener une vie rationnelle. Résoudre des grilles de sudoku nécessite certes de réelles capacités de logique et de raisonnement, mais quelqu'un qui n'aurait rien fait d'autre de sa vie n'aurait pas, ainsi, vécu une vie rationnelle. D'un autre côté, les prodigieux talents de diagnosticien de House *ont* du sens, et *sont* importants, à cause des résultats qu'ils produisent. La raison doit être intimement liée à l'action, et House l'a parfaitement compris. Dans « De pièces en pièces », lorsque Eve, la victime du viol, dit : « Le temps change tout », House lui répond : « C'est ce que disent les gens. Ce n'est pas vrai. Faire des choses change les choses ; ne rien faire laisse les choses exactement où elles en étaient. »

Finalement, mener une vie raisonnable est d'une importance capitale, d'après Aristote, car cela mène au bonheur, ou au bien-être – ce que les Grecs définissent comme l'*Eudémonisme*. Donc, même si House semble principalement plus intéressé par la résolution des problèmes que par les résultats induits, résoudre ces problèmes doit lui procurer une sorte de bien-être intérieur – si je ne me trompe pas en considérant qu'il mène « la vie examinée », « la vie raisonnable ».

Il y a des gens qui, très certainement, ne seront pas d'accord avec cette conclusion. House, après tout, semble malheureux, pourront-ils dire. En paraphrasant la nutritionniste sexy de l'épisode « Démission » de la saison trois, je leur dirai : Comment peut-il être malheureux en sauvant des vies, en couchant à droite à gauche, et en prenant des drogues ? Passez la Vicodin à Aristote.

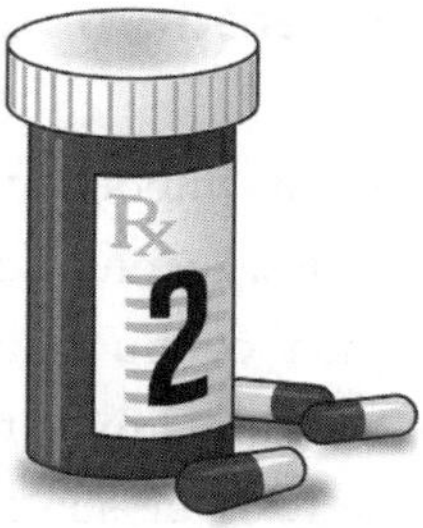

DR. HOUSE ET SARTRE : « L'ENFER C'EST LES AUTRES »

Jennifer L. McMahon

Lorsqu'elle fut diffusée pour la première fois, à l'automne 2004 sur la chaîne Fox, la série *Dr. House* n'était pas assurée de rencontrer le succès. Elle se concentrait surtout sur la description du brillant mais déplaisant Dr. Gregory House, et ne laissait pas beaucoup d'autre choix au public que de le considérer comme un pauvre type. Pourtant, quelques années et plusieurs Golden Globes plus tard, *Dr. House* est un énorme succès. D'où vient cet engouement ? Située dans l'univers médical, cette série exploite notre intérêt culturel très ancré pour la médecine. Centrée sur les recherches autour de maladies mystérieuses, à travers un protagoniste évoquant le légendaire Sherlock Holmes, elle confirme aussi notre vieille fascination pour les histoires policières. Mais *Dr. House* n'est pas un *Urgences* de plus, ni un autre *Les Experts*. Sa singularité repose sur son surprenant protagoniste, un homme à la fois intéressant et répugnant. *Dr. House* fait penser aux accidents de voiture – on ne peut pas s'empêcher de regarder. Alors qu'heureusement, nous ne sommes pas tous les jours témoins d'un accident de voiture, *Dr. House* illustre ce que nous rencontrons quotidiennement : des gens insupportables.

La théorie de Sartre sur les autres : un antécédent médical

Dr. House a un prédécesseur important dans son approche de la négativité des relations sociales. Le philosophe existentialiste Jean-Paul Sartre (1905-1980) est bien connu pour son analyse cynique des relations entre les personnes, que l'on retrouve autant dans ses essais philosophiques que dans le reste de son travail littéraire. Connu pour son analyse de la nature oppressive de « l'apparence »[1] et pour sa phrase « L'enfer c'est les autres »[2], Sartre met en lumière l'anxiété que suscitent nos relations avec les autres, et la façon dont ces relations peuvent inhiber l'autonomie personnelle. Tout en considérant les relations entre les hommes comme d'immenses sources de conflit et d'angoisse, il souligne dans le même temps que ces relations nous sont essentielles. La théorie de Sartre sur les autres est développée dans son ouvrage philosophique majeur *L'Être et le Néant*, et dans sa pièce *Huis Clos*. Son approche des relations sociales contraste avec celle de son contemporain, également existentialiste, Martin Heidegger (1889-1976). Sartre, comme Heidegger, regarde les humains comme des êtres fondamentalement sociaux, mais Heidegger met l'accent sur le sens du lien expérimenté par les gens. À l'opposé, Sartre insiste sur la manière dont les autres nous irritent et nous freinent fréquemment, et il affirme que les relations entre les individus sont fondamentalement basées sur le « conflit »[3]. Il donne trois raisons principales à cette ambivalence que nous expérimentons avec les autres.

La première raison qui nous pousse à appréhender les autres négativement est qu'ils représentent des obstacles potentiels à notre liberté. Selon Sartre, sans l'interférence des autres, les individus sont intrinsèquement absorbés dans l'existence, en particulier dans la recherche de ce dont ils ont besoin, et qu'ils désirent, dans leur environnement. Plutôt que de réfléchir à leur expérience, ils y sont immergés. Ils agissent sans se poser de questions. Comme l'explique Sartre, l'apparition d'une autre personne fait sortir l'individu de son état originel d'absorption. L'apparition d'un autre individu ne constitue pas seulement une surprise, mais aussi une menace. Les autres sont menaçants parce que la vie est telle que les hommes doivent trouver des ressources pour survivre, et pour se satisfaire. Les ressources que nous nous efforçons de trouver n'étant pas infinies, les autres sont essentiellement des concurrents, pas des associés. De plus, alors que l'individu peut se retenir d'acquérir un objet, ce dernier, normalement, n'inhibe pas l'autonomie de cet individu ; c'est pourtant souvent ce que font les autres. Contrairement aux objets inertes, les gens peuvent activement remettre en question l'individu en l'empêchant d'accéder à des ressources, en réduisant son activité, ou plus directement, en l'agressant.

Cette menace que les autres font peser sur l'individu est évidente dans *Dr. House*, sous de nombreuses formes. House lui-même fait pratiquement tout ce qu'il peut pour entrer en conflit avec ses collègues et ses patients. C'est tout particulièrement évident dans ses relations avec les jeunes médecins qu'il forme. Il a beau travailler dans un CHU, et avoir en charge trois spécialistes prometteurs, House est tout sauf une présence constructive dans la vie de Cameron, Foreman et Chase, pas plus que pour tous les autres candidats qui n'aspirent qu'à remplacer l'équipe présente dans la saison quatre. Au contraire, il se moque d'eux, les réprimande, et les met volontairement mal à l'aise. Leur formation sous l'aile du célèbre diagnosticien prend la forme d'attaques psychologiques incessantes, House essayant activement d'affaiblir leur confiance et leur estime en eux-mêmes. Alors que ce traitement infligé à son équipe est répréhensible, House personnifie cette menace que représente l'autre, et ce d'une manière encore plus flagrante. Il est important pour comprendre son caractère, et essentiel pour que nous puissions le trouver sympathique, de souligner qu'au bout du compte, nous attribuons une grande partie de la méchanceté de House envers les autres à sa propre souffrance.

Il y a une autre raison qui fait dire à Sartre que les autres inspirent ces sentiments négatifs : c'est la façon dont ils nous dépersonnalisent. Alors que chaque individu est composé d'un esprit et d'un corps, Sartre croit que les individus s'identifient plus intimement par leur esprit que par leur corps. Alors que les individus ont plus tendance à se considérer comme des agents que comme des objets, les autres nous rappellent douloureusement que nous sommes des êtres physiques, des corps avec leurs propres caractéristiques.

À travers leur regard, et leurs appréciations verbales, les gens nous rappellent – de manière souvent cruelle – que nous sommes des êtres physiques lorsqu'ils font une remarque sur notre poids, commentent notre taille, ou émettent un jugement négatif sur nos vêtements. Nous dépersonnalisons les gens, d'abord parce que nous ne sommes pas (et ne pouvons pas être) dans leur tête. Nous ne sommes capables de les percevoir, et de leur parler, que comme à des objets. Or être un objet est déstabilisant, car savoir qu'il est une *chose* concrète limite la liberté d'un individu d'être ou de faire quoi que ce soit, et la conscience humaine a pour caractéristique de résister à toute forme d'enfermement qu'elle n'a pas choisie.

Une fois encore, *Dr. House* illustre la théorie de Sartre. Notre tendance à considérer les individus comme des objets est particulièrement limpide dans la façon dont House traite ses patients, en particulier les patients de la clinique. Comme ils ne souffrent pas du genre de maladies énigmatiques sur lesquelles House travaille dans son laboratoire, ils n'ont aucun intérêt pour lui. Par conséquent, il les traite comme des individus néfastes. Le Dr. Cuddy l'oblige à respecter ses horaires à la clinique, mais House ne fait rien pour camoufler son mépris pour l'homme banal. Bien que Cuddy espère que « si House s'occupe de suffisamment de gens, il en retirera une forme d'humanité », les patients servent simplement de moyen lui permettant de poursuivre son métier. Dans le cas des patients de la clinique, ce sont des obstacles. Pour retourner au plus vite dans le havre de paix que représente son laboratoire, House ment, prescrit des sédatifs, et parfois même renvoie prématurément chez eux ces patients ordinaires. Dans « De pièces en pièces », par exemple, il va jusqu'à offrir de l'argent à l'un d'eux pour ne pas avoir à le soigner, tandis qu'à un autre, il prescrit un médicament qui le paralyse afin qu'il arrête de hurler. Lorsque Cuddy lui demande pourquoi il administre un médicament qui ne fait que stopper le comportement du patient sans pour autant soulager sa douleur, House répond nonchalamment : « Il fallait que quelqu'un se charge d'arrêter ces cris. » Pour House, ce patient était comme une insupportable sirène d'alarme automobile qu'il fallait neutraliser.

La dernière raison pour laquelle, selon Sartre, les autres induisent des sentiments antagonistes, est qu'ils volent à l'individu son sens de la primauté et du contrôle de lui-même. Comme nous le savons tous, les autres ne font pas nécessairement ce que nous voulons. Ils ont leur propre organisation. Ils ne partagent pas non plus forcément nos croyances ou notre vision de ce qui est important. Ils peuvent même appréhender le monde d'une manière totalement opposée à la nôtre, et il est normal qu'ils résistent à nos efforts pour les faire changer d'avis. Nous n'aimons pas cela ! Sartre utilise plusieurs images crues pour illustrer l'impact que l'apparition d'autres consciences que la nôtre a sur le psychisme de l'individu. Utilisant une métaphore médicale, il affirme que la présence des autres crée une « hémorragie »[4] dans son monde individuel, une fissure qui « désintègre »[5] le monde de l'individu en question. De la même façon, il décrit l'autre comme le « drain »[6] par lequel s'échappe le sens du monde et de la sécurité qu'a l'individu.

Dans *Dr. House*, les patients présents dans son laboratoire de diagnostics remettent en question les conclusions de leurs médecins, tandis que le Dr. Gregory House remet en question ce que croient ses patients, et ses collègues, sur la pratique de la médecine. Non conformiste dans l'attitude comme dans l'action, House froisse tout le monde. Il conteste en permanence l'autorité de ses supérieurs, et leur fait porter la responsabilité des attentes de ses adjoints. Au grand désespoir de ses collègues, il franchit souvent les limites de l'éthique personnelle et professionnelle. Prenons l'exemple de la décision de House d'appliquer une thérapie par électrochocs pour effacer la mémoire d'un jeune pompier, victime d'attaques cardiaques potentiellement mortelles, catalysées par la présence de celle qui ne partage plus son amour (« Cœurs brisés »). Le traitement stoppe en effet les arrêts cardiaques, mais le coût est très élevé. House efface littéralement des parties substantielles de la vie et de l'identité de cet homme, des parties qui, on le découvre plus tard, n'avaient pas besoin d'être enlevées.

Les autres : une douloureuse nécessité

Les autres ont beau générer de profonds sentiments d'angoisse et d'inquiétude, Sartre est néanmoins clair sur le fait qu'ils nous sont nécessaires. Les individus ont besoin de l'attention et de l'échange avec les autres, afin de développer leurs capacités cognitives, et toute la gamme de leurs émotions et des attributs moraux que nous pouvons décrire comme essentiellement humains. Alors que Sartre est étrangement silencieux sur la manière la plus évidente dont les humains dépendent les uns des autres, à savoir la dépendance physiologique des nouveau-nés et des enfants avec leur famille, il dit clairement que sans l'interaction avec les autres, nous n'aurions ni langage, ni conscience de nous-mêmes, ni identité objective.

Dans *Dr. House*, cette dépendance des individus les uns avec les autres est illustrée à travers la médecine. Les patients qui se rendent à Princeton-Plainsboro ont besoin d'une aide médicale qu'ils ne peuvent s'apporter eux-mêmes. Les patients qui dépendent de l'unité de diagnostic de House constituent un exemple encore plus évident de dépendance. Souffrant de maladies que d'autres médecins n'ont pas pu diagnostiquer ou traiter, ils dépendent de House pour leur survie. Bien sûr, c'est la raison pour laquelle ils font preuve (tout comme ses collègues) de beaucoup de bonne volonté avec lui. Il a beau être accro à la drogue, faire des commentaires acerbes et remettre en question l'autorité, ils ne peuvent se permettre de se passer d'un aussi bon médecin. Trop de vies dépendent de lui.

Lorsqu'il s'agit de notre dépendance aux autres, l'émergence de la conscience de soi et de l'identité personnelle sont d'un intérêt tout particulier pour Sartre. D'après lui, l'interaction avec les autres est nécessaire à l'émergence de la conscience réflective. Avant de créer un quelconque lien avec les autres, les individus sont conscients, mais n'ont pas conscience de ce qu'ils sont. Illustrant ce point par l'exemple de quelqu'un concentré à espionner à travers un trou de serrure, jusqu'à ce qu'une deuxième personne arrive derrière lui et le regarde à son tour, faisant du premier un objet[7], Sartre argumente en disant que ce n'est que par la rencontre avec les autres que nous pouvons totalement comprendre qui nous sommes.

Dr. House illustre également le rôle que jouent les autres dans le développement de la conscience de soi. Les membres de l'équipe de House possèdent les clés de la conscience d'eux-mêmes de leurs patients, et en diagnostiquant les maladies, ces médecins, dans le même temps, augmentent le degré de prise de conscience d'eux-mêmes de ces patients. Il est intéressant de noter que par leurs échanges, Cuddy, Wilson, Cameron, Foreman, Chase et même House sont conduits à plus réfléchir, et à avoir conscience de ce qu'ils sont, de par leur présence à tous.

La prise de conscience de ce que nous sommes n'est pas seulement extraordinairement importante, elle est également essentielle au développement d'une identité objective. Avoir un ego revient à avoir à l'esprit un sens objectif de ce que l'on est, et le sens de ses propres caractéristiques, de ses aptitudes, de ce que l'on aime ou non. Sartre ne croit pas que les individus puissent développer leur ego seuls, et considère plutôt que les autres jouent un rôle capital dans la consolidation de l'identité personnelle. Comme il le déclare : « Les Autres détiennent [...] le secret de ce que je suis. »[8]

Du point de vue du développement, les individus atteignent le sens d'eux-mêmes à travers l'assimilation de caractéristiques objectives fournies par les autres. Des enfants à qui, par exemple, l'on dit qu'ils ne valent rien (et sont traités comme tels) finissent par le croire. Bien que les autres soient plus influents pendant l'enfance et l'adolescence, Sartre explique aussi clairement que le rôle que les autres jouent dans la formation de notre identité ne s'arrête pas lorsqu'on atteint l'âge adulte. Nos identités se construisent par les relations sociales que nous établissons au cours de notre vie. Nos personnalités se forgent de manière réciproque par l'interaction sociale, d'abord par assimilation puis, plus tard, à travers une appropriation et une projection plus critiques des caractéristiques objectives que nous échangeons les uns avec les autres. Les docteurs Cameron, Foreman et Chase sont donc formés par leurs relations avec House, ainsi que par celles qu'ils établissent entre eux. Bien que cela ne soit pas toujours agréable (c'en est même l'une des caractéristiques typiques), cette interaction les pousse à grandir, de façon conséquente, en tant que médecins, mais aussi en tant que personnes.

L'argumentation finale de Sartre, pour expliquer que nous dépendons des autres, est moins flatteuse, mais néanmoins omniprésente. Comme il l'indique lui-même, les autres réveillent en nous autant d'antagonisme que d'empathie. C'est la raison pour laquelle nous préférons plus souvent résister que nous engager avec eux. Pourtant, en faisant face aux difficultés de la vie, Sartre explique aussi que les autres peuvent servir de sources bienvenues de consolation. Dans *L'Être et le Néant*, il est très clair sur ce point ; les autres ne sont en aucun cas les seules choses que les individus considèrent comme profondément dérangeantes. Nous sommes aussi horrifiés que passionnés par notre liberté, aussi anxieux de l'absence de sens que nous sommes impliqués dans la recherche de celui-ci, et aussi terrifiés par la vie que par la mort. À cause de toutes ces angoisses qui nous rongent, Sartre décrit la vie humaine comme « un désir instable »[9] et prétend que la réponse habituelle que donnent la plupart des gens à leur anxiété existentielle est « la fuite »[10].

Sartre utilise le terme de « mauvaise foi » en référence aux divers efforts que fournissent les individus pour échapper aux aspects dérangeants de la condition humaine. On note avec intérêt que les relations aux autres servent de moyen pour, en même temps, justifier et motiver sa mauvaise foi. À cause de l'angoisse profondément ancrée chez les gens concernant leurs relations sociales, Sartre affirme que des relations interpersonnelles honnêtes et mutuellement productives – ce qu'il définit comme « authentiques » – sont extrêmement rares (sinon impossibles). La plupart des gens ont généralement du mal à se percevoir comme autre chose que des objets, ou ils utilisent les autres pour fuir leurs responsabilités en les laissant les réduire au « stade de chose »[11]. Cette tendance à n'essayer d'être qu'un sujet ou un objet, mais jamais les deux, amène Sartre à suggérer que loin d'être une anomalie, la plupart des relations sont sadomasochistes par nature[12].

House illustre à la fois cette propension humaine à la mauvaise foi, et la méthode sadique permettant d'échapper à des relations authentiques avec les autres. Au bout du compte, la mauvaise foi signifie le déni, en particulier le déni de certains aspects de sa propre condition. Comme le note Sartre, la mauvaise foi est « un mensonge à soi-même »[13] dont le but est la fuite. Dans le cas de House, plutôt que de prendre ses responsabilités face à son addiction et à la dureté avec laquelle il traite les autres, cela l'arrange de prendre la posture de la victime, et d'utiliser son infirmité pour justifier à la fois ses prises de drogues et son insensibilité générale.

Concernant la manière dont il traite les autres, et peut-être à cause du traumatisme et de la perte qu'il a subis, House se retient d'établir des liens avec les autres. À la place, il s'aliène quiconque essaye d'être proche de lui, par son comportement et son discours antisociaux. Comme le sadique décrit par Sartre, craignant plus que tout la vulnérabilité provoquée par des relations authentiques avec les autres, House refuse toute sociabilité en « faisant de l'autre un objet »[14]. Là où des relations authentiques nécessitent que l'on reconnaisse et respecte la liberté des autres, ainsi que la profondeur de sa propre relation avec eux, House, comme le sadique, crée l'illusion d'une indépendance absolue lorsqu'il les voit « [...] comme ces formes qui passent dans la rue [...], se comportant comme s'il était seul »[15]. House illustre aussi la tendance du sadique à trouver sa sécurité non pas uniquement en dépersonnalisant les autres mais, ce qui lui procure une satisfaction encore plus grande, en étant celui dont ils dépendent[16]. Se présentant comme une sorte de dieu (Sartre considérant que c'est le souhait le plus profond de chacun d'entre nous), House, comme le sadique, savoure la dépendance des autres envers lui, tout en restant confortablement distant avec les demandes déstabilisantes de réciprocité. Bien sûr, on sait bien pourquoi House préfère considérer les autres comme des objets, plutôt que de s'attarder sur sa propre nature objective. Qui serait prêt à admettre qu'il est un génie dépressif, drogué, asocial, avec des douleurs récurrentes et une infirmité physique permanente ?

Une pièce, un enfer

Sartre illustre la nature à la fois essentielle et antagoniste des autres dans sa comédie sombre *Huis Clos*. Le cadre et le message de cette pièce sont, de manière frappante, similaires à l'épisode « De pièces en pièces » (ndt : en v.o. « One Day One Room », « Un jour, une pièce »). Située en enfer et non dans un hôpital, la pièce de Sartre expose à la fois la dépendance des individus entre eux, et la profonde angoisse, ainsi que les antagonismes, qu'ils peuvent susciter les uns chez les autres. La pièce décrit également d'une façon amusante les tendances sadomasochistes auxquelles Sartre considère que nous sommes tous confrontés. La pièce débute avec l'arrivée de Garcin en enfer. Garcin, qui s'y retrouve après avoir été exécuté pour désertion, est surpris de découvrir que l'enfer est une pièce encombrée et mal décorée, et non un abîme de torture sans fond. Il se présente sous la forme de deux femmes, Inez et Estelle. Le reste de pièce est l'occasion pour Sartre de dresser un portrait ingénieux de ce ménage à trois, un ménage où personne ne couche avec personne, et où tout le monde souffre.

Dans cette pièce, le cynisme de Sartre sur les relations humaines est limpide. Il l'est d'autant plus par le choix du lieu : l'Enfer. Bien que ce dernier n'ait pas une apparence conventionnelle, l'enfer de Sartre n'est que torture : Garcin, Inez et Estelle se retrouvent dans un lieu dont on ne peut s'échapper, et où aucun ne peut échapper à l'autre. La pièce démontre explicitement que l'existence est un enfer, avant tout parce qu'il s'agit de partager un lieu avec d'autres. De petits détails comme le manque de fenêtres, le refus de dormir, et l'absence de paupières ne font que renforcer la négativité des relations sociales, et l'impossibilité d'y échapper. Les personnages de Sartre n'ont littéralement aucun répit les uns par rapport aux autres, ne peuvent s'apaiser en jetant un coup d'œil à l'extérieur, ni vivre le bonheur solipsiste d'un sommeil paisible, ou même le bref soulagement que pourrait leur apporter « la fermeture »[17] de leurs yeux. Non, les personnages de Sartre sont « inséparables »[18]. Ils sont dépendants les uns des autres à chaque seconde, et par « chacun de leurs pores »[19].

L'épisode « De pièces en pièces » développe des idées sur les relations interpersonnelles analogues à celles que l'on trouve dans *Huis Clos*. Eve, la principale patiente, étant étudiante en philosophie et en religions comparées, on peut se demander si le texte de Sartre n'a pas inspiré une partie des dialogues. Dans cet épisode, Cuddy oblige de nouveau House à s'occuper de patients de la clinique. Il en voit de nombreux, qui se demandent tous s'ils ne sont pas porteurs de MST, puis déclare qu'il en a « assez des prélèvements génitaux ». House discute ensuite plusieurs fois avec Eve, la jeune étudiante qui a été violée.

Le premier parallèle avec *Huis Clos* est que toutes les discussions entre Eve et House, à une exception près, se déroulent dans l'espace clos d'une salle d'examen, un lieu où aucun des deux n'a choisi d'être. Comme Garcin, Inez et Estelle, Eve et House ne s'apprécient pas beaucoup. Avec sa dureté habituelle, House n'apporte que peu de réconfort à Eve. Quant à cette dernière, ne présentant aucun signe d'une maladie originale à soigner mais simplement un traumatisme pour lequel House considère qu'il n'existe aucun traitement, elle ne l'intéresse pas. En effet, dans la mesure où elle est le miroir de son propre traumatisme, dont il tente de faire abstraction, Eve est une patiente à laquelle House veut échapper. Mais elle ne lui en donne pas la possibilité. Elle prend la décision surprenante, plutôt que de le fuir, de demander qu'il soit son médecin. Ici, le choix d'Eve est identique à la décision des personnages de Sartre de rester en enfer, au moment où ils ont la possibilité d'en partir. House a beau dire qu'il ne lui servira « à rien », il accepte néanmoins de continuer à la suivre.

Comme dans *Huis Clos*, cet épisode illustre à la fois la dépendance et le mépris des deux personnes l'une pour l'autre. Par exemple, lorsque Eve insiste pour en savoir plus sur son expérience, cela met visiblement House mal à l'aise. Lorsqu'il lui ment pour la calmer, mais qu'elle continue à lui poser des questions, House est alors si frustré qu'il met Eve sous sédatifs pour tenter de l'empêcher de le questionner. Ici, contrairement aux personnages de Sartre à qui l'on refuse toute possibilité d'échapper aux autres par le sommeil, House a une pharmacie entière à sa disposition.

Pendant qu'Eve est sous sédatifs, House révèle imprudemment son besoin des autres, quand il sollicite chacun de ses collègues pour obtenir des conseils. Lors d'une surprenante inversion des rôles, House va d'abord voir Wilson, puis Cameron, Foreman et Chase, pour leur demander quoi dire à Eve. On remarque en souriant que chacune des réponses est différente. On rit, même, lorsque Chase va jusqu'à lui conseiller de « la laisser endormie ». Heureusement, House laisse Eve se réveiller, et la conversation qui s'ensuit s'avère productive pour l'un comme pour l'autre.

Comme son nom l'indique, Eve est la première femme de la série qui fait baisser sa garde à House. Bien qu'il oppose une certaine résistance, House finit par s'ouvrir à Eve, et lui raconter son histoire. Ce qui le pousse à le faire est, en partie, une discussion qu'ils ont sur les gens. Il insiste auprès d'Eve pour qu'elle ne compte pas sur lui, et lui demande : « Vous allez fonder toute votre vie sur une personne avec qui vous êtes coincée dans une pièce ? » Faisant écho à la ligne d'Inez « Vous êtes votre vie, rien d'autre »[20], Eve répond : « C'est ça, la vie. Une suite de pièces. Et ceux avec qui vous vous y retrouvez coincés enrichissent nos vies. » Dans l'avant-dernière scène de l'épisode, on ne retrouve plus House et Eve dans une pièce, mais dehors, assis ensemble dans le parc, enfin en phase l'un avec l'autre. Le volume baisse. On n'entend pas ce qu'ils se disent. Cela signifie que les mots qu'ils échangent ont moins d'importance que le fait qu'ils puissent désormais communiquer, et qu'il existe une réelle réciprocité. La tension palpable qu'il y avait entre eux a disparu. Tout comme le rire qui retentit à la fin de *Huis Clos*, au moment où le rideau se baisse, l'impression finale est positive.

Dr. House décrit donc la nature antagoniste des relations sociales, principalement à travers son protagoniste misanthrope, le Dr. Gregory House. La série illustre notre dépendance aux autres via le prisme de la médecine. La caractéristique du feuilleton est que les patients de

House dépendent littéralement de lui pour leur survie. Ainsi, comme dans *L'Être et le Néant* et *Huis Clos* de Sartre, *Dr. House* souligne que les êtres humains ont besoin les uns des autres non pas uniquement pour des raisons physiques évidentes, mais également pour d'autres, plus subtiles, psychologiques et tout aussi vitales. Les autres sont source d'angoisse, mais ils définissent aussi qui nous sommes. De la naissance à la mort, nos relations avec les autres forgent notre personnalité, et nous aident à déterminer nos potentialités réelles en tant qu'individus. Bien que les autres puissent nous mettre en colère, nous exploiter, voire nous mettre en danger, ils sont aussi essentiels à ce que nous sommes. Ils nous aident à nous voir tels que nous sommes, ce qui constitue un effort parfois insoutenable mais, en réalité, élargit le champ de notre liberté en nous fournissant plus d'informations. Employant lui-même une métaphore médicale, Sartre affirme que le monde est « infecté » par les autres. De la même manière, *Dr. House* dépeint la présence des autres comme à la fois une maladie ontologique, et une nécessité.

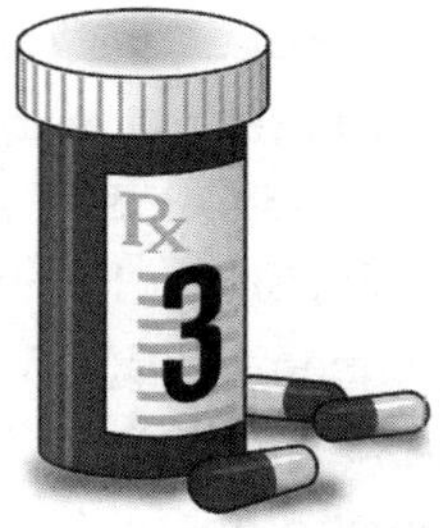

Y A-T-IL UN SUPERMAN CHEZ HOUSE ? : UN POINT DE VUE NIETZSCHÉEN[1]

David Goldblatt

> *Je vous apprends ce qu'est l'Übermensch. L'homme doit être dépassé. Qu'avez-vous fait pour le dépasser ?*
>
> Nietzsche, *Ainsi parlait Zarathoustra*

> *Pour Nietzsche, ces Übermenschen apparaissent comme des symboles du rejet de toute conformité à une norme unique : l'antithèse de la médiocrité et de la stagnation.*
>
> Walter Kaufmann

Si leurs chemins s'étaient croisés, Friedrich Nietzsche (1844-1900) aurait bien pu devenir un patient du Dr. Gregory House. Nietzsche souffrit, tout au long de sa vie, d'un ensemble de maladies non diagnostiquées et de crises de dépression – exactement le genre de cas inhabituel que traite House semaine après semaine, au CHU imaginaire de Princeton-Plainsboro. Les symptômes et les maux de Nietzsche incluaient de grosses migraines, accentuées par une extrême fatigue des yeux, des nausées douloureuses, des coliques, une diphtérie et une dysenterie. Le hantant à peu près toute sa vie, ces maladies devinrent plus prononcées pendant les années de grande faiblesse (1874-1876) pour culminer en un « effondrement littéral » l'obligeant à cesser son activité d'enseignant. À ce moment-là, Nietzsche écrit : « Il n'y a plus aucun doute sur le fait que je souffre d'une maladie grave du cerveau, et que mes yeux et mon estomac n'ont souffert qu'à cause de ce processus central. »[1] Dix ans avant sa mort en 1900, Nietzsche sombra dans une folie indéterminée, dont il ne se remettra pas.

Nietzsche est surtout connu pour son concept controversé d'*Übermensch*, traduisible par « Surhomme » (« Superman ») ou « Homme supérieur », pour être une figure ayant achevé des travaux majeurs, mais, et c'est encore plus important, pour son caractère noble et supérieur, totalement assumé, et sa volonté de « dépasser » une gravité, dans les habitudes comme dans la morale, conformiste et étriquée. Cela ressemblerait-il à notre Dr. House ? Pourrait-il être un exemple de ce que Nietzsche avait en tête ?

Hommes et surhommes

En premier lieu, Nietzsche écrit souvent comme s'il n'existait aucun surhomme – ce dernier appartenant au futur : « Il n'y a jamais eu encore d'*Übermensch* », dit Zarathoustra, le personnage fictionnel de Nietzsche. Le surhomme reste donc un genre idéal – ce que l'espèce humaine ne peut que potentiellement devenir : « L'homme est une corde tendue entre la bête et l'*Übermensch.* »[2] Nietzsche suggère souvent qu'une culture dans son ensemble, même une société médiocre, se justifie si elle produit ne serait-ce que *quelques* êtres supérieurs.

Si l'on affirme que personne ne présente les critères du surhomme, House, bien sûr, ne les présente pas non plus. Cependant, ce que Nietzsche imagine parfois comme une future classe supérieure s'est déjà manifesté, suggère-t-il, d'une certaine façon par accident, chez des individus issus de différentes sphères de notre culture – religieuse, militaire ou artistique. Parmi eux, on trouve les noms de Napoléon, Gœthe, Jésus, César et Shakeaspeare. Si nous plaçons House dans ce contexte, il nous faut considérer son hôpital comme un microcosme du monde au sens large, et House lui-même, individu objectivement doué et influent, comme étant lié à cet environnement.

Nietzsche est plus un provocateur qu'un prophète. Tout comme House, évidemment. Les mots de Nietzsche agressent souvent le lecteur, et le poussent à se comporter de façons qui défient la norme. L'homme est quelque chose qui a besoin d'être dépassé, et Zarathoustra demande à la fois à propos de tout le monde et de personne : « Qu'avez-vous fait pour le dépasser ? » Qu'avez-vous fait pour aller au-delà de l'ordinaire, et vous approcher de cet être supérieur ?

Le caractère de House

House, comme enseignant, peut être perçu de deux manières différentes. D'abord, il y a le House qui applique sa magie du diagnostic, résolvant des cas particuliers juste pour le plaisir de le faire, un peu comme quelqu'un s'attaque à des mots croisés. On imagine ce House-là indifférent à la formation de son équipe, et pas particulièrement intéressé par le bien-être de ses patients.

Ensuite, il y a le House qui enseigne *le caractère*. House ne se contente pas d'offrir une connaissance médicale supplémentaire. Sa jeune équipe peut apprendre de lui les vertus du surhomme, ce qui n'est pas le cas dans *Grey's Anatomy*. House cherche à ce que les membres de son équipe réfléchissent par eux-mêmes, pour « dépasser » leur précédente formation. Afin d'y parvenir, il leur faudra un courage particulier – celui de se battre au sein de leur profession, et de contrarier les désirs de leurs patients, et ce malgré les restrictions imposées par leurs supérieurs. House enseigne le besoin d'énergie et de ténacité pour savoir regarder au-delà des solutions proposées dans les manuels de médecine, la résistance au défaitisme qui mène souvent à des solutions erronées, et la volonté de prendre des risques et de faire fonctionner son imagination.

House enseigne, par exemple, à ne pas mâcher ses mots avec les patients, et à observer avec grande attention. Il est souvent capable de déceler le mensonge chez un patient – sans aucune crainte, ni gêne. Il sait également remarquer les bizarreries comportementales, qui offrent des indices dignes de Sherlock Holmes sur des maladies complexes. Mais si House ne remet pas en question les modes d'analyse habituels, le patient ne pourra pas compter sur lui. Il n'est bon professeur que si ses élèves arrivent à voir au-delà du cadre strictement médical, au sens étroit du terme, et à élargir le rôle traditionnel du médecin. House symbolise le docteur qui a la discipline et la volonté de contrôler et de dépasser le *statu quo* professionnel. Fuyant les récompenses et l'autosatisfaction génératrice d'inertie, House n'hésite pas à adopter un comportement sournois afin d'encourager les progrès de son équipe, et résoudre les problèmes souvent étranges auxquels il est confronté.

Deux poids, deux mesures

Il y a un système de « deux poids, deux mesures » qui s'applique dans chaque épisode de la série, House étant toléré comme exception au règlement de l'hôpital. Cela correspond fort bien à la conception nietzschéenne du surhomme : « Il (Nietzsche) veut donner de l'espace à une moralité aristocratique conçue pour les exceptions. Et il fait tout pour affaiblir l'idée qu'il n'y aurait qu'*un* type de moralité pour tous les individus, une moralité dictatoriale qui déciderait comment tous les hommes doivent vivre. »[3]

Croire en House est une démarche assez particulière, et ses collègues le laissent faire, et le défendent, malgré ses nombreuses atteintes aux habitudes, aux traditions et à la loi. On a vu House falsifier des ordonnances, mentir à presque tout le monde, et outrepasser les lois sur les stupéfiants. Curieusement, pourtant, House ne justifie pas son comportement en invoquant ses travaux et, par là même, sa valeur pour les autres. Ce n'est pas une question de qualification personnelle – House est simplement indifférent aux règles qui entravent, et quand les circonstances l'exigent, il fait comme si le règlement n'existait pas.

Le style de House

Il y a une dimension esthétique précise dans le travail de Nietzsche, et l'artiste est peut-être le meilleur exemple du surhomme. Pour l'artiste, la création permet de se dépasser. Cependant, l'artiste peut devenir lui-même sa propre création, tout comme le surhomme fait de sa propre vie un travail créatif.

Nietzsche insiste sur l'idée que « donner du style à un caractère » est la base d'une vie extraordinaire. L'évidente proéminence du style dans le caractère du Dr. House accentue le fait que les autres membres de l'hôpital, malgré leur diversité, s'habillent et parlent sans audace et d'une manière qui, par comparaison, est terne et sans imagination. La variété de leurs émotions et leurs tentatives humoristiques frôlent l'inexistence face aux singeries adolescentes de House, et à sa repartie tranchante.

Le pluralisme stylistique des écrits de Nietzsche est souligné lorsqu'il affirme que l'on peut modeler sa propre vie en accord avec des styles différents, mais distincts. Le style est une question complexe et insaisissable, qui varie en fonction du contexte. Le fait que Gregory House n'a ni les manières, ni la façon de s'habiller et de parler du bon médecin hospitalier est la marque la plus évidente de *Dr. House*. Comme procédé dramatique, le style affirmé de House crée une tension constante entre lui et les autres personnages, tout en sollicitant une admiration ambiguë de la part des téléspectateurs. L'aura qui se dégage du style de House sert de symbole visuel et auditif à cette valeur – il est défendu et toléré malgré son apparence. Nous jalousons House à cause de la façon simple dont il donne son avis, et pour son attitude exempte de toute culpabilité lorsqu'il va au bout de ses désirs, et de ce à quoi il croit. Le surhomme de Nietzsche est supérieur dans le sens où il ne se réfère pas au monde pour déterminer qui il est. Comme House, le surhomme construit sa propre identité.

Le surhomme peut être analysé comme n'ayant de valeur que pour lui-même, et non pour ce qu'il pourrait apporter à la culture. C'est en effet la culture qui est susceptible de fournir le terreau qui permettra au surhomme de grandir. Walter Kaufmann fait remarquer que « pour Nietzsche, le Surhomme [...] a une valeur intrinsèque [...] et que la société est censurée en ce sens qu'elle insiste sur la conformité et entrave son développement »[4]. Si ce n'est pas exactement le cas du Dr. House, cela reflète très certainement le sentiment qu'il inspire aux téléspectateurs, et peut-être même aussi celui de nombre de ses collègues, attirés par House pour ce qu'il est – sa parole brute et pleine d'esprit, et son attitude drôle et rebelle dans le contexte beaucoup trop sérieux de l'hôpital.

De plus, le propos pourrait être étendu à son style de vie unique, car c'est peut-être aussi une façon de nous faire nous interroger et nous souvenir, nous, téléspectateurs, de ce qui est important dans l'exercice de la médecine, et de ce qui ne l'est pas – ce qui est essentiel à la profession médicale, et ce qui n'est qu'accessoire.

Le refus

Afin de ne pas les confondre avec « l'esthétique », les commentaires de Nietzsche sur « l'ascétique » – quelqu'un qui pratique l'auto-dénigrement – sont particulièrement surprenants. On pourrait penser que l'affirmation nietzschéenne sur les choses physiques l'opposerait au mode de vie ascétique. Mais Nietzsche, entre deux condamnations, loue leur comportement, ce qui semble provenir des influences asiatiques du philosophe. Les restrictions matérielles que s'imposent les ascétiques sont une authentique tentative de préserver la vie, de se battre pour l'existence dans un monde difficile, et de souffrance. Pour Nietzsche, donc, un monde dans lequel l'homme est un animal malade, « l'idéal ascétique est un artifice pour la préservation de la vie [...]. Comprenez ce que je veux dire : le prêtre ascétique, cet apparent ennemi de la vie [...] fait partie des plus grandes forces de *conservation* de la vie »[5]. House, qui n'est pas tout à fait un ascétique, n'est presque jamais présenté comme arborant ou recherchant les emblèmes habituels du succès matériel, que sa profession pourrait lui permettre de s'offrir. Sa moto et son jean sont les symboles d'un mode de vie modeste. Non pas que House refuse consciemment les biens de consommation, mais il ne s'y intéresse pas. Nous observons un House qui, comme l'ascétique, est apolitique, et indifférent au fonctionnement de l'hôpital et de la profession médicale. Son environnement est simple et modeste, sans manifestation d'instinct de possession.

La douleur

À propos de la douleur, Georg Simmel (1858-1918) écrit : « C'est l'un des thèmes fondamentaux de l'histoire de l'âme humaine – L'élévation essentielle de notre être s'effectue à travers la douleur [...]. Nietzsche transfère cette connexion au-delà de l'individu, vers le genre humain tout entier : seule la discipline accompagnée d'une grande douleur a fait avancer toute l'élévation de l'humanité. »[6] Dans une phrase poétique, le Zarathoustra de Nietzsche dit : « Il faut du chaos à l'intérieur de chacun de nous pour donner naissance à une étoile virevoltante. » Le « chaos » de House semble avoir ses origines dans une douleur tout à fait réelle qui, si l'on en juge par au moins une occasion où il est obligé de prendre un placebo, serait psychosomatique. La douleur, qu'importe sa cause, est peut-être le passage obligé de House vers l'accomplissement de lui-même, via la concentration et l'intensité.

Les premiers travaux de Nietzsche, *La Naissance de la tragédie à partir de l'esprit de la musique* et *La Philosophie à l'époque tragique des Grecs*, réinterprètent radicalement les points de vue classiques contemporains, sur la philosophie grecque et sur l'art. Comme le notent M.S. Silk et J.P. Stern, « Le héros qui souffre dans la tragédie grecque, qu'il s'agisse d'Œdipe ou de Prométhée, est le modèle original du surhomme nietzschéen. »[7] Ces personnages mythologiques s'opposent aux dieux, et payent lourdement leurs actes par une douleur physique. Chez House, nous observons des similarités flagrantes avec les modèles nietzschéens. La réussite de House est remarquable, presque mythologique, et bien qu'elle concerne le bien des autres, House méprise les bases de la courtoisie courante et les règles qui, historiquement, sont le fondement de l'institution médicale. La douleur de House, comme celle d'Œdipe ou de Prométhée, déclenche en nous un sentiment d'empathie, et est peut-être liée à sa capacité de résoudre des problèmes insolubles par la plupart des autres – son « élévation ». Il serait facile de dire que la personnalité acerbe de House, à la différence du surhomme, est une extension de sa douleur, et la façon dont il abuse des autres un moyen de soulagement. Mais que serait un personnage sans une faille lui permettant d'aller un peu au-delà du simple rôle de perdant, alors que son comportement semble le pousser dans la direction opposée ?

Héritier de la terre

Le philosophe Martin Heidegger (1889-1976), qui a beaucoup écrit sur Nietzsche, voit dans la fonction du surhomme une réponse à une question incontournable : « Est-ce que l'homme, tel qu'a été sa nature jusqu'ici, est préparé à assumer sa domination sur la terre entière ? » Heidegger considère que Nietzsche est « le premier penseur qui, à l'aune d'une histoire du monde qui émerge pour la première fois, pose la question décisive et réfléchit en profondeur à ses implications métaphysiques »[8]. Si l'homme n'est pas prêt, dit-il, il faut l'amener au-delà de lui-même, et cet homme de « l'au-delà » est une sorte d'être du futur, qui saura se libérer de l'esprit de revanche, ainsi que du passé, qu'il ne regrettera plus. C'est une liberté par rapport au passé – et à la mémoire de la culpabilité, de la honte, et de l'amertume générées par la moralité européenne. House semble avoir la capacité de n'éprouver aucune culpabilité qui serait due à son comportement agressif vis-à-vis de ses collègues ou de ses patients. Il se comporte plutôt avec style, confiance en lui, et froide indifférence. Ainsi, pour Heidegger, le « sur » de « surhomme » a une connotation négative, quelque chose qui éloignerait notre espèce de ce qu'elle est vraiment – des créatures ayant un besoin de vengeance – vers un nouveau genre d'être du futur. Comment House s'accorde-t-il avec cette affirmation ? Plutôt bien. Il montre peu, voire aucun signe d'auto-apitoiement ou de ressentiment, malgré les blessures par balles qu'il a subies, et la malchance qui est à l'origine de sa douleur à la jambe.

La fiction

Le mépris de House pour la bureaucratie et son rejet des recettes médicales au bénéfice de l'instinct et de l'intuition pour remettre les choses en ordre de manière très personnelle, seraient-ils le « pont » entre l'homme et le surhomme ?
House pourrait-il réellement être le présage d'une alternative futuriste à la médecine occidentale, représentant une volonté d'échapper au caractère historique étroit de l'image du médecin en blouse blanche ? Il est clair que les prouesses de House n'ont pas d'équivalent dans le monde hospitalier réel. House est une fiction dans la fiction. Tous ces cas difficiles, voire étranges, sa spécialité et sa *raison d'être* à l'hôpital où il travaille, tout comme l'ingéniosité de ses solutions sont au-delà du plausible. Son comportement et sa façon de s'habiller sont deux moyens d'exagérer l'aspect extraterrestre de sa présence, et de le présenter telle une ancre ensablée dans un monde extra-médical. Son arrogance et son comportement abusif ne correspondent pas pleinement à ce que Nietzsche avait en tête lorsqu'il parlait d'*Übermensch*, mais sa reussite et son style, la force de sa volonté, son absence de ressentiment, et son opportun mépris pour les comportements et la morale conformistes des autres sont tout à fait en phase avec l'idéal nietzschéen.

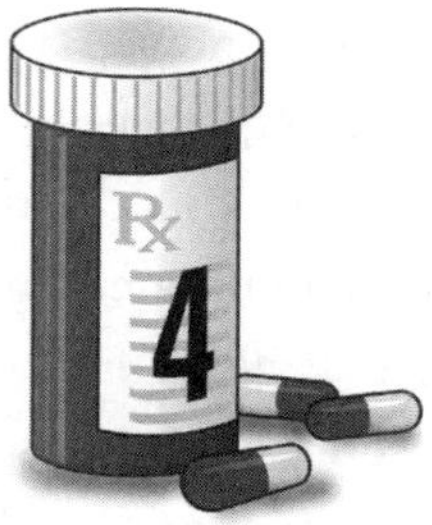

DR. HOUSE ET LA CHANCE MORALE

Jane Dryden

La problématique de la chance morale

Un patient présente un ensemble de symptômes complexe. L'équipe de médecins propose deux diagnostics défendables, chacun impliquant un traitement différent. Chaque traitement guérira le patient si le diagnostic s'avère être correct, mais évidemment, selon un schéma familier des habitués de *Dr. House*, chacun des traitements pourrait tuer le patient si le diagnostic est faux. Si les médecins ont raison, ils seront félicités ; s'ils se trompent, ils ne seront pas pour autant punis, mais regretteront néanmoins leur décision. La famille du patient en voudra à l'équipe si le diagnostic n'est pas le bon. Les médecins auront tué celui qu'elle aime, et ce sera une raison de leur en vouloir. Mais est-ce bien juste ? Faut-il vraiment en vouloir à l'équipe si elle n'avait aucun autre moyen effectif de savoir lequel des deux diagnostics était le bon ? Et si elle était juste passée à côté d'un petit symptôme ? Faut-il lui reprocher sa négligence, alors que d'autres médecins auraient tout aussi bien pu ne pas le détecter ? S'ils ne sont pas entièrement à blâmer quand ils se trompent, comment alors justifier qu'on les acclame ainsi quand ils réussissent ?

Nous ne cherchons pas à en vouloir à quelqu'un pour un acte dont il n'est pas responsable – un acte qui le dépasse. C'est le Principe de Contrôle. Mais, paradoxalement, nous en voulons plus aux gens lorsque leurs actes ont de graves conséquences que lorsque les mêmes actes, uniquement par chance, n'engendrent rien de grave. Par exemple, un conducteur ivre qui tue quelqu'un a commis un acte bien plus grave, selon nous, qu'un conducteur ivre qui ne tue personne. Ce paradoxe – selon lequel nous ne sommes responsables que de ce que nous contrôlons, et pourtant tout aussi responsables de ce qui nous dépasse – est présenté, en philosophie, sous la problématique de la « chance morale ». Cela rend plus complexe notre approche de la manière dont fonctionne la responsabilité morale. Alors que la réflexion sur la nature de la chance (ndt : ou « hasard »), et sur l'importance des facteurs que nous ne maîtrisons pas, fait depuis partie de la philosophie morale, la discussion actuelle autour de la chance morale a débuté à partir de deux articles écrits en 1976 par Bernard Williams[1] et Thomas Nagel[2]. L'article de Nagel faisait remarquer que la question de la chance morale souligne qu'il y a quelque chose d'étrange dans nos idées les plus simples concernant l'éloge et le reproche. Nagel écrit : « Considérer que la chance morale est un concept paradoxal n'est pas une erreur, ni éthique, ni logique. C'est la perception de l'une des façons dont les conditions intuitivement acceptables du jugement moral menacent de tout biaiser. »[3]

Seul le résultat compte

Il n'y a probablement rien de surprenant, étant donné l'attitude dubitative de House envers l'utilité de la morale en général (après tout, nous parlons là de l'homme qui a soudoyé et fait chanter un chirurgien pour l'obliger à effectuer une transplantation du foie !), qu'il ne soit pas, de manière générale, concerné par les parties les plus subtiles du jugement moral. Étant donné que la vie des patients est en jeu, seul le résultat compte.

Dans l'épisode « Cours magistral » de la première saison, House donne une conférence devant un groupe d'étudiants en médecine, et leur demande ce qu'ils feraient face à la victime mourante d'une morsure de serpent, à qui l'on a administré le mauvais anti-venin. Le temps presse. Tentent-ils de lui donner un autre anti-venin, en espérant que ce soit le bon et tout en sachant que le mauvais pourrait effectivement le tuer ? Retournent-ils sur le lieu de la morsure, en espérant retrouver le serpent qui l'a mordu, afin de pouvoir identifier le bon anti-venin sans prendre le risque d'à nouveau se tromper, tout en sachant que le temps qu'ils retrouvent le serpent, la victime peut mourir ? L'un des étudiants fait remarquer que choisir la mauvaise option tuera probablement le patient, et House acquiesce. À la fin du cours, la classe est partagée en deux quant à la décision à prendre. Un autre étudiant conclut alors, horrifié : « La moitié d'entre nous l'a tué, et l'autre moitié lui a sauvé la vie. » House est d'accord. Un troisième étudiant commence à protester, disant qu'on ne peut leur en vouloir d'avoir tué le patient, démontrant ainsi sa croyance dans le Principe de Contrôle – puisque cela était au-delà de leur capacité de savoir quelle était la bonne option à choisir au moment où il fallait décider. Ils ne pouvaient donc être tenus pour responsables.

House répond : « Je suis certain que cela va à l'encontre de tout ce que l'on vous a appris, mais le vrai et le faux existent bien. Ce n'est pas parce que vous ne savez pas quelle est la bonne réponse – et il n'y a peut-être aucun moyen de le savoir – que celle que vous donnez est la bonne, ou même simplement acceptable. C'est beaucoup plus simple que cela. C'est juste entièrement faux. » D'après House, qu'importent leurs intentions, le Principe de Contrôle est faux.

Dans l'épisode « Erreur médicale » de la saison deux, Chase oublie de poser une question clé à un patient parce qu'il vient d'apprendre la mort de son père, ce qui l'empêche d'être pleinement concentré. Cette erreur, au bout du compte, mène à la mort du patient. Lorsque Chase essaye de se défendre, en disant que ce n'est qu'une petite erreur (et donc qu'on ne doit pas trop lui en vouloir), House répond : « Les erreurs sont aussi importantes que les conséquences qu'elles engendrent. »

Si le patient n'était pas mort, l'erreur aurait été moins importante. Cela n'aurait été que le simple oubli de poser une question parmi d'autres, plutôt qu'un motif de mise en place d'une commission disciplinaire pour erreur médicale, et d'un procès pour négligence. Dans les deux cas, l'action est la même : faire l'erreur de ne pas poser une question. Le fait que le patient soit mort, cependant, signifie que Chase a commis une erreur sérieuse, et seule la circonstance atténuante d'avoir appris, au même moment, la mort de son père, lui permet d'être finalement excusé, de n'être suspendu de ses fonctions qu'une seule semaine, avec une note dans son dossier.

L'idée que les conséquences non préméditées, ou anticipées, d'une action déterminent si l'agent aura ou non de graves ennuis, peut être très angoissante. On appelle le type de chance morale impliquée ici *la chance résultante.* Il est possible de minimiser cette chance résultante en faisant tout ce qui est en notre pouvoir pour contrôler le plus de facteurs possibles – tout comme House contrôle la probabilité de déception de ses patients en se tenant sans fléchir à sa règle du « Tout le monde ment » – mais au bout du compte, nous ne contrôlons pas grand-chose. L'équipe de House devra savoir prendre des risques et essayer des traitements qui peuvent ne pas marcher, car on attendra toujours d'eux qu'ils fassent quelque chose, plutôt que rien.

Agent-regret et culpabilité

Inévitablement, certains des risques pris, et des traitements proposés, ne suffiront pas. Quelle est alors la réponse appropriée lorsqu'une action entreprise n'atteint pas les résultats espérés, sans que l'on puisse rien y faire ?

Bernard Williams, dans un essai publié en 1976, définit le concept d'« agent-regret ». En général, le regret, comme le définit Williams, nous pousse à penser « quelque chose comme "Cela aurait été tellement mieux s'il en avait été autrement" »[4]. L'agent-regret est le regret que nous ressentons après l'une de nos actions qui, d'une certaine façon, a induit des conséquences qui nous déplaisent. Contrairement au regret pur et simple, que peuvent ressentir la plupart des spectateurs ou des observateurs, l'agent-regret est lié à nos propres actions passées. L'agent-regret n'est pas non plus le remords, qui apparaît lorsque l'on se sent mal à l'aise sur ce qu'on a fait, souhaitant s'être comporté autrement. Un sentiment d'agent-regret peut parfaitement aller de pair avec celui d'avoir fait ce qu'il fallait – nous sommes même prêts à recommencer – malgré la tristesse ressentie sur la façon dont les choses ont tourné. Afin que la distinction soit encore plus claire, prenons l'exemple que donne Williams d'un conducteur qui, bien que roulant prudemment, renverse accidentellement un enfant[5]. Ce conducteur éprouvera probablement un immense regret, même si ce n'était pas vraiment sa faute. Les gens autour de lui tenteront probablement de le réconforter, et de le déculpabiliser sur ce qui vient de se produire, mais Williams fait remarquer qu'il y aurait quelque chose qui n'irait pas si le conducteur était trop vite rassuré, et si sa réaction était trop neutre. La mort de l'enfant étant le résultat de son propre geste, de sa conduite, le lien est ici important ; les passants, par exemple, regretteront également la mort de l'enfant, mais ne s'en sentiront aucunement responsables. Leur regret ne sera pas l'agent-regret. Si le conducteur avait été ivre, ou diminué d'une quelconque autre façon, ses sentiments s'apparenteraient plus à du remords lié à un mauvais comportement.

Dans l'épisode « Mauvaises décisions » de la saison trois, Foreman diagnostique un cancer chez une patiente, et suggère un traitement par rayons. On s'aperçoit ensuite que la patiente a attrapé une infection, les rayons ayant détruit son système immunitaire. Elle mourra dans la journée. L'essentiel de la seconde partie de l'épisode expose le fort agent-regret de Foreman d'avoir « tué » la patiente (ses sentiments étant sans doute d'autant plus forts qu'il ne s'entendait pas bien avec elle ; ils s'opposaient – l'ironie est grande – à propos des questions qu'elle se posait sur plusieurs mauvaises décisions qu'elle aurait prises dans sa vie).

Chase tente de rassurer Foreman : « Nous avions tous tort, tu sais Même House avait tort. » Foreman l'admet, mais ses regrets demeurent aussi forts. Il avait proposé un diagnostic, expliqué pourquoi il convenait aux symptômes, l'équipe le suivait et House l'avait approuvé (il avait même considéré que c'était « bien joué »). Le processus est le bon, même si dans ce cas précis, non seulement il ne soigne pas la patiente, mais la fait directement mourir. À l'arrivée, il est normal de ressentir l'agent-regret, et de souhaiter que l'équipe ait proposé de meilleures solutions, et de meilleures idées tout au long du diagnostic, tout en affirmant dans le même temps que la procédure suivie était la bonne.

House, à sa façon, essaye aussi de rassurer Foreman. Rappelant que seul le résultat compte, House suggère à Foreman de tout faire pour avancer : « Rentrez chez vous, buvez quelques verres et allez dormir. Demain matin, vous vous lèverez et vous recommencerez, en mieux. Si vous cherchez l'absolution, allez voir un prêtre, ou faites un don pour les pauvres. Qu'importe le rituel qui vous fera du bien. » Continuer à être un bon médecin est plus important que de ressentir une certaine culpabilité pour un diagnostic raté. Foreman doit donc tenter de minimiser toute culpabilité qui fragiliserait ou troublerait ses décisions à venir (et en effet, dans les épisodes suivants, House s'inquiète que des regrets persistants de Foreman ne le rendent trop prudent). Si un patient meurt malgré le travail acharné du médecin, ce dernier doit continuer à avancer. House dit à Foreman qu'il ne peut pas lui pardonner, puisqu'il n'y a rien à pardonner. Leur équipe sauve de nombreux patients que d'autres équipes perdraient, mais eux-mêmes perdront des patients que d'autres médecins, avec des méthodes différentes, réussiraient peut-être à sauver. La mort fait partie du processus. Foreman a tué sa patiente, et cela lui arrivera à nouveau. Comme le dit House à Wilson : « La culpabilité n'a rien à voir là-dedans. »[6]

Néanmoins, Foreman se sent toujours responsable. Lorsque Cameron essaye de lui remonter le moral, il dit : « J'ai tué une femme. Tu ne penses pas que cela soit approprié de se sentir nul au moins un petit moment ? » Bien qu'il soit statistiquement inévitable que des patients meurent suite à des tentatives de traitements, Foreman considère pourtant qu'il est normal de ne pas se sentir bien. Nous aurions sans doute moins de considération pour lui s'il était immédiatement passé à autre chose, tout comme nous condamnerions le conducteur dans l'exemple de Williams. L'utilisation du terme « approprié » par Foreman fait ici écho à l'argument de Williams.

Même House, malgré ce qu'il dit à Wilson et Foreman, est perturbé (ce qui, chez lui, est inhabituel) par la responsabilité de l'équipe dans la mort de cette femme, se proposant d'être celui qui annonce « nous l'avons tuée », et cherchant frénétiquement les causes de sa mort : « Où avons-nous merdé ? Qu'avons-nous raté ? Je dois savoir. » Foreman trouve la réaction de House froide, mais ce qu'il ressent va au-delà de la curiosité scientifique. Lorsque Wilson demande : « Est-elle morte suite à une infection due à un staphylocoque ? », House répond : « Ça, et quelques mauvaises décisions. » Les mauvaises décisions des patients ont déjà été discutées plus tôt dans l'épisode, mais là, les « mauvaises décisions » de l'équipe concernent House, qui éprouve un réel regret.

Agent-regret et passage à autre chose

Généralement, House ressemble plus au conducteur qui n'exprime aucun agent-regret, s'il considère que sa responsabilité n'est pas impliquée. La philosophe contemporaine Margaret Walker explique qu'au-delà de sa propre attitude envers la chance morale et son degré de responsabilité personnelle, « il y a au moins une attitude [...] que nous pouvons considérer comme fautive, si ce n'est totalement inacceptable : que l'agent *passe à autre chose* »[7]. Voici l'exemple d'une réponse inacceptable :

> *Ce qui est arrivé, ainsi que les dégâts causés, est vraiment très dommage, mais mon implication est vraiment un hasard, et de la pure malchance. J'admets ma négligence (malhonnêteté, lâcheté, opportunisme, etc.), et j'accepte que l'on me blâme pour ces fautes ordinaires. Mais il serait totalement injuste de me juger, voire de me condamner pour des conséquences et des situations malchanceuses que je n'ai pas totalement contrôlées, et il serait stupide ou masochiste de ma part de vous laisser le faire.*[8]

Walker met en avant que cela nous décevrait, ou même nous choquerait, selon la nature du cas, qu'importent les détails de l'implication exacte de l'agent dans les faits, « nous penserions qu'il y a quelque chose qui ne va pas chez lui de plus profond que l'offense de départ »[9].

Lorsque Chase, dans « Erreur médicale », ne fait référence à la patiente qu'en l'appelant « la patiente », et proteste en disant : « Je me suis clairement trompé de diagnostic. Mais j'ai suivi toute la procédure à la lettre. Je n'aurais pas pu deviner ce qui allait se passer », Stacy, l'avocate de l'hôpital, le prévient qu'une telle réaction ne convaincra pas le comité éthique, puisque cela donne le sentiment que ses patients l'indiffèrent. Comme Chase a vraiment fait une erreur, Williams pourrait considérer sa réaction comme plus proche du remords que du simple agent-regret. Cependant, si la patiente s'en était sortie, cela serait resté une erreur mineure, et non sérieuse, et de toute façon Chase avait suivi les instructions « à la lettre ». La volonté de Chase d'admettre sa (légère) négligence mais de ne pas vouloir être condamné pour ses (sérieuses) conséquences ressemble plus à l'exemple de Walker.

De la même manière, avant que ne meure la patiente, lorsque House fait remarquer à Chase qu'elle « pourrait mourir s'il ne prend pas la peine de lui poser une simple question », Chase répond : « Elle pourrait mourir parce que j'ai eu la malchance de renverser vos satanées pilules de Vicodin. » Au départ, cela aurait dû être à Foreman de s'occuper d'elle, mais à cause de la maladresse de Chase, House, de mauvaise humeur, lui confie la femme. Est-il alors injuste de juger Chase pour les circonstances malheureuses dans lesquelles il devient celui qui doit s'occuper de la femme ? Si cela avait été Foreman, Chase n'aurait pas eu l'occasion de commettre de faute. Dans ces cas-là, on parle souvent de *chance antérieure*, ou de chance de circonstances.

Jusqu'à quel point l'agent-regret est-il souhaitable pour des médecins qui doivent quotidiennement prendre des décisions de vie ou de mort ? Il ne faudrait pas que cela les paralyse. Comme le dit House à propos de la patiente qui perd toute volonté dans « Mauvaises décisions » : « Que vaut la vie sans la possibilité de faire des choix stupides ? » Si les organes d'un patient se détériorent rapidement, et que les résultats de tests risquent de ne pas être connus avant qu'il ne meure, les médecins doivent poursuivre leur travail avec ce qu'ils ont comme informations disponibles, aussi sommaires soient-elles, et prendre une décision, quels que pourront être les résultats. Y a-t-il un moment dans *Dr. House* où l'on peut dire que les médecins en ont fait assez pour raisonnablement se protéger de trop grands regrets ?

Jusqu'où va la responsabilité du médecin ?

Dans l'épisode « Demi-prodige » de la saison trois, Foreman suggère un traitement « risqué et agressif » pour leur patient, et House répond : « Voilà pourquoi Dieu a inventé l'autorisation d'opérer. » Alors qu'en général, House aborde l'autorisation d'opérer avec légèreté (dans « Mauvaises décisions », il pratique une autopsie avant que Wilson n'en ait obtenu l'autorisation signée ; dans de nombreux autres épisodes, il pousse brutalement les patients, ou leurs responsables, à signer les autorisations d'opérer), la problématique de la chance morale est sans doute ce qui le pousse à considérer ces autorisations plus sérieusement. Plutôt que de n'être qu'une simple formalité légale, elles peuvent représenter la meilleure défense d'un médecin contre les caprices de la chance morale.

La philosophe contemporaine Donna Dickenson considère que le consentement informé doit être pris au sérieux sur un plan moral, et non simplement légal, car « c'est de fournir un consentement informé qui empêche la machine de la probabilité de se mettre en branle, et clôt d'emblée toute discussion autour de la chance morale et du risque pour le médecin »[10]. Sachant que d'un point de vue statistique, certaines issues seront négatives, le médecin ne peut constamment lutter contre les sentiments de culpabilité ou de remords si l'issue concernant un patient en particulier est mauvaise. Le consentement informé, s'il est obtenu dans de bonnes conditions, sert à transférer le fardeau de la responsabilité d'une éventuelle malchance du docteur vers le patient.

Le patient, à qui l'on fournit une compréhension suffisante des risques potentiels, assume la responsabilité de ces risques, à condition que les médecins ne fassent preuve d'aucune négligence. Comme l'écrit Dickenson : « Si une procédure tourne mal, un médecin normalement compétent ne peut être moralement considéré comme fautif s'il a obtenu l'autorisation d'opérer. En termes volontairement plus simples, il n'aurait pas de chance, mais ne serait pas pour autant condamnable, et pourrait ressentir des regrets, mais ni culpabilité, ni remords. »[11] Si cela est vrai, alors l'autorisation d'opérer ressemblerait en effet à la parfaite solution miracle.

Bien sûr, cela met l'accent sur la procédure, plus que sur l'issue. House fait souvent référence aux résultats de ses actions, arguant que tant qu'ils sont concluants, tout ira bien. On peut voir House comme un conséquentialiste (le résultat d'une action est ce qui compte, et sera jugé bon ou mauvais) ou un paternaliste (c'est au médecin de déterminer ce qu'il y a de mieux pour son patient, sans se préoccuper des propres valeurs de ce dernier), ou les deux. Comme le fait remarquer Dickenson, l'argument du « "Ils vous remercieront, après" peut être extrêmement tentant pour les cliniciens »[12]. Le problème est que si House échoue, il devient alors, d'un point de vue éthique, totalement indéfendable. Cela n'a peut-être pas grande importance pour lui, mais cela en a pour ceux qui l'entourent, et pour nous, les téléspectateurs. Outrepasser un accord ou la transparence habituelle liés au consentement informé, même si le traitement choisi semble être du meilleur intérêt pour le patient, n'est pas juste problématique parce qu'il viole une règle de soins, mais aussi par rapport au résultat final : bien sûr, si ça marche, tout va bien (ce qui est en général le cas pour House), mais il n'y aucun moyen de savoir avec certitude que ce sera le cas. Et même si, comme le fait remarquer Cuddy à Foreman dans « Faux-semblants », House « a beaucoup de chance », cela ne réduit pas pour autant les risques pris.

Si la base du jugement est conséquentialiste, les mauvais résultats signifient que le médecin s'est trompé et doit être blâmé. On peut dire la même chose du paternalisme : si les résultats ne correspondent pas aux meilleurs intérêts du patient, les médecins ne peuvent plus rien lui opposer. Dickenson en tire la conclusion que les deux notions sont toutes les deux problématiques. Pour elle, la bonne option est que « la responsabilité du médecin n'est pas nécessairement de réussir à tout prix, mais de procéder dans les règles [...]. Une stricte interprétation de l'autorisation protège à la fois le docteur et le patient : le premier de la chance morale, et le second d'une perte d'autonomie »[13].

Bien sûr, le problème du consentement informé est la difficulté, bien connue, de réussir à déterminer quelles sont les « bases raisonnables » à partir desquelles le patient peut évaluer les risques courus. De plus, que faire quand le patient n'a pas la capacité de comprendre, et que les procurations sont indisponibles ou illégales (comme c'est le cas selon la loi anglaise) ?[14]

La patiente que Foreman « tue » dans « Mauvaises décisions » a justement du mal à en prendre. Au début de l'épisode, elle souffre d'une attaque d'aboulie (une incapacité de décider, souvent due à une forme de lésions cérébrales), et elle a une autre attaque au moment où House lui apporte le formulaire de consentement informé. Cela l'empêche de décider si elle accepte de signer ou non. Elle perd ensuite connaissance, et House dit aux infirmières qu'elle sera prête à signer dès qu'elle se réveillera. Peu après, alors que House lui fournit la liste des risques potentiels, il change rapidement de sujet en lui demandant pourquoi elle n'apprécie pas Foreman, plutôt que de lui laisser le temps de peser le pour et le contre. Il serait difficile de dire qu'il s'agit d'un cas de consentement raisonné et pleinement réfléchi. On ne la voit pas lorsqu'elle signe l'autorisation, mais il est peu probable qu'elle soit en position de refuser.

Cet accord douteux pourrait-il être lié au fort agent-regret de Foreman, et à ses remords après sa mort ? Si Foreman avait lui-même été à l'origine de l'accord, aurait-il vécu l'issue différemment ? S'y serait-il plus facilement résigné ? Si la patiente avait eu plus de temps pour réfléchir aux effets des rayons, et pour en parler avec ses médecins, aurait-elle réagi différemment lorsqu'ils lui annoncèrent leur erreur de diagnostic ?

Le problème de la pureté

Bien sûr, la chance morale pourrait n'être un problème que si nous attendions de la responsabilité morale qu'elle soit simple – une vision en noir et blanc. En d'autres termes, si c'est la pureté morale que nous visons, à savoir des jugements tranchés sur qui est coupable ou innocent, ou bien une frontière précise entre ce dont nous sommes responsables, et ce pour quoi nous ne le sommes pas, alors la chance morale rend les choses plus troubles. Mais si la pureté ne nous importe pas tant que ça, alors la chance morale peut simplement être un moyen de se souvenir que la vie n'est pas simple. D'après Walker, cela a plus de sens de porter des jugements moraux sur les gens en fonction de leurs actions, que de considérer les actions seules, par elles-mêmes. En prenant en compte la personne tout entière, tout ce qui semblait compliqué concernant la chance morale devient plus limpide. Pour nous, c'est ce qui fait la différence, et il semble que cela devrait toujours être le cas, que l'on ait affaire à un conducteur qui provoque un accident parce qu'il roule vite pour rejoindre d'urgence sa famille, ou pour le plaisir d'accélérer parce qu'il est ivre. Dans « Erreur médicale », une fois que l'on sait que Chase manque de concentration à cause de la mort de son père (et non parce qu'il a la gueule de bois, ou qu'il bâcle son travail), on a moins tendance à le trouver insensible ou négligent. Tout l'épisode est construit autour de nos différentes réactions à son erreur : pendant un bon moment, on considère qu'il a été paresseux et peu attentif. Ce n'est qu'à la fin que l'on apprend que c'est la mort de son père qu'il l'a déconcentré, et cette découverte met en lumière ce qui nous fait instinctivement admirer ou condamner quelqu'un. Après tout, « l'agent n'est pas une volonté rationnelle autosuffisante qui s'exprime pleinement à chaque choix auquel il est confronté. Il est une série de choix et de concessions (volontaires ou non), chacun ayant un sens sur un plan plus large, en fonction du contexte, de ses projets précis ou passagers, incluant à l'arrivée sa vie tout entière »[15]. Nous connaissons la nature de la relation de Chase avec son père. Son inattention ne veut pas dire qu'il ne porte aucune responsabilité dans la mort de son patient. Dans ce cas, pourtant, cela ne nous empêche pas de lui accorder des circonstances atténuantes.

De plus, nous ne pouvons pas simplement choisir ce que nous considérerons comme étant de notre responsabilité, ou non. Tout comme nous attendons du conducteur fautif qu'il éprouve un minimum de regret pour avoir tué un enfant, Walker laisse entendre que « les responsabilités dépassent le contrôle »[16]. Plus largement, nos vies nous obligent à prendre nos responsabilités face à de nombreux événements et conséquences que nous n'aurions pas choisis. C'est l'une des composantes de l'être humain, et c'est la raison pour laquelle nous admirons ceux dont la grâce et l'intégrité leur permettent de toujours s'en sortir face à ces événements et ces conséquences. Si cela est vrai, alors la chance morale n'affaiblit pas l'ensemble de la morale humaine, mais lui offre au contraire plus de possibilités de mettre en pratique ses différents avantages.

La série *Dr. House* n'est certainement pas le meilleur exemple d'une grande pureté morale : l'observation des problèmes liés à la chance morale nous pousserait presque à ne même pas essayer d'en trouver la moindre trace. Plutôt que de penser que la responsabilité morale revient à contrôler tout ce que nous entreprenons, et les conséquences qui y sont liées, nous devrions reconnaître que nous n'en maîtrisons qu'une petite partie. House nous enseigne que dans cet état d'incertitude, nous devons garder la confiance pour agir, quand ne pas agir est presque certainement synonyme de mort. Nous devons faire du mieux que nous pouvons, être suffisamment réalistes pour prendre nos responsabilités, et prêts à accepter des conséquences désastreuses.

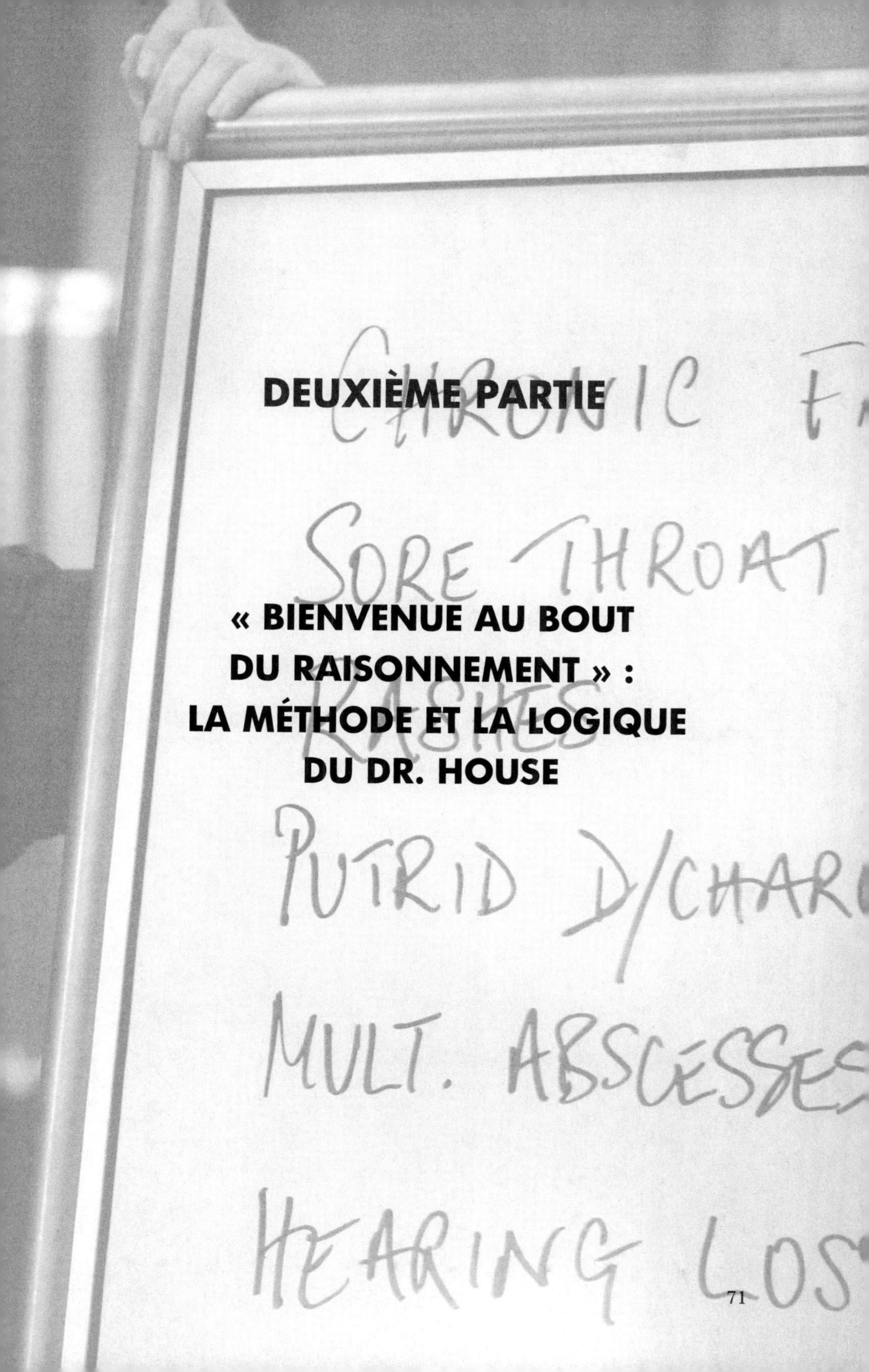

DEUXIÈME PARTIE

« BIENVENUE AU BOUT DU RAISONNEMENT » : LA MÉTHODE ET LA LOGIQUE DU DR. HOUSE

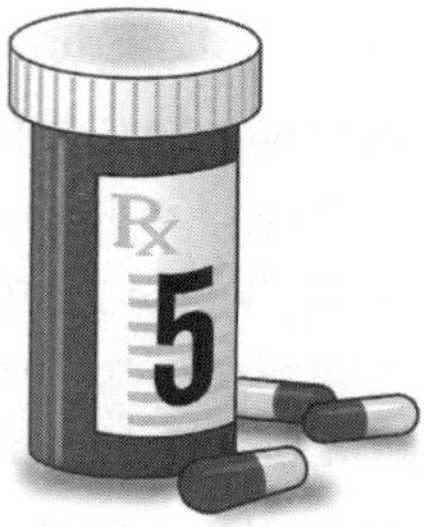

LA LOGIQUE DE L'HYPOTHÈSE CHEZ SHERLOCK HOLMES ET DANS DR. HOUSE

Jerold J. Abrams

> *Non et non : je ne suppose jamais. C'est une habitude choquante, qui détruit les facultés logiques.*
>
> Sherlock Holmes, dans *Le Signe des quatre*[1]

La partie est lancée

Le nom « Dr. Gregory House, Docteur en médecine » (*House, M.D.*, en v.o.), est la combinaison de ceux de trois célèbres détectives inventés par Sir Arthur Conan Doyle : Sherlock Holmes, John Watson et Tobias Gregson. Le nom de famille « House » est un synonyme de « foyer » (ndt : « home » en anglais), et c'est la façon dont Holmes prononce son nom (avec le « s » en plus, à la fin). Les initiales médicales du nom de House, « Dr. » et « Docteur en médecine » sont aussi celles du Dr. Watson, l'assistant et ami de confiance de Holmes. Watson et Holmes sont, également, deux personnages créés à partir de médecins authentiques.

Conan Doyle exerçait la médecine de plein droit, et avait une grande admiration, tout comme Watson envers Holmes, pour le Dr. Joseph Bell, docteur en médecine à l'hôpital royal d'Édimbourg, et dont le caractère, le profil, et les pouvoirs presque magiques d'investigation devinrent ceux de Holmes[2]. Le prénom de House, Gregory, est un peu plus difficile à repérer, mais il est bien présent dans la première aventure de Holmes, *Une étude en rouge*, sous les traits du détective de Scotland Yard, Tobias Gregson. Holmes dit à Watson que Gregson est « le plus intelligent de Scotland Yard », surtout « le meilleur parmi une équipe médiocre »[3]. Gregson apporte à Holmes ses cas les plus difficiles, ceux qu'il n'arrive pas à résoudre, tout comme Cuddy propose ses cas les plus difficiles à House, quand personne d'autre, au CHU de Princeton-Plainsboro, n'a la moindre idée sur ce qu'il faut faire. Les limites intellectuelles de Gregson et de Watson sont importantes dans le sens où elles renvoient à l'immense admiration qu'éprouve le lecteur pour Holmes. Ils offrent la perspective dont nous avons besoin sur le génie que nous ne sommes pas. De la même manière, nous ne pourrions pas trouver le brillant House sympathique, et encore moins nous identifier avec lui, si nous n'avions pas connaissance de ses difficultés physiques et personnelles. Elles le rendent plus humain, tout comme Watson et Gregson rendent Holmes plus humain.

House et Holmes

House n'est pas uniquement fondé sur le personnage de Holmes. En un sens, il *est* Holmes, vivant d'une certaine façon entre deux univers parallèles : dans le présent, à Princeton-Plainsboro, et dans le passé, au 221B Baker Street, à Londres. House parle même comme Holmes. Observant un patient malade, House demande : « Quels sont les suspects ? » (dans l'épisode « Les symptômes de Rebecca Adler »), et une fois la maladie diagnostiquée, il déclare fièrement : « J'ai résolu cette affaire. » Passant des suspects aux coupables, House envisage ses patients comme des imposteurs et des menteurs, tout comme Holmes regarde ses clients. Aussi malades soient-ils, ils constituent toujours une gêne, et House ne travaille pas directement avec eux. Il entre chez eux par effraction, vole leurs biens et fouille dans leurs tiroirs. Il fait tout pour obtenir des indices : exactement comme Holmes[4].

Comme Holmes, également, House a toujours de l'aide : une équipe de jeunes médecins à son entière disposition. Ils sont les Watson de House : Cameron, Foreman et Chase, chacun avec sa spécialité. Cependant, ils ne sont pas les amis ou les confidents de House, comme peut l'être Watson pour Holmes. Ce rôle est réservé au quatrième Watson de House, son collègue le Dr. James Wilson, avec qui il partage les mêmes initiales médicales, « Dr. J.W., Docteur en médecine » (« *M.D.* »). Wilson habite aussi pendant un moment avec House, tout comme Watson et Holmes partagent leur appartement de Baker Street. Tous ensemble, ces quatre néo-Watson posent à House les questions que nous, téléspectateurs, avons aussi en tête, tout comme Watson discute avec Holmes de la progression de l'enquête. C'est par leur intermédiaire que nous approchons le génie. Sinon, nous n'y aurions pas accès. House et Holmes ne sont pas des gens ouverts. Ce sont des êtres solitaires, non mariés, sans amis ; ils s'intéressent très peu aux autres, et peuvent être cassants et insultants même avec leurs assistants. Ce qui les motive vraiment, c'est de résoudre l'énigme. Ils ne vivent que pour l'urgence de leur enquête. Tout est dirigé dans ce but : leurs travaux de recherche, leurs intérêts musicaux, leurs pseudo-activités de détente, et même leur dépendance à la drogue. Tout est bon pour arriver à trouver le responsable.

La logique de House

Parmi les parallèles que l'on peut établir entre eux, le plus important concerne la méthodologie. Holmes, comme House, pense être un adepte de la logique déductive, et tous les deux se trompent ![5] Tous les grands détectives de fiction considèrent, à tort, leur méthode comme déductive, et la plupart d'entre eux, comme Holmes, méprisent les hypothèses :

« Je ne suppose jamais. » Pourtant, il le fait (*Le Signe des quatre*)[6], comme le font tous les détectives et tous les diagnosticiens. House fait aussi l'erreur de considérer sa méthode comme de la déduction : « Pour bien comprendre les choses, il faut un raisonnement déductif » (« Peine de vie ») ; « Il m'a dit que ça lui faisait mal, et j'aurais dû déduire que c'était irrité » (« Cherchez l'erreur »). Si House et Holmes utilisaient vraiment la déduction, leurs conclusions ne seraient jamais erronées, puisque dans la déduction, si les hypothèses sont justes, les conclusions *doivent* être justes. Si l'on prend, par exemple, deux hypothèses exactes comme « Tous les médecins font des erreurs » et « House est un médecin », nous connaissons la conclusion avec certitude : « House fait des erreurs. » Cette certitude dans notre conclusion vient du fait que savons quelque chose qui concerne tous les médecins – en l'occurrence, qu'ils font des erreurs. Ni conjecture, ni probabilité n'entrent en ligne de compte. Or aucune des conclusions de Holmes n'intervient par la force des choses. Elles sont toutes conjecturales. De très bonnes conjectures, certes, mais des conjectures tout de même.
Par contraste, et c'est assez intéressant à noter (bien qu'il fasse certainement l'erreur de considérer qu'il s'agit de déduction), House ne rejette jamais systématiquement une hypothèse, malgré des attaques régulières de la part de Cuddy, comme le montre cet extrait de l'épisode « Les symptômes de Rebecca Adler » :

> Cuddy : On ne prescrit pas de médicaments à partir d'hypothèses. Du moins plus depuis Tuskegee et Mengele.
> House : Vous me comparez à un nazi. C'est charmant.
> Cuddy : J'arrête le traitement.

Cuddy a doublement tort. Elle a tort concernant les médecins qui prescrivent des médicaments à partir d'hypothèses : c'est le cas, tout le temps. Elle a également tort en mettant sur le même plan une médecine sans éthique et un manque de validité déductive. Tout type de médecine, qu'elle repose ou non sur l'éthique, et toute science, à cet égard, sont toujours au bout du compte une question de conjecture.

House le sait parfaitement, comme il sait que ce qui dérange *réellement* Cuddy est l'absence de preuve liée à sa méthode. Mais House accepte l'absence de preuve dans ses conclusions comme étant l'essence même de la médecine – malgré, encore une fois, ses considérations erronées sur la méthode *déductive*, comme on le constate dans cet échange extrait du même épisode :

> House : Il n'y a jamais aucune preuve. Cinq médecins différents proposent cinq diagnostics différents à partir du même élément.
> Cuddy : Vous n'avez aucune preuve. Et personne ne sait rien, c'est ça ? Alors comment se fait-il que vous pensiez toujours avoir raison ?
> House : C'est faux. Je pense simplement qu'il est délicat d'opérer en pensant le contraire. Et pourquoi avez-vous tellement peur de vous tromper ?

Lorsqu'il défend une méthode qui n'exclut pas l'erreur, House est presque à l'opposé de Holmes, qui se vante devant Watson d'utiliser une méthode grâce à laquelle il est impossible de tromper : « Il n'y a pas la place pour la moindre erreur. »[7] Et ses résultats lui donnent raison : il ne se trompe quasiment jamais, et ses succès ne font que renforcer sa grande confiance en lui-même, alors qu'ils ne devraient pas car, malgré toute sa réussite, c'est une compréhension erronée de sa méthodologie qui accompagne chacun des cas auquel il est confronté. De son côté, House ne fait jamais cette erreur à propos de celles qu'il commet. Il en fait tout le temps, mais il sait qu'elles l'aident simplement à se rapprocher de la vérité. Il comprend que la fragilité de sa logique hypothétique est essentielle à sa méthode – et House, au moins à cet égard, est supérieur à son alter ego Holmes.
D'un autre côté, Holmes, à sa décharge, passe beaucoup plus de temps sur l'auto-analyse. Nous connaissons donc mieux sa méthode, ce qui nous permet d'avoir plus d'éléments à critiquer, ou à admirer, tandis que House dévoile beaucoup moins ses cartes méthodologiques, à notre grand regret. Nous aimerions en savoir plus sur ce que ce maître

digne de Holmes a en tête, en particulier quand il s'agit de logique et de raison, et sur sa manière d'interpréter les indices. Nous aimerions entendre quelque chose comme ce qui suit :

> *La plupart des gens, si vous leur décrivez une suite d'événements, vous diront quel en sera le résultat. Ils peuvent réunir ces événements dans leur esprit, et en déduire qu'il se passera quelque chose. Il y a par contre peu de personnes qui, si vous leur donnez un résultat, seront capables de reconstituer mentalement les étapes qui y ont mené. C'est de cette capacité dont je parle quand j'évoque le raisonnement rétrospectif, ou analytique.*[8]

Des passages comme celui-ci révèlent quelque chose d'important sur Holmes. Il se trompe peut-être à propos de la déduction, de l'erreur, et des hypothèses. Mais son analyse de la déduction, ou de ce qu'il nomme « le raisonnement rétrospectif », est étrangement familière et s'apparente très exactement à l'hypothèse. Nous partons d'un résultat présent, un effet, puis nous remontons le temps de façon continue, analysant le développement qui y a mené, pour en arriver à la cause. Nous nous trompons souvent, car de multiples causes peuvent avoir le même effet, il est impossible de *déduire* quelle est la bonne. Il faut donc formuler une hypothèse, exactement de la façon décrite par Holmes.

Le concept de « raisonnement rétrospectif » fut initialement développé par le philosophe américain, également créateur du « pragmatisme », Charles S. Peirce (1839-1914) qui, lui, parlait d'« abduction », et la définissait – contrairement à Holmes – précisément comme étant la logique de l'hypothèse : « L'abduction n'est, après tout, rien d'autre que la recherche d'hypothèses. »[9] Voilà à quoi cela ressemble :

> L'abduction
> On observe un fait surprenant, C ;
> Mais si A était vrai, C serait banal ;
> Par conséquent, on est en droit de douter que A soit vrai.[10]

Il y a trois étapes dans l'abduction. D'abord, la surprise, une anomalie ; la médecine se précipite, comme le fait remarquer House : « Les médecins adorent les anomalies » (dans « Peine de vie »)[11]. Face à cette anomalie, House cherche à en expliquer la cause par l'intermédiaire d'une règle qui ferait de cette anomalie une banalité. Quel schéma possible, naturel ou culturel, pourrait causer ce résultat ? House raisonne de manière rétrospective, des effets vers la cause, puis à nouveau dans l'autre sens, choisit la cause la plus plausible et fait faire des tests pour voir s'il a raison. Bien sûr, là encore, ce n'est qu'une hypothèse, une conjecture. Et il peut se tromper. Mais même s'il se trompe, il a néanmoins désormais de plus amples informations, et l'abduction n'en sera que meilleure.

L'une des raisons qui conduisent si souvent l'abduction vers l'erreur, d'un point de vue logique, est son invalidité ; en d'autres termes, il n'y a aucun moyen sûr de dire si nos conclusions seront exactes, même si les données de départ sont justes. Nous pouvons donc, par exemple, partir d'un résultat surprenant, formuler une règle plutôt solide qui l'explique, tout en nous trompant quand même. Les conclusions ne seront jamais déduites des hypothèses par la force des choses. Mais, répétons-le, l'abduction ne prétend pas démontrer une fois pour toutes qu'une conclusion doit être la bonne. Tout ce qu'elle permet est de poser une hypothèse raisonnable de ce que *pourrait* être la conclusion exacte. C'est plus qu'une tentative hasardeuse, mais parfois pas beaucoup plus.

Les abductions du Dr. House

Dans tous les épisodes, House a deux cas à résoudre de front : l'un est un cas médical classique, l'autre est choisi pour le challenge qu'il représente. Ces deux types de cas correspondent aussi à deux genres d'abduction, comme les définit Umberto Eco : sur-codée et sous-codée[12]. Les cas médicaux classiques nécessitent des abductions sur-codées : ils sont simples et faciles. Un homme se demande pourquoi sa peau est orange, et House comprend immédiatement pourquoi, comme le démontre ce dialogue extrait de l'épisode « Les symptômes de Rebecca Adler » :

House : Hélas, vous avez un problème plus grave. Votre femme a une liaison.

L'homme : Quoi ?

House : Vous êtes orange, espèce d'idiot. Le fait que vous ne le voyiez pas est une chose. Mais si votre femme n'a pas réagi au changement de couleur de peau de son mari, c'est qu'elle ne fait simplement pas attention. Au passage, est-ce que vous ne consommeriez pas simplement des quantités ridicules de carottes et de vitamines fortement dosées ? (L'homme acquiesce.) Les carottes vous rendent jaune, et l'acide nicotinique rouge. Faites un peu de peinture avec les doigts, et regardez le résultat. Et trouvez-vous un bon avocat.

House part d'une première constatation : un homme est orange. Si l'homme a consommé beaucoup de carottes et de vitamines contenant de l'acide nicotinique, cela explique qu'il soit devenu orange. C'est donc sans doute ce qu'il a fait. Puis House fait une deuxième constatation : personne d'autre n'a remarqué son changement de teint, et l'homme porte une alliance. Si sa femme a une liaison, cela expliquerait qu'elle ne s'intéresse plus à lui – et en effet, peu après, on apprend que c'est le cas.

Les cas les plus intéressants, néanmoins, sont ceux que House choisit, et qui nécessitent des abductions sous-codées. Une fois la liste des symptômes établie, House réunit son équipe. Les uns après les autres, ils suggèrent des possibilités pour expliquer les anomalies. House les note sur un tableau. Certaines sont éliminées car trop improbables, d'autres pour leur manque de lien avec les symptômes. Progressivement, les diagnostics éventuels sont réduits à quelques-uns. Ils sont ensuite classés hiérarchiquement en fonction de leur probabilité et de l'efficacité des tests. Ce cycle de tests et d'abduction se poursuit jusqu'à ce que le bon diagnostic soit trouvé, et House a résolu le cas.

La progression de l'abduction sous-codée finale, cependant, est souvent incroyablement difficile, et House ne peut compter que sur son imagination très créative pour résoudre le cas. En bon néo-Sherlock Holmes qu'il est, House doit en particulier considérer métaphoriquement les maladies, les comparant à des criminels afin d'envisager le problème sous un nouvel angle, comme on peut l'observer dans « Leçon d'espoir » :

> House : La tumeur, c'est l'Afghanistan. Le caillot, c'est Buffalo. Cela nécessite-t-il plus d'explication ? D'accord. La tumeur c'est Al-Qaïda, le grand méchant, le cerveau. On y est allé, on s'en est débarrassé, mais il a déjà envoyé une cellule dissidente, une petite équipe de terroristes subalternes, qui vivent tranquillement dans la banlieue de Buffalo, et qui attendent de tous nous tuer.
> Foreman : Holà, holà, holà. Est-ce que vous essayez de dire que la tumeur a généré un caillot avant même que nous la retirions ?
> House : C'était une excellente métaphore. Faites une angiographie de son cerveau avant que le caillot n'enfile sa veste bourrée d'explosifs.

Voilà comment fonctionne l'abduction. Une tumeur a été retirée, mais ses symptômes persistent. Mais si cette tumeur, juste avant d'avoir été retirée, a pu envoyer un minuscule caillot terroriste, alors ce dernier pourrait être à l'origine des symptômes en question, et expliquerait l'anomalie[13].

Méditation et abduction

L'équipe de House reste à côté de lui, et l'observe avec scepticisme. Ils pensent qu'il est fou. Ils ont raison : c'est le cas, et il partage aussi cela avec Holmes. En réalité, Holmes est doublement fou. Son esprit est profondément divisé, comme s'il y avait en lui deux Sherlock Holmes. L'un des deux, lorsqu'il est à la recherche d'indices, est d'une énergie et d'une intensité folles : « "Venez, Watson, venez !", hurle-t-il. "La partie est lancée. Ne dites rien ! Habillez-vous et venez !" »[14] L'autre

Holmes est à l'opposé : il ne manifeste aucune énergie débordante, il est contemplatif, rêveur, et a même des hallucinations. Watson décrit ces deux facettes :

> *Dans son caractère singulier, cette double nature s'affirmait à tour de rôle, et la grande profondeur de son intelligence et de son sens de l'exactitude correspondait, comme je l'ai souvent pensé, à une réaction contre l'humeur poétique et contemplative qui, parfois, prédominait en lui. Ces oscillations intérieures le faisaient passer d'une langueur extrême à une énergie dévorante.*[15]

Au début, Watson ne perçoit pas très bien à quoi correspond cet étrange mouvement de balancier qui caractérise l'esprit de Holmes. Mais progressivement, il comprend que ces transes, qui font presque de lui un zombie, sont une étape essentielle et prioritaire pour arriver à résoudre tous les cas très difficiles. Après sa fructueuse chasse aux indices, Holmes se retire dans ses appartements de Baker Street, s'enfonce profondément dans son fauteuil, met de la musique, et « son regard devient rêveur et absent »[16].

Peirce définit cet état songeur préabductif comme une « méditation », le « pur jeu » de l'imagination. Une fois que tous les indices ont été réunis, le détective doit prendre de la distance, détendre ses yeux, et se retirer dans son imagination. À l'intérieur, passent des visions sauvages et des ébauches de scénarios sur les causes. Tous les résultats et toutes les conclusions éventuelles sont passés en revue, le détective n'ayant en tête que de trouver la solution parfaite[17].

C'est la même chose avec House : lui aussi a deux facettes, bien qu'elles ne soient pas aussi prononcées que chez Holmes. À un moment donné, House manifeste une énergie proche de la folie, face à son équipe, debout devant son tableau sur lequel sont inscrits tous les diagnostics possibles, hurlant sur Cameron, Chase et Foreman, puis sur Cuddy, allant même jusqu'à les taper avec sa canne. Puis il s'arrête, soudainement, se retire dans son bureau, se détend, et entre dans le même état méditatif que Holmes, agitant ses mains d'avant en arrière, se laissant porter par un délire logique tout en écoutant les disques de jazz de Henry Giles (Harry J. Lennix). C'est le cas dans l'épisode « Vivre ou laisser mourir ». Cette scène de *Dr. House* est pratiquement identique à une autre que l'on retrouve dans *La Ligue des rouquins* de Conan Doyle :

> *Tout l'après-midi, il resta assis à l'orchestre (du théâtre), isolé, dans un état de parfaite sérénité, agitant doucement ses longs doigts fins en rythme avec la musique, affichant un sourire doux et un regard absent et rêveur, ne ressemblant en rien au Holmes habituel, ce fin limier, ce spécialiste du crime impitoyable, vif, malin et toujours disponible.*[18]

Qu'il soit dans cet état méditatif, ou en pleine action, Holmes est également connu pour sa dépendance aux drogues. Le choix de House se porte sur la Vicodin, parce que cela soulage sa douleur et lui permet de se concentrer sur les détails du cas qui l'intéresse, mais aussi pour ses effets euphoriques et relaxants, propices à la réflexion ; en d'autres termes, la Vicodin renforce ses capacités de méditation, et lui permet de formuler de meilleures abductions sous-codées[19].

House *vs* Moriarty

Lors d'un cas précis, cependant, House sèche complètement. Il se retrouve non seulement isolé de son équipe, mais aussi de son propre esprit. Un homme du nom de Moriarty lui a tiré dessus deux fois, à bout portant, dans son bureau (dans l'épisode « House à terre »)[20]. C'est un nom important, car c'est aussi celui de l'ennemi juré de Holmes, le professeur James Moriarty, un personnage qui apparaît dans *Le Problème final* et *La Vallée de la peur*. Esprit criminel supérieur, Moriarty est en tout point aussi génial que Holmes : « J'ai enfin rencontré un adversaire de mon niveau intellectuel. »[21] Holmes n'a que le plus grand respect pour les pouvoirs de Moriarty :

> *C'est le Napoléon du crime, Watson. C'est l'organisateur de la moitié du mal qui ronge cette grande ville, et de presque tout ce que nous n'arrivons pas à repérer. C'est un génie, un philosophe, un penseur abstrait. Son cerveau est supérieur. Il reste immobile, comme une araignée au centre de sa toile, mais celle-ci a des milliers de ramifications, qu'il connaît toutes parfaitement.*[22]

Après être venu à bout de tant de criminels de Londres, Holmes se retrouve désormais au cœur même de la toile du crime, face au leader de tous les criminels. Il y a donc une logique à ce qu'à la fin, après tant de grandes aventures, Moriarty finisse par tuer Holmes. Mais cette mort est une illusion. En effet, dans *La Maison vide*, Holmes revient miraculeusement, à la grande surprise de Watson : « "Holmes !" criai-je. "Est-ce bien vous ? Est-il possible que vous soyez vraiment vivant ? Vous auriez réussi à ressortir de ce terrible gouffre ?" »[23]

Ce cycle de meurtre et de renaissance est repris dans « House à terre », après que Moriarty a tiré sur House, le laissant pour mort. House se réveille après avoir failli mourir, dans un lit d'hôpital juste à côté de Moriarty, qui a également été touché par des agents de la sécurité. House n'a rien perdu de son arrogance de diagnosticien, et pense qu'il a déjà résolu le cas qui l'occupe : il sait pourquoi Moriarty a fait cela. Mais il se trompe. Ses diagnostics sont faux, et Moriarty comprend tout ce qu'il a en tête quand House s'adresse avec difficulté à son équipe. Depuis qu'on lui a tiré dessus, il est plus lent. Cela a affecté son esprit. D'habitude, c'est lui qui fait avancer les choses avec son équipe, mais cette fois, ils sont partis faire les tests avant même que House ait terminé son raisonnement. Même Chase, le plus lent des trois, est trop rapide, trop bon. Cela perturbe House, mais Moriarty n'est pas surpris et prend plaisir à se moquer du soi-disant maître : « Il connaissait peut-être la réponse parce que la question n'était pas aussi compliquée qu'il le pensait. Il ne devient pas forcément plus intelligent. Peut-être devient-il plus bête. »

Mais même s'il est ralenti, House a conscience que Moriarty en sait trop. Il voit aussi que la continuité du temps semble moins régulière.

Et tout à coup, il peut marcher sans canne, et sa douleur à la jambe a disparu. Au fur et à mesure, les anomalies apparaissent autour de lui, et House fait l'abduction qu'il est en train d'halluciner. Moriarty n'existe pas vraiment. Il est dans son esprit. Chase n'est toujours pas très brillant, et la jambe de House ne va pas beaucoup mieux. Mais grâce à sa nouvelle abduction, House prend conscience de quelque chose de nouveau : sa volonté ne lui suffira pas pour se libérer de son hallucination. S'il décidait de s'attaquer à son propre inconscient, qui produit l'hallucination, cela pourrait rompre le maléfice. Pour réussir une attaque suffisamment directe et efficace contre son esprit, House tue son propre patient de sang-froid. Il fait appel à ce que Lorenzo Magnani définit comme « l'abduction de manipulation » : « manipuler ses observations pour obtenir de nouvelles données, et mener ses expérimentations de manière "active". »[24] Ici aussi, House est le digne descendant de Holmes. En effet, juste avant leur première rencontre, Watson apprend que Holmes a frappé des cadavres dans le but d'obtenir des indices. Le vieil ami de Watson, Stamford, dit : « Lorsqu'on en arrive à frapper des sujets dans les salles de dissection, les choses prennent clairement une tournure étrange. » Watson y croit à peine. Pourtant Stamford insiste : « Si, pour vérifier jusqu'à quel point on peut faire des ecchymoses après la mort. Je l'ai vu faire de mes propres yeux. »[25]
De la même façon, House peut donner à une patiente un mélange de médicaments, ou provoquer un stress excessif, afin de mettre en valeur d'autres symptômes. Maintenant, c'est à lui-même qu'il doit le faire subir : il doit manipuler son propre esprit pour en sortir de nouvelles données. Et cela fonctionne. House se réveille tout à coup sur un brancard, transporté aux urgences, à peine conscient, après qu'on lui a tiré dessus. À cette étape, House a fait trois abductions : il a halluciné, il a renoncé à sa dernière promesse pour rompre l'hallucination, et il vaincra peut-être sa douleur à la jambe. Au début de son hallucination, en regardant le tableau, il découvre que de la kétamine a été administrée. Il demande une explication à Cuddy, qui lui dit : « Il y a une clinique, en Allemagne, où ils traitent les douleurs chroniques en provoquant des comas, et en laissant simplement le cerveau se recharger tout seul » (dans

l'épisode « House à terre »). Voilà pourquoi sa jambe ne lui fait plus mal (sans que cette soudaine amélioration musculaire ne s'explique pour autant). House réalise qu'il ne parlait pas plus à Cuddy qu'à Moriarty. Il se parlait à lui-même, et bien qu'inconscient, il élaborait une abduction pour vaincre sa douleur. À peine conscient, House ne prononce qu'une seule phrase : « Dites à Cuddy que je veux de la kétamine. »

Élémentaire, ma chère Cameron

Parmi toutes les citations de Sherlock Holmes, la plus connue est certainement : « Élémentaire, mon cher Watson. » Tout le monde la connaît. Le problème, c'est que Holmes n'a jamais prononcé cette phrase.[26] Il aurait néanmoins tout à fait pu le faire, étant donné son habitude de régulièrement insulter Watson en lui reprochant un esprit trop lent. House en fait de même avec son équipe. Mais c'est sans doute avec Cameron, qui est amoureuse de lui, qu'il est le plus cruel. Un soir ils dînent ensemble, et Cameron veut parler. Tout est si simple, pense-t-elle : ils pourraient être ensemble, si au moins il essayait. Après tout, elle sait que d'une certaine façon, il la désire aussi. Mais pour House, il est évident qu'ils ne peuvent pas être ensemble. Alors, plutôt qu'une conversation romantique, l'éternel détective qu'est House propose son diagnostic, froid et sans détour, comme si Cameron était allongée sur un lit d'hôpital, et non sur son trente et un pour une soirée intime. C'est une femme brisée, et elle tombe amoureuse d'hommes brisés ; elle les envisage comme des cas à traiter. Elle l'a donc choisi parce que lui aussi est brisé.

À l'écoute de son diagnostic, elle sait qu'il a raison. Mais ce qu'elle ne sait pas, et ce que House ne semble pas savoir non plus, c'est *pourquoi* exactement il est brisé. Ce n'est pas un manque d'amour, ni lié à sa douleur à la jambe ou même à sa dépendance aux drogues. Ce sont là des symptômes, et non des causes. De plus, House était déjà House avant son infarcissement (la mort d'un muscle) à la jambe droite, le même homme qu'il a toujours été. Sa maladie est plutôt logique – ou abductive, pour être plus précis ; elle est évolutive et dégénérative. Plus House réussit à être rationnel, plus son état psychologique empire. Les abductions se font plus vite, et ses intuitions s'affinent de jour en jour. Un cas sur-codé ici, un autre sous-codé là, les deux en même temps, tout s'enchaîne sans répit : ses conclusions sur son équipe et leurs problèmes, Cuddy, un rat, un homme dans le parc, tout et tout le monde, Dieu, et la condition humaine. Il ne s'arrête jamais : qu'importe le nombre de cachets de Vicodin qu'il avale, rien ne le soulage de ses talents extraordinaires. L'authentique tragédie de House est cette raison abductive qui lui fait perdre tout contrôle de lui-même ; c'est l'esprit d'un génie fou qui, comme tous les génies fous, se dirige inéluctablement vers l'autodestruction.

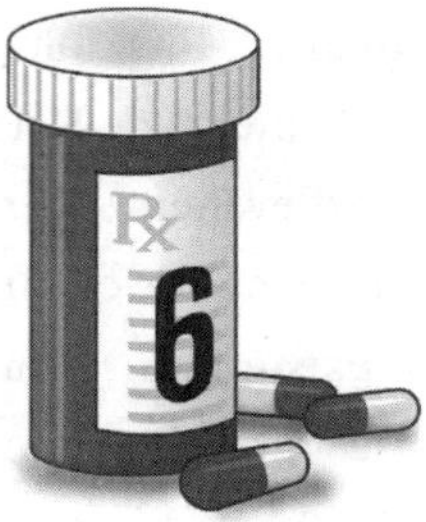

TOUT S'EXPLIQUE !

Barbara Anne Stock

Certaines choses ont lieu sans raison, n'est-ce pas ? Pas pour Gregory House. Le médecin mal luné fait sien un point de vue que les philosophes appellent le Principe de Raison Suffisante (le PRS, pour faire court), selon lequel à chaque événement correspond une explication rationnelle. Vous pouvez ne pas *savoir* quelle est la bonne explication, mais il y en a *toujours* une. Bien sûr, même en supposant que toute situation, ou événement, s'explique forcément, on a toujours besoin de savoir comment. House, en général, y arrive par le biais de méthodes scientifiques habituelles : il repère les hypothèses qui correspondent aux symptômes du patient (par exemple, « c'est un lupus », ou « c'est un vasculitis »), puis fait des tests pour établir laquelle est correcte. Malheureusement, ces tests sont souvent peu concluants. Nous verrons que quand cela arrive, House applique des critères plus controversés afin de décider quelle explication choisir.

Le Principe de Raison Suffisante

Gottfried Wilhelm Leibniz, un philosophe allemand du dix-septième siècle, écrit : « Rien ne se produit sans une raison suffisante, c'est-à-dire que [...] rien n'a lieu sans qu'il soit possible que quelqu'un qui en sait assez, puisse donner une raison suffisante pour déterminer pourquoi une chose est ainsi, et pas autrement. »[1] Plus loin, il ajoute qu'en général, on ne connaît pas ces raisons. Ce Principe de Raison Suffisante (PRS) rejette catégoriquement la possibilité d'événements hasardeux, ou inexplicables. Même si nous n'avons pas conscience de ce qui cause tel ou tel événement, il est néanmoins exact qu'il existe une raison qui explique entièrement pourquoi il a eu lieu. House fait écho à ce principe lors du dialogue suivant, avec Wilson, dans l'épisode « L'erreur est humaine » :

> Wilson : Je veux que tu reconnaisses que parfois, des patients meurent sans aucune raison. Et d'autres fois, ils vont mieux sans non plus aucune raison.
> House : Non. C'est simplement que nous ne connaissons pas cette raison.

House est non seulement d'accord verbalement avec le PRS, mais il y montre son attachement dans son comportement. Il ne se satisfait pas de réponses partielles, ou de théories qui expliquent plus ou moins précisément la plupart des symptômes. Qu'il déambule dans une salle d'attente, pour trouver celui qui est à l'origine de la propagation d'un virus (dans « Panique à la maternité »), ou qu'il aille fouiller dans les réserves en colchicine de l'hôpital pour y trouver des cachets qui ont peut-être été confondus avec des médicaments contre la toux (dans « Cherchez l'erreur »), il est convaincu qu'il y a, quelque part, une réponse complète, et est déterminé à la trouver. Évidemment, il n'a aucune patience face à des états que les autres médecins définissent comme idiopathiques (c'est-à-dire d'origine inconnue) : « Idiopathique, terme latin signifiant que nous sommes des imbéciles incapables d'en trouver la cause » (dans « Double discours »).

Mais quels genres de raisons sont les bonnes ? Souvent, quand les gens disent « Il y a toujours une raison à tout », ils ont en tête des raisons particulièrement précises, ou profondes. Par exemple, dans « L'erreur est humaine », lorsque sœur Augustine dit : « Si je me casse la jambe, il y aura forcément une raison pour que cela m'arrive » – la raison en question, pour elle, est la volonté de Dieu. Quelqu'un qui croit au destin y trouvera des raisons. House sera d'accord pour dire qu'il y a une raison à la fracture, mais elle sera soit médicale, comme une ostéoporose qui aurait affaibli l'os, soit physique, comme un objet lourd qui aurait cogné contre la partie du corps concernée. Ainsi, sans ambiguïté, l'acceptation par House du PRS lui permet de ne pas avoir à croire à des explications surnaturelles, ni à aucune autre sorte de signification mystique. Il y a toujours une raison... une raison scientifique respectable, s'entend.

Le PRS est-il exact ? Il semble vérifiable dans la vie de tous les jours. Dans « L'homme de ses rêves », House rêve d'un marine et juste après, on lui tend le dossier du marine car c'est son nouveau patient. On pourrait imaginer qu'au lieu de spéculer sur les problèmes de House avec son père, ou de discuter des Village People, Wilson lui dise : « Passe à autre chose ! C'est une coïncidence ! » Cela ne satisferait ni House, ni les téléspectateurs. Il y a forcément une explication à cette tournure étrange que prennent les événements. Même ce qui semble arriver par hasard a une explication. Lorsque vous lancez une pièce, et qu'elle retombe du côté face, cela peut sembler n'être que du hasard. Mais s'il était possible de connaître tous les détails (la position exacte de la pièce avant que vous la lanciez, la force avec laquelle votre pouce l'a fait tourner, l'importance et la direction du vent, etc.), ces faits expliqueraient pourquoi la pièce est retombée ainsi. Supposons que trois personnes soient dans une pièce, à côté d'une autre qui est malade ; l'une attrape la maladie, mais pas les deux autres. Ce pourrait à nouveau ressembler à une histoire de chance, mais si nous pouvions observer la situation au niveau moléculaire, via l'« œil-microscope » de House, nous constaterions que la propagation de la maladie est déterminée, et s'explique par des lois physiques.

Le PRS peut être sérieusement remis en question si l'on considère les choses à un niveau encore plus petit : le niveau subatomique. Une interprétation largement acceptée de la physique quantique affirme qu'au niveau subatomique, la causalité est indéterministe – en d'autres termes, des événements passés offrent une certaine probabilité pour qu'un événement futur se produise, mais ils ne *déterminent* pas que cet événement se produira. Il peut, par exemple, y avoir 50 % de chances pour qu'un composant radioactif libère une particule subatomique dans une période de temps donnée. Supposons que cette particule soit en effet libérée. Quelle est la raison, ou l'explication, pour que cela se soit produit à ce moment-là ? Il n'y en a aucune. C'est arrivé, tout comme cela aurait très bien pu ne pas arriver. Dans ce cas, le PRS est faux. Une deuxième remise en question fait remarquer que même si le PRS est juste, il n'y a aucun moyen de le prouver. Nous sommes tous en droit de penser que, d'après notre propre expérience, il y a toujours eu une explication à tout ce qui nous est arrivé. Mais cela ne prouve pas pour autant que rien n'est jamais arrivé sans raison.

Si House exprimait son désaccord avec ces remises en question, il serait en bonne compagnie. Albert Einstein n'a jamais accepté l'interprétation indéterministe de la physique quantique, rétorquant, dans une phrase célèbre, que Dieu ne joue pas l'univers aux dés. Néanmoins, sauf si Stephen Hawking est élu patient de la semaine, House n'aura pas de temps à perdre pour défendre la *vérité* du PRS. Il pourra, au contraire, en justifier la validité de façon pragmatique. Intéressons-nous au dialogue suivant, de l'épisode « Vivre ou laisser mourir », alors que le patient surprend l'équipe en retrouvant des sensations dans ses jambes :

> House : Il retrouve maintenant ses sensations jusqu'au mollet. C'est comme ça que la médecine évolue. Parfois, les patients vont mieux. Vous ne savez absolument pas pourquoi, mais tant que vous ne leur fournirez pas d'explication, ils ne vous payeront pas. Est-ce que quelqu'un a remarqué si c'était la pleine lune ?
> Cameron : Est-ce que vous seriez en train de dire qu'il va juste mieux spontanément ?
> House : Non. Tout ce que je dis, c'est débarrassons-nous du dieu de la lune et commençons à réfléchir.

La médecine, en tant que science, progresse grâce aux médecins qui affirment qu'il y a des raisons aux symptômes de leurs patients.

Si en voyant les progrès de leur patient, l'équipe avait réagi en disant : « Chouette. Il va mieux. On ne veut pas en savoir plus ! Rentrons chez nous », la science ne connaîtrait aucune avancée. Par contre, s'ils pensent que cette amélioration nécessite une explication, ils ont plus de chance d'en trouver une, à supposer qu'elle existe, et feront ainsi progresser la connaissance médicale.

Il y a une autre raison de défendre l'approche que House a du PRS (mais pas obligatoirement du PRS lui-même), à travers ce qu'écrit le philosophe contemporain Peter van Inwagen, qui propose le test suivant pour tout événement nécessitant une explication :

> *Supposons un fait particulier, qui n'a pas d'explication connue ; supposons que l'on puisse penser à une explication possible de ce fait, une explication qui (uniquement si elle est juste) serait une très bonne explication ; il serait alors faux de dire que cet événement n'a pas plus besoin d'explication qu'un autre événement similaire pour lequel il n'en existe aucune.*[2]

En d'autres termes, s'il est possible de proposer une très bonne explication à quelque chose, il n'est alors pas raisonnable de soutenir qu'aucune explication n'est nécessaire. On notera que ce n'est pas parce que vous proposez une explication que cela implique que *votre* explication est correcte ; simplement, il y a *probablement* une explication au phénomène. Bien que le critère de van Inwagen ne garantisse pas que tous les événements seront explicables, il justifie néanmoins la position de House lorsqu'il considère que les cas qu'il étudie – les symptômes des patients – nécessitent une explication, tant qu'il peut en supposer certaines (comme des maladies) qui y sont liées.

La recherche de la bonne explication

Continuons à supposer, avec House, que les symptômes et leurs évolutions n'arrivent pas sans raison, et qu'il y a toujours une explication à leur apparition. Comment déterminer quelle en est la bonne ? House commence toujours ainsi : « Des diagnostics différentiels, messieurs dames ! » – à savoir un brainstorming de toutes les explications possibles liées aux symptômes. Les diagnostics toujours présents après cette phase de « pression » éliminatoire sur ses collègues deviennent des hypothèses. Ces hypothèses deviennent des prédictions (du genre « Si c'est une infection, son taux de globules blancs sera élevé »), qui peuvent être testées soit par des procédures de diagnostics, soit en mettant en place des traitements, avant observation de la réaction du patient. Sur les bases des résultats des tests, certaines hypothèses peuvent être abandonnées, ou modifiées, jusqu'à ce que l'équipe finisse par trouver la bonne réponse.

Cette méthode, parfois appelée « raisonnement abductif », est décrite en profondeur dans le chapitre 5 de ce livre, et nous ne rentrerons pas à nouveau ici dans les détails. Intéressons-nous plutôt à ce qui arrive quand House n'arrive pas aux conclusions voulues uniquement par cette méthode, et doit, à la place, passer par des critères plus discutables afin de trouver un diagnostic plus convaincant. Supposons par exemple qu'à l'étape des « diagnostics différentiels », apparaissent des centaines d'explications possibles, que l'équipe de House ne peut toutes tester. Cela peut arriver lorsque les seuls symptômes détectables sont non spécifiques, comme ceux du garçon autiste qui hurle dans l'épisode « Dans les yeux ». On peut également émettre la supposition, comme cela arrive souvent, que les tests envisageables prennent trop de temps, ou ne soient pas concluants, ou bien que l'intervention qui irait dans le sens de l'un des diagnostics soit fatale, si celui-ci est incorrect. Dans ces scénarios, comme dans d'autres, House et son équipe sont confrontés à plusieurs explications possibles des symptômes du patient, toutes défendables à partir des éléments disponibles. Quels autres facteurs peuvent être envisagés pour ajouter foi à une hypothèse plutôt qu'aux autres ? Détaillons trois des critères pris en compte par House pour décider quelle hypothèse est préférable.

La simplicité

Le critère de la simplicité est développé dans un épisode qui lui est consacré, « Cherchez l'erreur » (ndt : « Occam's Razor », en v.o., « Le Rasoir d'Occam »). C'est Foreman qui résume le principe d'Occam : « L'explication la plus simple est toujours la meilleure. » Naturellement, House refuse ce résumé trop sommaire : considérer qu'une cigogne est responsable de l'apparition d'un nouveau bébé est beaucoup plus simple que d'expliquer le processus complexe de la reproduction biologique, ce qui ne veut pas dire que l'hypothèse de la cigogne soit meilleure. Le Rasoir d'Occam ne le dit pas non plus. Littéralement, il explique que les entités (les choses) ne doivent pas être multipliées sans raison : il ne faut pas faire plus de suppositions que nécessaire pour expliquer des données. Ainsi, le Rasoir ne doit être utilisé qu'après avoir démontré que les hypothèses en question sont *plus* que simplement équivalentes. Partir du postulat que les bébés sont déposés par des cigognes est totalement stupide, car cela n'explique rien : où les cigognes trouvent-elles les bébés ? Pourquoi en amènent-elles dans certaines familles, et pas dans d'autres ? Pourquoi personne ne trouve jamais de plumes ? La reproduction biologique, par contre, est complexe, mais elle justifie les données observées, et conduit à des prédictions confirmées par les tests.

Le Rasoir d'Occam nous explique donc que si nous développons deux théories (ou plus) toutes cohérentes avec les données disponibles, et défendables de façon égale vis-à-vis de l'élaboration et de la confirmation des prédictions, on peut alors préférer la théorie la plus simple. Ce qui mène naturellement à deux questions : 1/ qu'est-ce que la simplicité et 2/ pourquoi devrions-nous croire, toutes choses étant égales, que le plus simple est le mieux ? House pose la première question lorsque, en réponse à Foreman et Cameron qui considèrent qu'une seule maladie est une explication plus simple que deux maladies indépendantes, il demande :

Pourquoi une serait plus simple que deux ? C'est moins élevé, plus isolé... mais est-ce plus simple ? Chacune de ces conditions correspond à environ une chance sur mille. Cela signifie qu'il y a une chance sur un million que deux d'entre elles aient lieu en même temps. Chase pense qu'il y a une chance sur dix millions qu'il s'agisse d'une infection cardiaque, ce qui fait que mon idée est dix fois meilleure que la vôtre.
(« Cherchez l'erreur »)

House défend à juste titre l'idée que la simplicité n'est pas tout – il faut également prendre en compte la probabilité de chaque événement qui se produit. Toutefois, sa première phrase pose un problème plus abstrait, et plus difficile : pourquoi une explication serait-elle plus simple qu'une autre ? Revenons à la situation évoquée précédemment, dans laquelle House rêve d'un patient (le marine) avant de le rencontrer. Hypothèse A : House a vraiment rêvé d'un marine, quel qu'il soit, et son esprit a rétrospectivement superposé le visage du patient sur celui du personnage de son rêve. Hypothèse B : House a déjà vu le patient avant, même s'il ne s'en souvient pas consciemment, et environ au même moment où le patient est admis, quelque chose déclenche ce souvenir, qui refait surface sous la forme d'un rêve. Hypothèse C : House est médium. Comment classer ces hypothèses par ordre de simplicité ? Intuitivement, l'hypothèse A semble plus simple que la B ; les deux font appel à des suppositions sur la nature du souvenir, mais la A dépend de moins de paramètres. Et la C ? Elle est très certainement la plus simple à affirmer – trois mots. Mais elle nous dirige vers un domaine d'expériences possibles dont nous ne savons pas grand-chose, et qui va à l'opposé de notre compréhension ordinaire de la façon dont les gens sont informés. Dans ce cas, au moins, il ne semble pas que la simplicité soit juste liée au nombre d'éléments impliqués, mais qu'elle peut aussi inclure le genre de suppositions qui sont faites. On peut souvent identifier des cas précis pour lesquels une explication est plus simple qu'une autre, mais l'on voit bien que malgré tout, il n'est pas simple de trouver une définition de la simplicité.

Ce qui nous conduit à la deuxième question : pourquoi croire que si c'est plus simple, c'est mieux ? Une théorie plus simple est plus facile à comprendre, mais pourquoi supposer que la vérité sera facile à comprendre ? Peut-être pouvons-nous aborder cette question dans l'autre sens. Les théories lourdes et opaques cachent plus facilement leurs failles et leurs faiblesses, alors que les défauts d'une théorie simple sont tout de suite visibles. Ainsi, ne pas trouver d'erreur majeure dans une théorie simple est sans doute un meilleur indicateur de l'authenticité de cette théorie que de n'en trouver aucune dans une autre plus complexe. De plus, les complications sont souvent l'apanage de théories auxquelles leurs défenseurs essayent désespérément de s'accrocher, contre toute logique. Un exemple classique de ce phénomène eut lieu lors des discussions sur la structure du système solaire. Une ancienne théorie, défendue notamment par le philosophe Aristote, affirmait que le soleil et les autres planètes tournaient en orbites circulaires autour de la Terre. Hélas, ce schéma ne correspondait pas vraiment aux observations de la position des planètes dans le ciel. Du coup, les défenseurs de cette théorie ajoutèrent des orbites aux orbites (des « épicycles ») pour justifier les écarts observés, ce qui en fit un système incroyablement complexe. Par opposition, une théorie plus récente fut à même de rejeter toutes ces complications en affirmant que les planètes, dont la Terre, se meuvent en orbites elliptiques autour du soleil. Dans ce cas, la complexité était donc synonyme d'une théorie biaisée.

L'élégance, et autres considérations esthétiques

Vers la fin de « Cherchez l'erreur », lorsqu'il semble que les explications fournies par House sur les problèmes de son patient sont erronées, il se lamente :

> House : C'était si parfait. C'était si beau.
> Wilson : La beauté nous détourne souvent du chemin vers la vérité.

House : Et la banalité nous rattrape par les boules.
Wilson : C'est sûr.
House : Ça ne te pose pas de problème ?
Wilson : Que tu te sois trompé ? Je vais essayer de supporter ma souffrance.
House : Je ne me suis pas trompé. Tout ce que j'ai dit était exact. Ça marchait. C'était élégant.
Wilson : Donc... c'est la réalité qui était fausse.
House : La réalité est presque toujours fausse.

Comme souvent, House a une approche esthétique de certaines hypothèses, et trouve viscéralement douloureux lorsqu'une superbe explication est foulée aux pieds par la laideur des faits. Lorsque à propos d'un diagnostic, il s'exclame : « Ça marche ! Tout s'explique ! », il ne se contente pas de déclarer que l'hypothèse et le résultat coïncident ; il dit que c'est tout simplement génial ! Revenons à l'explication à laquelle House se réfère dans le dialogue cité juste avant. La liste des symptômes du patient est interminable. Ils ne correspondent pas à une maladie unique. Mais, suggère House, supposons qu'il n'ait eu au départ qu'un seul symptôme, une toux, qui fut mal soignée par un médicament qui affaiblit la régénération des cellules. Cela mènerait à tous les symptômes observés, dans l'ordre exact où ils sont apparus, en raison de la variation du taux de régénération des cellules dans les différents organes. House a remplacé un micmac de phénomènes désorganisés par un simple récit ordonné qui met l'accent sur des vérités générales concernant la nature humaine, comme « Nous avons tendance à passer trop de temps sur de simples maux » et « Tout le monde s'est planté ». Il a raison : c'est beau, c'est élégant.
Dans l'élégance, il y a de la pure simplicité, mais cela va plus loin. C'est la simplicité plus le pouvoir, la beauté et le style. Ce genre de considérations esthétiques ont-elles leur place dans la science, ou bien, comme le suggère Wilson, constituent-elles un écart du chemin vers la vérité ? C'est difficile à dire. Il est certain que de nombreux scientifiques célèbres sont motivés par l'élégance. Le physicien Leon

Lederman, prix Nobel, a déclaré : « Mon ambition est de vivre pour voir toute la physique réduite à une seule formule, si simple et élégante qu'elle pourra facilement se retrouver sur un t-shirt. »[3] C'est un sujet de débat actuel que de se demander si la tendance à l'esthétique dans la physique théorique contemporaine est une bonne ou une mauvaise chose[4]. Mais ce n'est probablement pas une coïncidence si les grandes découvertes en matière de compréhension du monde, comme les lois de Kepler sur le mouvement des planètes, ou la théorie de la relativité générale d'Einstein, ont aussi signifié le triomphe de l'élégance.

En lien avec ces considérations esthétiques, abordons brièvement un autre type d'hypothèses que House tend à favoriser : celles qui sont étranges. Comme il le dit lui-même : « Si c'est bizarre, ça me va » (dans « En plein chaos »). House a une raison irréfutable de préférer les symptômes bizarres : « Si c'est bizarre, c'est bien. Les cas classiques ont des centaines d'explications. Les bizarres n'en ont presque aucune » (dans « Être ou paraître »). Cela veut dire que des symptômes inhabituels ne sont compatibles qu'avec beaucoup moins de diagnostics que des symptômes communs. Si le patient devient orange, vous serez plus vite à la maison que s'il se plaint d'une grosse fatigue. N'oublions pas, néanmoins, que ces critères sont censés être des considérations liées à certaines *explications*, et non à certains *symptômes*. Cependant, House peut raisonnablement défendre qu'au moins de son point de vue, des explications étranges (des diagnostics) ont plus de chances d'être vérifiables que d'autres plus communes. Comme il le reproche à Foreman dans le tout premier épisode, si un patient souffre d'un mal banal, il n'aura affaire qu'à son médecin de famille, et n'aura jamais à se rendre dans le bureau de House. Ce dernier ayant tendance à ne rencontrer les patients qu'après toute une série d'autres médecins ayant échoué à les soigner, il y a de grandes chances que son diagnostic soit un minimum bizarre. Cette supposition est généralement juste, bien qu'elle ait des conséquences mortelles dans « Mauvaises décisions », lorsqu'il s'avère que c'est une simple infection, due à un staphylocoque, qui est à l'origine des symptômes du patient.

House apprécie aussi les diagnostics qui pourraient représenter une sous-partie des bizarres, à savoir ceux qui sont, disons, drôles : « Alors comme ça, c'est l'air qui l'empêche de respirer l'air. Voyons ça de plus près, juste pour l'ironie de la situation. » (dans « La course au mensonge »). À moins de considérer que Dieu existe et a le sens de l'humour, je ne vois aucun argument plausible au fait que des explications amusantes puissent être plus exactes que des idiotes. Mais cela fonctionne certainement très bien à la télévision !

L'origine

Enfin, parler d'« origine » est une façon indirecte de dire que House préfère ses propres hypothèses à celles des autres. Essayant de détourner l'attention de son équipe des problèmes légaux qui l'opposent à l'inspecteur Tritter, il décrit son approche des choses avec désinvolture :

> Cameron : Qu'allez-vous faire ?
> House : Je me disais que j'allais écouter vos théories, les rejeter, puis ne garder que la mienne. Comme d'habitude.

Le fait qu'il ait raison et que quelqu'un d'autre ait tort est un point très positif à mettre à l'actif de House, et si au passage il gagne son pari, tout est pour le mieux. Impliquer son ego au point que la propriété d'une explication soit prise en compte en faveur de celle-ci peut devenir un sérieux handicap ; cela peut remettre en question sa propre objectivité. Je ne pense pas, néanmoins, que House tombe dans ce piège. Bien sûr, il veut avoir raison. Comme tout le monde. House expliquerait probablement que sur ce point, il est simplement plus franc que ceux qui mettent en avant la modestie. Lorsque Cuddy se plaint qu'il déclare toujours avoir raison, il rétorque : « C'est faux. Je pense simplement qu'il est délicat d'opérer en pensant le contraire » (dans « Les symptômes de Rebecca Adler »). House opère donc immédiatement au motif qu'il a raison, tant qu'on ne lui apporte pas la preuve du contraire. Puisqu'il n'a clairement aucune difficulté à changer de théorie s'il constate que la précédente n'est pas la bonne, sa préférence pour ses propres hypothèses ne porte pas à conséquence.

On pourrait même aller jusqu'à dire qu'il y a une bonne raison de préférer un diagnostic simplement parce qu'il est établi par House. Après tout, il a « presque toujours raison, au bout du compte » (dans « House à terre »). Bien que ce ne soit pas une caractéristique positive de l'explication elle-même, on pourrait raisonner de manière inductive à partir de ses succès passés pour justifier, lorsqu'un doute apparaît, que la théorie de House soit privilégiée. Fox Mulder, dans *X-Files*, raisonne de la même façon :

> *Scully, en six ans, combien... combien de fois me suis-je trompé ? Non, sérieusement. À chaque fois que je t'amène une nouvelle affaire, on entame cette espèce de danse superficielle. Tu me dis que je ne suis pas scientifiquement rigoureux, que je délire, et puis à la fin, qui a raison dans 98,9 % des cas ? Je pense qu'ici, on peut m'accorder le bénéfice du doute.*[5]

La grande énigme

L'univers, selon House, est une grande énigme. Les réponses sont parfois cachées, mais elles existent toujours. Comme il dit dans « Demi-prodige » : « Ce n'est pas parce que c'est inexpliqué que c'est inexplicable. » House s'accroche à l'idée que les raisons des symptômes de ses patients sont en effet explicables, qu'il doive faire appel à des méthodes scientifiques classiques ou à des critères plus inventifs pour les identifier. En faisant intervenir des éléments comme la simplicité, l'élégance, l'étrangeté et l'origine pour peser le pour et le contre de chaque explication, il pose des questions philosophiques intéressantes sur les critères eux-mêmes, comme « Qu'est-ce que la simplicité ? » ou « Des valeurs esthétiques, telles que l'élégance, peuvent-elles intervenir dans la recherche de la vérité ? » Les réponses à ces questions ne constituent que d'infimes parties du puzzle, mais House n'hésite cependant pas, parfois, à les utiliser au cours de sa réflexion pour trouver les bons diagnostics.

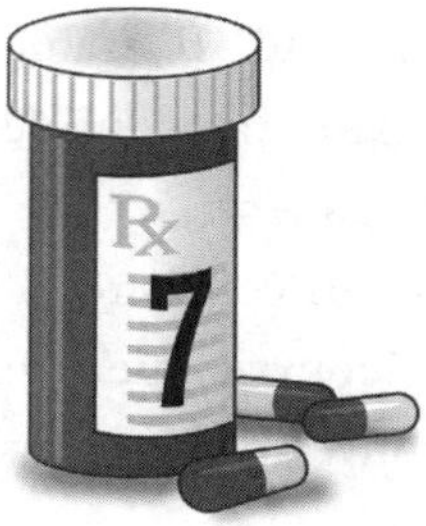

LE BRUIT DES APPLAUDISSEMENTS D'UN DR. HOUSE : LE MÉDECIN MAL ÉLEVÉ COMME RHÉTORICIEN ZEN[1]

Jeffrey C. Ruff et Jeremy Barris

Si vous comprenez, les choses sont ce qu'elles sont ;
si vous ne comprenez pas, les choses sont ce qu'elles sont.

Proverbe Zen

Dr. House, le Zen et le sens des choses

Un jour, un ancien a dit : « Accepte les angoisses et les difficultés de cette vie. » N'attends pas de ton parcours qu'il soit dénué d'obstacles. Sans difficultés, l'esprit qui recherche la lumière risque de se consumer. Alors un jour, un ancien a dit : « Atteins la délivrance par les troubles de la vie. »

Kyong Ho, Maître Zen (1849-1912)[1]

Les mots et les actes de House vont à l'encontre de nos attentes. Il s'exprime de manière non professionnelle, grossièrement, et en apparence avec irresponsabilité. Il trahit la confiance, ignore les souhaits de ses patients, garde pour lui des informations nécessaires à ses collègues et à ses patients, et ne tient pas ses promesses. Paradoxalement, ces pratiques contraires à l'éthique permettent à ses patients et collègues de découvrir quels sont leurs véritables intérêts et engagements, ou de trouver des moyens de les respecter qu'ils ne possédaient pas auparavant.

Ce médecin mal élevé, pas plus que les auteurs qui lui offrent de si belles répliques, n'ont peut-être pas étudié la philosophie orientale, mais la rhétorique de House contient des similitudes avec certaines formes d'expression du bouddhisme zen. Un koan, par exemple, est une devinette ou un paradoxe zen comme « Quel bruit fait une main qui applaudit ? ». Il n'est pas facile de savoir à quoi pourrait ressembler la réponse à une telle question, mais y réfléchir et y méditer peut ouvrir l'esprit jusqu'à en modifier les limites, et nous en donner une idée. Comme la rhétorique zen, celle de House fonctionne de manière typique en démontant les affirmations de son auditoire (et, tout aussi important, les siennes aussi) sur ce qui a, ou non, du sens, le but étant de s'ouvrir à de nouvelles solutions ou possibilités.

House insiste tout le temps sur le fait que « tout le monde ment » (dans la saison trois, il va jusqu'à dire « Même les fœtus mentent »). Son attitude est constante, que le mensonge soit dû à une authentique malhonnêteté, à un manque de savoir personnel, à la gêne ou à l'ignorance.

Dans l'épisode « Insomnies », par exemple, Hannah prévoit de quitter sa petite amie Max, mais sans le lui dire, pour que Max lui donne un bout de son foie. On le découvre à la fin de l'épisode, Max donne un bout de son foie dans l'espoir secret que sa partenaire ne la quitte pas.

Dans « Le mauvais œil », Jeffrey a passé du temps dans un ashram indien, et y a contracté une maladie tropicale sans s'en rendre compte, mais il n'a pas mentionné cette période de sa vie à ses médecins, car cela le mettait mal à l'aise. Cela pourrait être une explication de ce que House entend par « Tout le monde ment », soit quelque chose comme « Les gens ne savent pas exprimer ce qu'il faut en fonction de la situation », ou « Les patients et les médecins se décident souvent trop tôt, alors qu'ils ne savent pas encore exactement ce qui se passe et du coup, ne savent pas précisément ce qui est important ».

Dans ces exemples, le point de départ de House est que personne (pas même lui) ne sait ou ne comprend ce qui se passe. Parfois, il lui arrive d'insister en disant qu'il sait, et qu'il a raison, mais dans ces moments-là, il se moque également de ceux qui acceptent ses diagnostics. Pire encore, tous ceux qui réfléchissent peuvent ne pas savoir *comment commencer* à comprendre ce qui se passe. Il peut également arriver que tous, dont House, soient si prisonniers de leur façon habituelle (et par conséquent très certainement arbitraire) de trouver une explication, que personne n'a la moindre idée du sens *authentique* des faits majeurs qui se déroulent. Du coup, ils sont dans l'impossibilité de démarrer une exploration authentique de la situation sans remettre en question toutes leurs méthodes existantes de recherche.

Cet état, qui fait qu'on ne sait pas comment commencer à trouver une explication, ni à faire face à une situation, correspond à ce que la tradition zen considère comme la caractéristique la plus basique et profonde de la vie en général. Nous ne pouvons pas, globalement, donner un sens à nos vies. Pour y arriver, il nous faudrait avoir la possibilité de sortir de nos vies pour les *observer* globalement, ce que nous ne pouvons évidemment pas faire. Toutes nos façons d'expliquer les choses font *partie* de nos vies, donc, si nous pouvions en sortir, nous sortirions également de notre façon de l'expliquer ! À l'arrivée, l'idée de donner du sens à nos vies globalement n'a littéralement aucun sens.

Ainsi, donner du sens à nos vies et à ce qui s'y passe *nécessiterait* que nous soyons capables de les maîtriser. C'est pourquoi la tradition zen nous conseille de ne pas hésiter à sortir du sens lui-même, *entièrement*. Le point de vue qui nous permettrait de prendre de la distance avec nos vies et avec le sens en général, est un point de vue, ou un point de départ, d'où l'on ne donne pas de sens aux choses.

Comme nous l'avons déjà évoqué, la situation à laquelle House doit faire face n'a déjà aucun sens. Mais le problème reste le même : si rien d'important lié à cette situation n'a de sens, alors, pour en avoir une réelle compréhension, nous devons trouver une façon totalement nouvelle de l'expliquer. Pour y parvenir, nous devons commencer par ne pas chercher d'explication avec les moyens habituels. C'est seulement en ne réfléchissant, ni n'agissant pas de manière sensée, « adaptée » ou appropriée, que nous pourrons parvenir à une action vraiment sensée[2]. Nous pouvons constater comme le comportement impoli, agressif ou manipulateur de House, dans ces circonstances, est efficace face à l'absence de sens de la situation, ou aux genres de mensonges, de confusion et de manque d'indices qui en camouflent le sens authentique. Cette causticité finit par donner la possibilité, à tous ceux qui sont présents, de se dire que « rien n'est ce qu'il paraît être », et que « les hypothèses ou les présupposés » ne feront aucun bien à personne, dans un monde où rien de majeur lié à la situation n'a de sens véritable.

Un style de comportement éthique

> *Pour développer un jugement clair et non faussé, il est important que vous abandonniez, ou que soyez prêt à abandonner, jusqu'à la compréhension de l'enseignement, ainsi que votre savoir [...]. Ce n'est qu'après que vous serez capable de dire ce qui est bien, et ce qui est mal.*
>
> Shunryu Suzuki, Maître Zen (1904-1971)[3]

Dans l'épisode « Vivre ou laisser mourir », Foreman choisit de ne plus rien faire pour trompettiste très souffrant, car ce dernier ne veut plus suivre aucun traitement (il pense être en train de mourir d'une sclérose latérale amyotrophique). Tout au long de l'épisode, Foreman maintient que House ne connaît pas la différence entre le bien et le mal, car il traite le patient contre sa volonté. Foreman le critique également dans cet épisode (et dans d'autres) pour ne pas prendre ce que tout le monde, à part lui, considère comme les bonnes décisions, socialement ou légalement.

Pour sa défense, House fait remarquer à Foreman que « si on ne fait rien, qu'importe celui d'entre nous qui a raison ». Le musicien de jazz lui-même, alors qu'il discute avec Foreman en se demandant qui, de House ou de son propre médecin, a raison, lui dit : « Il faut bien en choisir un, mon garçon. » Dans ce type de situation, ce n'est qu'en agissant, sans savoir précisément ce que l'on fait, que l'on peut faire n'importe quelle différence constructive. L'alternative est de s'assurer qu'on ne trouvera jamais ce qu'il est bon de faire, et ainsi de s'engager de manière totalement irréfléchie et irresponsable face à la situation réelle.

Ce dialogue extrait de « Vivre ou laisser mourir » sous-entend que « ce qui est juste » n'est pas une question de compréhension de ce qui l'est. En d'autres termes, nous ne trouvons pas la vérité par la réflexion ou la croyance, ou en étant logique. Ce qui est juste est plutôt quelque chose que l'on fait ou que l'on accomplit. On pourrait aller jusqu'à dire que ce qui est juste est uniquement découvert au travers de cette action, et n'a de valeur que par le résultat qui en découle. Ce que l'on pense être correct ou non importe donc moins que le bon déroulement de l'action. House préfère toujours être volontaire (ou faire preuve d'initiative) que de ne pas agir. Il ne laisse ni la loi, l'attente, les suppositions, la bienséance sociale ou la certitude, proscrire ou influencer ses actions.

N'allons pas pour autant trop loin : cela ne signifie pas que nous devions toujours agir ou faire des choix sans en prendre le sens en compte. Il y a simplement des situations précises où nous devons agir sans savoir exactement ce que nous faisons.

House est tout le temps confronté à des situations pour lesquelles personne n'arrive à trouver le sens (authentique) du cœur du problème, ni même le problème lui-même. Ainsi, personne ne sait vraiment ce que pourrait être « la conclusion » ou le but. Par conséquent il est bon, et responsable, de *déconstruire* le sens apparent de la situation dans son ensemble, dans le but de *découvrir*, parmi beaucoup d'autres choses, quelle est cette « conclusion ».

En fait, les mauvaises relations de House avec ses patients et ses collègues font généralement (pas toujours, bien sûr – House fait des erreurs !) que les besoins réels des personnes impliquées, comme elles le reconnaissent elles-mêmes, sont découverts par des moyens qui ne sont aucunement en opposition avec ceux que House a employés pour y parvenir. Il y parvient, d'une façon ou d'une autre, avec son style bien à lui. Sa tactique permet souvent d'arriver à un plus grand nombre de possibilités qu'au départ, des possibilités qui sont importantes pour les patients eux-mêmes, et le résultat final rend justice à l'ensemble de ces considérations. D'autre part, lorsque les inquiétudes légitimes des gens, ou leur implication dans la situation, se révèlent être différentes de ce qu'ils croyaient au début, tout le cadre des obligations éthiques qui protégeait ces inquiétudes particulières perd de son importance.

Dans « Un témoin encombrant » (ndt : « Mob Rules », en v.o., « Le gang fait sa loi »), Bill, le « frère de gang » de Joey, refuse de reconnaître que ce dernier souffre d'une hépatite C. Il refuse qu'on le soigne, car Joey n'a pu la contracter que par des rapports homosexuels, et l'accusation d'être gay mettrait à mal sa réputation au sein du gang, de manière aussi irréparable que très dangereuse. Mais une fois qu'il est obligé de reconnaître la vérité, à savoir que Joey est gay, et qu'il ne veut plus faire partie du crime organisé, Bill envisage la maladie, et les circonstances, d'une façon radicalement différente. Le profond danger auquel il résistait devient, contre toute attente, maîtrisable ; et le réel problème de santé de Joey, que Bill n'arrivait pas à comprendre à cause de son approche de la réalité, peut également être traité.

De la même manière, dans « House contre Dieu », le père du patient soutient son fils, tout au long de l'épisode, contre la vision anti-religieuse et strictement scientifique de House. Il finit par se rallier à lui lorsque House découvre – grâce à son scepticisme irrespectueux – que le jeune homme a eu des rapports sexuels, trahissant ainsi ses propres principes religieux. À la lumière de cette découverte, toutes les oppositions religieuses qui précédèrent n'ont plus lieu d'être. Tout ce qui était lié au problème qui les occupait était la conséquence de la trahison de ses principes religieux par le garçon. Il s'avéra donc, pour tout le monde, que House avait bien fait de mettre ces mêmes principes de côté dans cette situation.

Il est important de noter que l'approche éthique de House ne se réduit pas simplement à affirmer que « la fin justifie les moyens ». Ce genre d'approche pourrait vouloir dire, par exemple, que bousculer ou mentir à un patient, dans certaines circonstances, pourrait directement mener à sa guérison, et que par conséquent le mensonge ou la maltraitance seraient justifiés car ils débouchent sur un « bon » résultat. Ce n'est absolument pas comme cela que House défend sa façon de faire. En réalité, la plupart du temps, il ne justifie pas ses actions du tout.

La façon dont House insiste sur l'importance de l'action sur la réflexion, et sur son sens de l'initiative sans avoir besoin de se justifier, jusqu'au point de ne plus se sentir du tout concerné par le sens des choses, est extrêmement proche des techniques et de la rhétorique zen. Dans les récits zen classiques, les maîtres cherchent à apprendre à leurs élèves à s'ouvrir au monde « comme il est », et à se réaliser à partir de là. Pour ce faire, le maître peut refuser de répondre à une question, ou y répondre de façon absurde, en donnant une réponse dans des circonstances données, puis une autre, contradictoire, dans les mêmes circonstances, frappant l'élève en lui lançant une chaussure dessus, en aboyant comme un chien, ou par toute une autre série de réponses contraires à l'intuition et parfois grossières. Le Maître Zen ne transmet pas directement d'informations ou de savoir raisonné à ses élèves, car l'on n'apprend pas « la perspicacité » ou « l'illumination » (comme l'algèbre ou le système métrique). La méthode zen est fondée sur la manière dont une personne modifie son approche et sa vision du monde, dans son entièreté.

L'attitude caustique de House et la forme d'éthique qui va avec fonctionnent de la même manière. House n'agit pas ainsi pour trouver un remède, mais pour découvrir quel est le problème. Si son action permet directement de trouver un remède, ce n'est qu'une conséquence indirecte – et selon lui, comme il s'en plaint dans ces cas-là, ce n'est pas satisfaisant. Cela a pour conséquence qu'il ne sait ni ne peut connaître le « résultat final » des symptômes. Il ne sait pas véritablement pourquoi le patient est malade. Il ne sait pas ce qui se passera lorsqu'il les trompera, les brutalisera, ou que seront lancées des procedures médicales dangereuses.

House se comporte de façon à remettre en question les attentes de tout le monde (les siennes, celles des patients, des internes, de l'équipe, etc.).

Il secoue tout, non pas pour obtenir un résultat en particulier, mais dans le but de laisser la maladie (ou le problème) se révéler seule, telle qu'elle est, à sa manière. House répète ce processus jusqu'à ce que quelqu'un (lui, en général, mais parfois un autre médecin) commence à entrevoir quel est le problème. Ainsi, son approche vise à déstabiliser la situation autant de fois qu'il le faut, jusqu'à ce qu'émerge une hypothèse pertinente.

Une fois découvert le sens véritable de la situation, nos repères habituels de ce qui est éthique et approprié sont à nouveau utilisables dans ce nouveau contexte de compréhension. C'est la raison pour laquelle nous ne cessons de voir House comme quelqu'un de grossier et de non conventionnel, et pas simplement comme la bonne personne face à cette nouvelle situation. En fait, House est très occupé à entretenir son image de Dr. House juste pour pouvoir donner du sens à une situation, sur la base de ce que lui pense être le sens de quelque chose, avant de remettre en question le sens d'absolument tout. En d'autres termes, tout du long, il se laisse guider par nos repères normaux et habituels sur ce qui fait sens et est approprié. Le rejet de ces repères, pour House comme dans la pensée zen, n'a pour but que de les retrouver, et d'en dépendre à nouveau.

Au bout du compte, ce qui est peut-être le plus étrange chez House et dans le zen, est non seulement d'être si bizarre, mais aussi de s'avérer n'être absolument pas bizarre du tout. De ce point de vue, ils sont en quelque sorte les sorciers de l'étrange. Comme le dit à ce propos le Maître Zen Shunryu Suzuki : « Que pensez-vous du zazen (une pratique zen) ? Je pense qu'il vaudrait mieux demander : que pensez-vous du riz complet ? Le zazen est un sujet trop vaste. Le riz complet, c'est très bien. En fait, il n'y a pas une grande différence. »[4]

Finalement, le zen et le comportement de House s'avèrent ne pas être étranges du tout. Voilà ce qu'entend la tradition zen par des expressions comme « esprit du débutant » ou « esprit ordinaire » – c'est-à-dire un esprit qui fait ce qu'il a à faire, et aborde chaque nouveau moment avec ouverture, et sans préjugés. La pratique zen se concentre sur la nourriture, le sommeil, la marche, la position assise, et la résolution des problèmes quotidiens au fur et à mesure qu'ils apparaissent. Les adeptes zen prétendent qu'en se focalisant sur les problèmes simples de la vie de tous les jours, on peut ensuite mieux comprendre ceux qui sont plus difficiles, ou importants.

Pour résumer, le comportement de House s'apparente à la pratique zen. C'est un modèle de découverte de la bonne façon d'agir. Cela ne peut fonctionner que sans présupposés, sans attentes, sans connaissance des conclusions. De manière aussi absurde qu'authentique, c'est un moyen d'agir pour découvrir comment agir, et non un modèle qui « connaît » par avance ce qui est juste. Du coup, la rhétorique irresponsable de House s'avère être un mode de vie éthique.

Un moyen de définir son intimité

> *(La pratique zen) signifie revenir, entièrement, à la condition humaine pure et normale. Cette condition n'est pas réservée aux grands maîtres et aux saints, elle n'a rien de mystérieux, elle est à la portée de tout le monde. (La pratique zen) signifie devenir intime avec soi-même, et trouver la saveur exacte de l'unité intérieure.*
>
> Taisen Deshimaru, Maître Zen (1914-1982)[5]

C'est la rhétorique de House – et non House lui-même – qui obtient des résultats. Il n'est que le sujet des effets de sa rhétorique, comme n'importe qui d'autre. Dans l'esprit zen authentique, il n'y a aucun « sujet » actif contrôlant ou manipulant des « objets » passifs, mais un « événement », ou un « chemin », dont les « sujets » et les « objets » ne sont que très peu éloignés. House ne réussit pas parce qu'il est un genre de maître des mystères médicaux, mais parce qu'il s'implique dans la pratique d'un genre de rhétorique zen, qui le mène vers des réponses avec ou sans contrôle conscient du processus. La recherche du diagnostic lie le médecin, le patient, la maladie énigmatique, les circonstances et le sens potentiel qu'ils y donnent tous, en un « événement » unique.

On peut donc dire que House n'est que l'un des instruments de cette recherche du diagnostic. En d'autres termes, House est « à l'intérieur » de la rhétorique ; il n'existe que par elle, et à travers elle.

Par sa brutalité et son indifférence apparente aux considérations humaines, House se rend vulnérable au jugement des autres, sans aucune des protections de la respectabilité conventionnelle. Mais il leur impose la même chose. Du coup, les liens qu'il crée avec ses amis et ses collègues s'établissent sans aucune arrière-pensée. Avec lui, ils entrent dans un relation qui se suffit à elle-même, pure, brute et authentique. Lorsque la courtoisie professionnelle, la politesse sociale et la décence de base n'existent plus, il ne reste que la rhétorique pure et simple, le style ou la manière dont est mené le processus, et la découverte qui se dévoile à travers les expériences de chacun des participants (les médecins, les patients, tous ceux qui y sont impliqués).

House ne maîtrise pas les circonstances comme le ferait un marionnettiste. En réalité, il affaiblit plutôt le contrôle que toutes les personnes présentes pourraient (ou pensent) avoir. House abandonne le contrôle de la situation, et l'enlève aux autres par des moyens qui favorisent des interactions intenses et très personnelles. C'est ainsi que sa rhétorique établit des liens humains profonds, comme une intimité.

Un chemin vers la vérité, et une méthode de guérison

Un maître dans l'art de vivre n'établit pas de distinction précise entre le travail et le jeu, le labeur et le loisir, l'esprit et le corps, l'apprentissage et la détente. Il ne saurait les différencier. Il recherche simplement l'excellence en toute chose, laissant aux autres le soin de déterminer s'il est en train de travailler ou de jouer. Selon lui, il fait toujours les deux en même temps.

François-René de Chateaubriand (1768-1848)[6]

La rhétorique de House remet en question les hypothèses, permettant à de nouvelles solutions possibles d'émerger. Cette façon de faire devient aussi un moyen d'approcher la vérité. Ce n'est d'ailleurs pas qu'une façon de découvrir la vérité, mais également de devenir ce que l'on est vraiment car, comme on l'a vu, cela permet aux gens eux-mêmes, à leurs relations entre eux et à ce qu'ils considèrent comme important, de dévoiler leur vérité toute nue.

De manière aussi étrange qu'intéressante, on peut le constater dans la façon dont il rejette régulièrement les suggestions de ses internes (tout en leur demandant d'en faire plus !) et dont, typiquement, il interrompt le cours de leur pensée par des digressions moqueuses. Non seulement il n'est pas totalement attentif, mais il fait tout pour ne pas l'être. C'est sa façon habituelle de trouver ses propres hypothèses, de ne pas réfléchir selon des schémas préétablis, et d'être plus réceptif (permettant parfois aussi aux intervenants interrompus d'en faire de même) à d'éventuelles implications, parmi ce qu'on lui propose, auxquelles ni lui ni son équipe n'avaient pensé.

Il se trouve que les mêmes raisons qui font de la rhétorique de House un chemin vers la vérité, en font aussi une méthode de guérison. Comme c'est un moyen de découvrir la vérité sur une situation, c'en est aussi un qui rend possible la découverte de solutions de guérison. Ensuite, en permettant aux gens de mieux se réaliser et d'approcher leur propre vérité, c'est déjà en elle-même une forme de guérison différente et plus profonde.

De plus, comme nous l'avons précédemment évoqué, la recherche du diagnostic (et de la vérité d'une situation donnée) relie tous les participants dans un processus, ou un événement, unique. La tradition zen souligne que ce lien est si fort, que chaque personne n'est en fait qu'une des différentes facettes d'une même « entité ». C'est le fameux « non-dualisme » du bouddhisme. Cela signifie notamment que si une partie change, les autres aussi. Du coup, pour un médecin, la recherche de la vérité – qui correspond à un changement dans sa compréhension – est déjà un changement du point de vue sur la guérison, qu'il s'agisse du problème médical ou du patient. Comme nous venons de le voir, cette recherche de la vérité nous offre un angle de vue entièrement différent sur le patient et ses problèmes. Les questions abordées ne sont plus les mêmes, et c'est cela qui permet de commencer la guérison (nous l'avons vu dans les exemples précédemment évoqués).

Du point de vue de House, donc, quand il parle de découverte de la vérité et de « méthodologie de recherche », il parle déjà de méthodes de guérison. On ne peut les séparer, car elles ne forment qu'une et une seule chose ! C'est ce point particulier que tous les amis et collègues de House n'arrivent pas à comprendre. L'ami le plus proche de House, Wilson, le critique souvent en lui disant qu'il ne s'intéresse qu'à la résolution du problème, et qu'il se fiche de tout le reste (le patient, les familles, les collègues, etc.). En général, House n'accepte ni ne rejette ces accusations, et se contente d'une réponse désinvolte. Cependant, ici, House joue un peu avec ses camarades (bien qu'on ne sache pas s'il en a pleinement conscience lui-même) ; il les fait un peu marcher, tout en adressant un clin d'œil au téléspectateur. Pour House, il n'y a simplement aucune différence entre résoudre une énigme et servir les besoins de tous les participants.

Il est également important de comprendre que si ce que je suis, ce que je fais, et ce que je sais sont trois éléments d'un même ensemble, alors House ne choisit pas (aussi stratégique et intelligent soit-il) d'être décalé, idiot, égoïstement mesquin, grossier et ainsi de suite. Il ne peut, objectivement, pas s'empêcher de se comporter ainsi. Ce qu'il *est*, et ce qu'il choisit de faire, sont une seule et même chose. Il est donc vrai qu'il choisit d'agir, mais ce choix provient aussi simplement de ce qu'il *est*. En d'autres termes, House *est* tous ces défauts – qui sont le médium (ou une partie du « chemin ») de ses vertus !

Le Maître Zen Suzuki fait le commentaire suivant :

> *Le plus important est de trouver sa place dans la réalité, sans le faire sur la base de l'illusion. Pourtant, nous ne pouvons vivre, ni agir, sans l'illusion. L'illusion est nécessaire, mais on ne peut pas y trouver sa place. C'est comme un escabeau. On en a besoin pour monter, mais on n'y reste pas [...]. Nous ne devrions*

pas être déçus par un mauvais professeur, ou par un mauvais élève. Vous savez, si un mauvais élève et un mauvais professeur s'efforcent de trouver la vérité, il en résultera quelque chose de réel. C'est cela, la pensée zen.[7]

Dr. House, gardien des lieux[ll]

Vous devez méditer et vous consacrer entièrement à chaque nouveau jour, comme si vos cheveux étaient en feu.

Proverbe zen

House a de nombreux défauts, mais on le décrit comme quelqu'un de particulièrement libre. Son engagement profond pour la rhétorique zen lui permet de pouvoir approcher des problèmes presque insolubles. Sa vie n'est pas particulièrement heureuse, réconfortante ou exempte de douleur : des buts qui sont pourtant ceux de la plupart des gens. Paradoxalement (si l'on compare à ce que la plupart des gens veulent ou attendent de la vie), à la fin de chaque épisode, on nous montre souvent House apaisé et satisfait lorsqu'il a réussi à repérer clairement la solution du cas de la semaine. Il est possible qu'il y ait de nombreux inconnus, voire une grande confusion, dans sa vie personnelle ou professionnelle. Cela ne le perturbe que peu. À la fin de « Dernier espoir », par exemple, le dernier épisode de la troisième saison, on nous montre House l'athée partageant un cigare avec le mari très croyant d'une patiente, un couple dont tout le monde pensait, tout au long de l'épisode, que House profitait. Ils discutent des raisons pour lesquelles tous les internes de House soit partent, soit sont renvoyés.

Le mari : C'est dur de perdre des membres de votre équipe. Vous ne devez pas aimer ça.
House : Je ne devrais pas.
Le mari : Mais cela vous est égal.

House : Oui, ça va.
Le mari : Qu'allez-vous faire ?
House : Dieu seul le sait.

Lorsque la rhétorique, et son modèle performatif et dynamique, a été mise en œuvre avec clarté et cohérence, il accepte tous les autres aspects du contexte avec une sérénité très zen.
Ainsi, nous pourrions peut-être résumer l'ensemble en disant que du point de vue de House, l'important n'est pas ce que l'on sait, mais de qui l'on s'occupe.

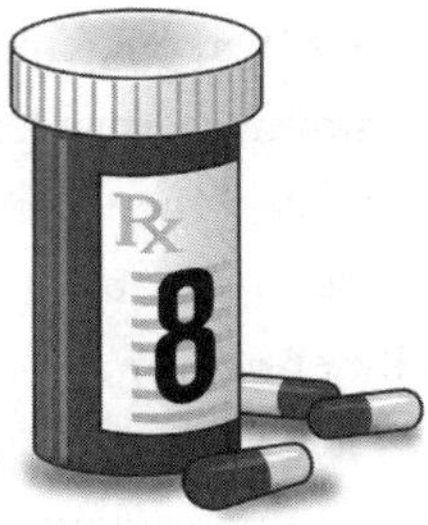

« LA GENTILLESSE EST SURESTIMÉE » : DR. HOUSE ET SOCRATE SUR LA NÉCESSITÉ DU CONFLIT

Melanie Frappier

« Quel est leur problème ? » House et Socrate sont-ils deux fous furieux ?

House et Socrate. Deux cas, et les mêmes symptômes. Le meilleur ami de House le décrit comme impoli, arrogant et agressif. Il ne rate jamais une occasion de se moquer et de critiquer sévèrement les gens. Il refuse toute règle clinique ou administrative. Son esprit affûté a fait de lui un diagnosticien majeur, mais il ne présente aucun de ses cas médicaux dans des revues ; ses « bleus » – Foreman, Cameron et Chase – le font pour lui.

La seule personne qui arrive parfois à contrôler House est Cuddy, la directrice administrative de l'hôpital. Tout en reconnaissant qu'il est son meilleur médecin, la façon dont House est obsédé par ses cas est, par moments, un cauchemar qui coûte cher. Il se cache lorsqu'il doit faire ses consultations obligatoires. Ses traitements peu orthodoxes, et parfois même totalement interdits, débouchent sur des problèmes de factures et des poursuites judiciaires. Son refus d'approuver l'emploi d'un nouveau

médicament fait perdre à l'hôpital une donation de 100 millions de dollars. Il détruit l'IRM de l'hôpital en y introduisant le crâne criblé de balles d'un corps (un scanner bien évidemment interdit par Cuddy).
House se montre aussi désintéressé par les gens que par les questions financières. Il interrompt les autres médecins pendant leurs consultations, ou les appelle au milieu de la nuit pour discuter avec eux de *ses* cas. Ce n'est pas pour autant qu'il tient compte de leurs opinions, s'opposant à chacune de leurs réponses avec sarcasme, et prenant un malin plaisir à les humilier devant leurs collègues et leurs patients. Il semble ne jamais se lasser d'être agressif avec ces derniers, et de les dévaloriser.
House est-il un simple « fou furieux », ou bien ce comportement détestable est-il le symptôme d'un état plus sérieux ? En le paraphrasant (dans l'épisode « Une mère à charge »), nous répondrons : « Choisissez votre spécialiste, et vous choisirez vos symptômes. Je suis un pauvre type. C'est mon seul symptôme. J'ai vu trois docteurs. Le neurologue me dit que c'est mon hypophyse, l'endocrinologue une tumeur de ma glande surrénale, l'intensiviste... n'y peut rien, et m'envoie chez un philosophe intelligent, qui me dit que je bouscule les autres parce que je me prends pour Socrate. »
Socrate ? S'il y a une personne que les Grecs anciens considéraient comme une peste, c'est bien lui. Tailleur de pierres de profession, Socrate préférait passer son temps à discuter philosophie, harcelant les gens avec ses questions sur la vérité, la beauté et la justice. Il n'a rien écrit lui-même, mais l'oracle de Delphes disait : « Personne ne possède plus de sagesse que lui. » De jeunes athéniens brillants, comme Platon ou Xénophon, étaient les « bleus » de Socrate, et l'immortalisèrent comme le personnage principal de leurs dialogues.
Socrate faisant passer la philosophie avant son travail, il était pauvre. Il était incapable de subvenir aux besoins de ses enfants, et Xanthippe, sa femme acariâtre, lui courait après dans toute la ville. On se souvient d'elle comme étant la seule personne capable d'avoir eu, au moins une fois, raison contre lui – comme Cuddy est la seule qui arrive parfois à faire plier House – mais ses remontrances n'eurent qu'un effet modéré sur un mari obstiné.

Comme House, Socrate faisait montre de peu d'empathie lorsqu'il s'engageait dans des discussions philosophiques avec les gens. Contrairement à House, l'amitié avait une vraie valeur pour Socrate, mais ses interlocuteurs faisaient rapidement remarquer que débattre avec lui était aussi « plaisant » que la décharge électrique d'une pastenague. Un comportement aussi désagréable se justifiait, néanmoins, par le fait que Socrate se considérait lui-même comme investi d'une mission divine, ayant pour but de démontrer aux gens qu'ils ne savaient rien. Une partie de cette mission consistait à défaire le travail des sophistes, qui enseignaient l'art des arguments supérieurs, juste convaincants en eux-mêmes, plutôt que la recherche de la vérité.

Pourquoi assommer et déstabiliser les gens avec des questions ironiques, si c'est pour ensuite les insulter et rejeter leurs propositions ? La réponse se trouve dans la fameuse méthode socratique.

« Les bonnes suppositions n'ont pas de valeur » : apprenez d'abord que vous ne savez rien

La méthode socratique est fondée sur l'idée que la connaissance ne peut être donnée. Il faut la découvrir par soi-même. La seule façon d'aider quelqu'un à apprendre quoi que ce soit, est de poser des questions qui l'aideront à mieux raisonner dans sa recherche de la vérité. Les professeurs qui enseignent authentiquement cette méthode ne donnent pas de conférence ; ils procèdent à des interrogatoires croisés de leurs élèves pour les aider à découvrir les faiblesses de leurs propres raisonnements. Cette méthode, pense House, est « la meilleure façon de tout enseigner, à part jongler avec des tronçonneuses ».

Il y a un bon exemple de ces contre-interrogatoires socratiques dans l'épisode « Cours magistral ». House, obligé de jouer les professeurs remplaçants, demande aux étudiants en médecine pourquoi un drogué, qui souffre d'une douleur insoutenable dans une jambe, a une urine qui a la couleur marron du thé :

L'étudiant : C'est un calcul rénal.

House : Quelle conséquence pourraient avoir des calculs rénaux ?

L'étudiant : Du sang dans les urines.

House : De quelle couleur est votre urine ?

L'étudiant : Jaune.

House : De quelle couleur est votre sang ?

L'étudiant : Rouge.

House : Quelles couleurs ont été évoquées ?

L'étudiant : Rouge, jaune et marron.

House : Et marron. D'où vient ce marron ?

L'étudiant : Des déchets.

Les étudiants sont partis de l'hypothèse que le patient avait deux problèmes distincts – des calculs et une douleur à la jambe – et ont ensuite compris que la couleur inhabituelle des urines n'était pas causée par les calculs, mais par une défaillance rénale sans doute liée à la douleur dans la jambe. Notons comment procède House. Comme l'aurait fait Socrate, il demande à ses étudiants de résoudre un problème très difficile : « Pourquoi l'urine a-t-elle une couleur marron ? » La première réponse (« À cause des calculs rénaux ») n'est que *probable*, ce que savent aussi bien House que les étudiants. Il est donc nécessaire de pousser plus loin le raisonnement. D'abord, de façon innocente, House pose des questions amenant des réponses qui semblent aller dans le sens des premières conclusions de l'étudiant, des réponses comme « Les calculs rénaux sont à l'origine de sang dans les urines », « Le sang est rouge » ou « L'urine est jaune ». Puis, toujours comme l'aurait fait Socrate, House s'arrange pour qu'une autre suggestion démontre l'erreur de la réponse initiale : si les calculs rénaux étaient vraiment le problème, il n'y aurait aucun déchet dans les urines du patient.

Croire que notre théorie puisse être la meilleure possible, sans regarder de plus près tous les éléments disponibles, est la pire façon de progresser. Ce qui nous guide, de la manière la plus sûre, au cours des changements qui interviennent dans nos vies, est notre capacité d'accepter de nouvelles conclusions face à la contradiction, ou à l'ignorance. Mais pour pouvoir raisonner correctement, nous devons d'abord prendre conscience qu'il y a quelque chose que nous ne comprenons pas tout à fait.

Dans le dialogue de Platon *Le Ménon*, par exemple, Socrate pose une série de questions à un jeune homme qui fait comprendre à celui-ci qu'il ne sait pas comment doubler la taille d'un carré. Socrate est satisfait de ce résultat, et note : « Il semble qu'au moins, nous l'avons mis dans de meilleures dispositions pour trouver la vérité. Désormais, il sera heureux de pouvoir la rechercher car il sait qu'il ne la connaît pas, alors qu'avant, il aurait facilement eu l'occasion d'affirmer que ce qu'il disait avait un sens. »[1] Dans « Cours magistral », House réaffirme, plus brutalement, la même idée. À l'étudiante qui admet qu'elle ne connaît pas l'origine des déchets dans les urines du drogué, il hurle : « Vous ne servez à rien. Mais au moins, vous le savez. » À un étudiant qui s'obstine à défendre une hypothèse précédente, House lance simplement un dédaigneux : « Vous savez ce qui est pire que de ne servir à rien ? Être en plus inconscient. »

« Soignez tout le monde comme s'ils étaient atteints du syndrome de Korsakoff » : le rôle de l'ironie

House et Socrate sont souvent désagréables avec leurs élèves, mais en général, ils ne les insultent pas directement, préférant lancer quelques remarques ironiques qui expriment le contraire de ce qu'ils pensent vraiment. Dans l'épisode « L'histoire d'une vie », House lance un dictionnaire médical vers deux étudiants, perplexes sur l'histoire médicale peu cohérente d'un patient, en leur disant : « Oh ! Je suis vraiment trop gentil. Voilà. Ça commence par un C. » Ici, il y a une double ironie. Nous savons tous, tout d'abord, que House n'est pas gentil. Ensuite, il donne une fausse piste aux étudiants sur la maladie, une sorte de lésion cérébrale, connue sous le nom de syndrome de Korsakoff, qui empêche les patients de se souvenir d'événements récents, les forçant à combler leurs trous de mémoire, un peu au hasard, avec des indices de leur environnement. Évidemment, Korsakoff commence par un K, et non par un C.

L'ironie de House a pour but évident de se moquer de ses étudiants, de manière très drôle (au moins pour nous). Mais pour House, comme pour Socrate, l'ironie tient un rôle plus important : déstabiliser et rendre perplexe ![2] Les étudiants sont déjà désorientés, et doutent d'eux-mêmes. Pourquoi House leur joue-t-il un aussi mauvais tour ? Il essaye de leur fournir un casse-tête qui leur permettra de reconsidérer leur réflexion, et leur donnera un indice pour les aider à résoudre leur problème, s'ils interprètent l'énigme correctement. En leur disant qu'il est trop gentil, il est clair pour tout le monde – même pour ces deux étudiants – que House fait passer le message qu'il ne l'est pas du tout. Mais pourquoi est-il ainsi ? C'est toute l'énigme. Innocemment, les étudiants concluent que ce n'est pas gentil de les forcer à chercher quel est le bon diagnostic par eux-mêmes, alors qu'il est clair que lui le sait déjà. Ils sous-estiment sa malignité : lorsqu'il leur donne le dictionnaire, cela n'est pas, de sa part, une suggestion pour qu'ils tentent de résoudre le problème. Pensez juste au nombre de maladies qui peuvent commencer par la lettre C ! Le geste lui-même est ironique : c'est ridicule, de la part des médecins, d'être aussi dépendant de l'autorité, qu'il s'agisse de House ou du dictionnaire. L'observation des éléments disponibles, et la réflexion à partir du cas, sont les seuls moyens d'arriver à un diagnostic. Si les étudiants avaient eu plus conscience de la manière d'apprendre et de raisonner, c'est cette maladie-là qu'ils auraient choisie.

On notera que la méthode socratique ne fournit pas un grand nombre de renseignements en une courte durée. Ce n'est pas son but. Elle vise plutôt à faire prendre conscience aux étudiants qu'ils n'en savent pas autant qu'ils le pensaient. C'est en opposition avec notre système éducatif traditionnel, qui a tendance à construire la confiance en soi des élèves en insistant sur leurs réussites plutôt que sur leurs échecs. Peut-être alors n'apprenons-nous pas ce qu'il faut à nos étudiants. De soi-disant faits sont sans cesse remis en question, et les théories évoluent.

Ce dont les étudiants ont besoin n'est pas d'apprendre à connaître le monde tel qu'il est, mais de continuer à réfléchir malgré le fait que nous ne connaissons pas toujours tout du monde.

« Les diagnostics différentiels, messieurs dames » : la méthode socratique de l'hypothèse

Réaliser que nous ne savons pas grand-chose n'est que la première partie de la méthode socratique. C'est sans doute là que House et Socrate divergent le plus. Tandis que Socrate tentait de faire comprendre aux citoyens les limites de leur compréhension du monde, House s'intéresse d'abord à la résolution de mystères médicaux qui déroutent déjà tout le monde. Pourtant, là aussi, House suit le conseil de Socrate, en appliquant la « deuxième partie » de la méthode socratique, la « méthode de l'hypothèse ».

L'« approche improvisée » de Socrate est présentée dans le dialogue de Platon *Phédon*, où Socrate explique à son étudiant Cébès que nous ne pouvons débuter notre découverte du monde par une simple observation de tout ce qui nous entoure. La quantité d'informations que nous aurions à prendre en compte si nous essayions d'observer chaque aspect de chaque phénomène serait telle qu'elle « aveuglerait notre âme », tout comme l'observation d'une éclipse solaire aveuglerait nos yeux. Au début de « Cours magistral », House présente un autre cas d'une jambe douloureuse, celle d'un fermier. Les étudiants proposent de se pencher sur l'histoire familiale du patient, de faire une analyse sanguine complète, une recherche de D-dimère, une IRM, et éventuellement un Pet-Scan. Lorsque House leur dit que le patient serait mort s'il avait été traité de cette façon, un étudiant s'exclame : « Nous n'avions pas le temps de faire le moindre test, nous ne pouvions rien faire ! »

Qu'aurions-nous alors *pu* faire ? Dans *Phédon*, Socrate dit à Cébès : « Dans chaque cas, j'établis d'abord la théorie qui me semble être la plus solide. »[3] Cela fait penser au « diagnostic différentiel » de House : d'abord trouver les différentes causes possibles des symptômes, puis approfondir celle qui semble être la plus plausible. La douleur aiguë que ressent le fermier à la jambe peut avoir pour origine l'exercice, des varices, des blessures ou des morsures d'animaux. Comme l'explique le fermier, il se trouvait dans un champ quand soudain il ressentit cette douleur à la jambe – sur laquelle on a entre-temps trouvé une perforation. Une morsure de serpent semble être la solution la plus probable. Cette « hypothèse de travail » permet à House de mieux se concentrer sur la plaie et de découvrir – suite à une série de traitements peu probants liés aux morsures de serpent – que la blessure fut en réalité causée par un chien.

« Notez ceci : ne jamais douter de soi » : la défense de la solution la plus probable

House et Socrate insistant beaucoup sur l'idée de « savoir que l'on ne sait pas », nous pourrions être tentés de conclure que l'étape suivante de la méthode de l'hypothèse est celle-ci : trouver d'autres éléments allant dans le sens du diagnostic favorisé, tout en gardant à l'esprit que nous ne savons rien, et être prêts à l'abandonner dès que de nouveaux symptômes contradictoires apparaissent. Pourtant, dans *Phédon*, Socrate dit à Cébès qu'en choisissant une hypothèse, « qu'importe sa probabilité – par rapport aux causes et à tout le reste – je dois affirmer avoir raison, même si d'autres probabilités contradictoires se présentent »[4].

L'étape suivante serait-elle d'affirmer qu'on a raison ? De la part de quelqu'un qui prétend ne rien connaître, cela semble plutôt arrogant – même pour House ! En réalité, cette arrogance dont font preuve Socrate et House est au centre de la méthode socratique. Lorsque Foreman, exaspéré, reproche à House son manque d'humilité après être passé, plusieurs fois de suite, à côté du diagnostic du trompettiste John Henry Giles, House répond d'un ton hargneux : « L'humilité est une grande qualité. En particulier si on se trompe souvent. » Foreman s'exclame alors : « Vous vous êtes trompé du début à la fin ! » et House

rétorque de mauvaise humeur : « Bien sûr, lorsqu'on a raison, douter de soi n'aide personne, si ? »
House dit à Foreman que le doute vous empêche de faire ce qui vous aiderait à trouver la vérité. Il faut accepter le risque d'avoir tort, à supposer que vous ayez pu savoir si vous aviez raison ! Si vous êtes prêt à mettre votre meilleure hypothèse sur la table dès les premiers signes du problème, vous n'irez jamais nulle part avec aucune de vos opinions, car il restera toujours des éléments inconnus, des « oui, mais... » qui vous empêcheront d'aller plus loin avec votre hypothèse. Avant de déclarer que votre hypothèse est meilleure que les autres, il faut être prêt à la défendre de la manière la plus convaincante, comme un accusé aurait droit au meilleur avocat avant d'être condamné pour un crime.
En d'autres termes, derrière l'attitude bornée de House et Socrate, il y a cette croyance que si vous doutez de votre meilleur jugement, vous serez incapable de prendre les décisions importantes qui permettront de faire avancer le problème. Dans le cas du trompettiste John Giles, par exemple, House se demande s'il ne souffre pas de la maladie de Wegener, qui est soignable. C'est la raison pour laquelle il n'obtempère pas à l'ordre du patient de ne pas le ramener à la vie («Vivre ou laisser mourir»). À l'opposé, Hamilton, le médecin traitant de Giles, est convaincu que ce dernier est atteint de la maladie incurable de Lou Gehrig, et il « débranche les fils ». Si House ne s'était pas opposé à l'abandon des soins, Giles serait mort. Si Hamilton ne l'avait pas débranché, House n'aurait pas découvert que Giles ne souffrait pas de la maladie de Wegener, et pouvait respirer tout seul. En s'accrochant fermement tous les deux à leurs hypothèses, ils ont permis au cas de progresser.

« Les internes peuvent être en désaccord avec moi autant qu'ils le veulent, c'est sain » : la nécessité du conflit

La méthode socratique est donc paradoxale. D'un côté, pour l'appliquer, vous devez admettre ne pas connaître la vérité. De l'autre, vous devez agir en étant foncièrement convaincu que vous la connaissez. Et si vous avez tort ? C'est la raison pour laquelle une fois que l'on tient son hypothèse, fondée sur ce que l'on pense être vrai, nous avons besoin des autres pour nous remettre en question, et nous contredire. Ils doivent nous interroger pour savoir si certaines de nos suppositions sont incorrectes, si nous nous sommes fondés sur suffisamment d'éléments pour défendre nos conclusions, ou avons choisi nos hypothèses à partir de préjugés personnels non recevables (sans forcément l'avoir voulu). Dans l'épisode « Une mère à charge » (ndt : en v.o. « The Socratic Method »), House et son équipe travaillent sur une thrombose veineuse profonde apparue chez une patiente schizophrène, Lucy. Malgré l'opinion d'un grand nombre de spécialistes, House se demande si elle l'est réellement. Il appelle son équipe au milieu de la nuit pour en discuter avec eux, et Foreman se plaint :

> Foreman : Si n'importe lequel d'entre nous avait fait ça, vous l'auriez viré.
> House : Tiens, c'est drôle. Je pensais vous encourager à poser des questions.
> Foreman : Vous ne posez aucune question. Vous espérez. Vous voudriez que ce soit Wilson qui s'en charge. Allez, donnez-lui quelques médicaments, elle va bien.

House a conscience qu'il pourrait avoir tort. Mais comment pourrait-il lui-même douter d'une quelconque partie de la solution qu'il considère comme étant la bonne ? Il en est arrivé à la conclusion que Lucy n'était pas folle à partir de l'argument le plus plausible pour lui. C'est aux autres d'en chercher les faiblesses pour lui. C'est pour cela qu'il est si important que Wilson s'oppose à lui, et fasse remarquer que l'âge de Lucy, pas plus que sa décision de confier son fils aux services sociaux, n'est une raison suffisante pour étayer sa conclusion, car de nombreux schizophrènes développent ces symptômes tard dans la vie, et sont capables, malgré leur maladie, de prendre des décisions rationnelles. Bien que House ne soit pas convaincu par les réfutations de Wilson, il lui apparaît désormais clairement que ses propres arguments sont plutôt fragiles. Lorsqu'il dit à Wilson : « Tu penses que je suis fou », ce dernier répond sans hésitation : « Oui, c'est sûr, mais ce n'est pas le problème. »

Ici, Wilson a tort : le fait qu'il pense que House se trompe complètement au sujet de Lucy est le cœur du problème. Il y a pourtant un présupposé non identifié que House et Wilson ne partagent pas, et c'est la raison de leur dispute. Dans le cas de Lucy, leur désaccord porte sur les symptômes qui auraient dû être pris en considération. Wilson croit que la tumeur au foie de Lucy n'a pas d'importance, car liée à sa consommation d'alcool. House, lui, considère qu'il y a là un lien avec ses problèmes mentaux. Tant qu'ils n'explorent pas plus en détails cette hypothèse problématique (et ils n'ont pas encore découvert que Lucy n'assimile pas normalement le cuivre), tout ce qu'ils savent est que (au moins) l'un d'entre eux n'a pas une vision objective de la situation... mais lequel ? Tant qu'ils ne trouvent pas de terrain d'entente pour résoudre leur différend, House et Wilson vivent dans deux réalités distinctes.

« La réalité est presque toujours fausse » : les préjugés cachent la vérité

L'idée que les gens qui ne partagent pas la même approche du monde vivent, d'une certaine façon, dans deux réalités distinctes, est superbement développée dans « House à terre », le dernier épisode de la saison deux. House, sur qui on a tiré, s'occupe d'un patient dans la salle de l'unité de soins intensifs, pièce qu'il partage avec son agresseur. Lorsqu'il se rend compte que par moments, il a des hallucinations, il demande à la version imaginaire de son agresseur comment se comporter dans le monde réel si certains des renseignements qu'il possède sur le cas qu'il traite ne sont pas vrais. La réponse de son agresseur est étonnamment simple : « Continuez à lancer vos idées comme vous l'auriez toujours fait, et si elles sont fondées sur de mauvaises hypothèses, votre équipe vous le fera remarquer. »

En d'autres termes, nous voulons que nos arguments soient objectifs, fondés sur les faits. Que l'on soit ou non sujet à des hallucinations, nous émettons toujours des hypothèses infondées – certaines sont correctes, d'autres non – dans nos raisonnements. Comment s'assurer que nous avons vraiment repéré les bons faits ? Il arrive souvent que nos anciennes croyances soient si enracinées dans notre esprit que nous ne les remarquons même pas. Par exemple, lorsqu'on lui demande quelles sont les hypothèses émises dans le cas de l'homme à la langue enflée (dans « House à terre »), Foreman répond en toute honnêteté : « Nous n'en avons aucune. Nous essayons juste de deviner, et de faire des analyses. » Comme l'équipe le réalise rapidement, ils sont loin de « deviner » de manière innocente, car ils ne recherchent que les explications possibles et cohérentes avec des présupposés hautement probables (mais pas certains pour autant) : 1/ les analyses médicales sont correctes si elles donnent les mêmes résultats trois fois de suite, 2/ une biopsie fournit un élément *représentatif* de l'organe sur lequel il a été prélevé, 3/ les gens qui saignent là où cela ne devrait pas se produire ont un problème hémorragique, et 4/ il est impossible d'opérer en toute sécurité une personne sujette aux hémorragies.

Laquelle de ces affirmations décrit correctement ce qui se passe ? Seul, House n'a aucun moyen de le savoir : il peut être en train de rêver, d'halluciner, ou ne simplement pas voir les choses telles qu'elles sont réellement. Son seul espoir est de « comparer ses notes » avec celles des autres, de discuter de ce qu'ils en pensent, et de voir ce qu'il y a de commun. L'équipe le découvre rapidement, tout le monde ne partage pas les mêmes hypothèses. Alors que Cameron remet les analyses en question, Chase y croit. House doute sérieusement du caractère nécessairement représentatif des biopsies. Ils peuvent maintenant analyser leurs désaccords, et tenter de trouver des moyens de les résoudre. Mais si House avait été gentil, s'il avait dit après chaque proposition « En effet » ou « Vous devez avoir raison », sans demander à son équipe d'essayer de le prouver, ils n'auraient jamais creusé ces hypothèses problématiques, et n'auraient pas trouvé le moyen de les tester.

Dans son délire, House peut continuer à se comporter comme il l'a toujours fait, car non seulement il a utilisé la méthode socratique pour aider les autres à se rapprocher de la vérité, mais son comportement odieux et arrogant les oblige à constamment le questionner. Qu'il hallucine ou non, House défendra ses hypothèses en les développant ; certaines seront correctes et d'autres non. Pour savoir s'il a raison, il doit découvrir quelles sont les suppositions problématiques.

« Vous pouvez ne pas être d'accord avec moi. Cela ne veut pas dire qu'il vous faut arrêter de réfléchir » : même le conflit intellectuel est difficile

House et Socrate demandent aux autres de jouer un rôle d'« objecteurs » qui est extrêmement difficile à assumer. On nous pousse à croire que nos professeurs, nos supérieurs et nos leaders ont raison. D'une certaine façon, nous sommes comme Foreman qui, dans l'épisode « Le petit con », va à l'encontre de son avis, qui est le meilleur, et suit les ordres de House de laisser le patient sous immunosuppresseurs après que ce dernier lui a dit : « Regardez, vous avec deux choix. Vous disputer bêtement avec moi et faire ce que j'ai demandé, ou simplement faire ce que j'ai demandé. » Du coup, la plupart du temps, nous arrêtons de réfléchir : soit nous acceptons les positions des autres – même si nous ne sommes pas d'accord – soit nous sommes « tolérants » et nous les laissons « croire ce qu'ils veulent ». Nous oublions presque toujours la troisième possibilité (celle que House aurait aimé voir Foreman choisir) : confronter les autres avec ce qu'ils croient.
Comme Socrate et House, nous avons besoin de nous confronter aux autres. S'ils sont d'accord avec nous, ou « d'accord pour ne pas être d'accord avec nous » afin d'éviter le débat, nous restons confinés dans notre petite réalité. Nous avons besoin que quelqu'un s'oppose à nous. Pourtant, peu de gens le feront, car ils savent que nous leur poserons aussi des questions sur leurs convictions et leurs opinions. Dans notre société, il est considéré comme déplacé, déplaisant et déstabilisateur

que l'on remette en question nos considérations les plus évidentes. La plupart des personnes refuseront simplement de le faire, sauf... s'ils se sentent agressés, ou menacés. Pour continuer à apprendre, des gens comme House ou Socrate ont besoin que d'autres remettent en question leurs opinions. Puisqu'en général, les autres évitent le conflit, ils n'ont d'autre choix que de les attaquer, de toute part, et sans relâche, sur leurs convictions, et de les harceler avec des questions et des remarques ironiques, jusqu'à ce qu'il y en ait un qui « se réveille » et contre-attaque en critiquant les suppositions de House ou de Socrate.

Une telle attitude doit-elle être condamnée ? Lorsqu'on y réfléchit, une éducation qui ne remettrait pas en question, ni ne changerait des idées déjà ancrées dans l'esprit des étudiants serait en effet assez pauvre. De la même façon, un médecin qui ne manifesterait pas un scepticisme sain sur l'état présent de la médecine ne serait rien de plus qu'un genre de pilote automatique, délivrant des médicaments en fonction de règles préétablies. Comme les combats physiques, les confrontations intellectuelles sont douloureuses. Elles mènent aussi aux plus grandes découvertes.

Au moins en ce qui concerne la connaissance, House à raison : « La gentillesse est surestimée. »

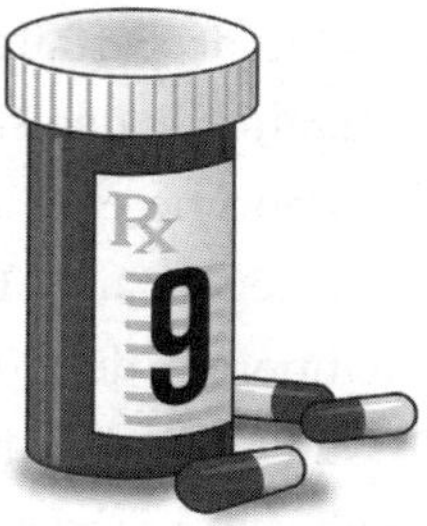

Y A-T-IL UN DAOÏSTE CHEZ LE DR. HOUSE ?

Peter Vernezze

À de nombreux égards, House est tout à fait représentatif de la tradition philosophique occidentale. Comme le démontrent ses talents de diagnosticien, House insiste beaucoup sur cette pierre angulaire de la philosophie occidentale qu'est la raison, et la force de ses déductions rationnelles est au cœur de ce qui plaît dans la série. Il incarne également une autre pièce centrale de la pensée occidentale : l'ego. Et quel ego ! Il se présente devant un patient et lui dit : « C'est moi qui vais vous sauver la vie, aujourd'hui » (dans « Confusion des genres »). À propos d'un diagnostic réussi, il déclare : « Prenez note. Je ne dois jamais douter de moi » (dans « Cherchez l'erreur »). Lorsque les conseillers d'une femme PDG considèrent qu'il est le médecin, dans la région, le plus à même de la soigner, il dit fièrement : « L'homme de la situation ? Mais c'est moi » (dans « Changement de direction »).

La raison et l'ego sont deux domaines dans lesquels la philosophie orientale diffère de son pendant occidental. Reconnaissant les limites de la raison humaine, le *Dao De Jing* nous informe que les sages « déploient un enseignement qui va au-delà de ce qui peut être exprimé »[1]. Insistant sur l'importance de l'humilité, le *Dao De Jing* nous dit que « la promotion de soi n'est en rien remarquable, et que se faire remarquer n'a rien de lumineux »[2]. Lier Gregory House au daoïsme semble donc voué à l'échec. Mais malgré toutes ses différences apparentes avec l'Orient, il est en fait tout à fait possible de parfaitement cerner House par la philosophie orientale en général, et le daoïsme en particulier.

Dans la Chine ancienne, le daoïsme était le grand rival de la pensée de Confucius. Son fondateur légendaire, Lao Tseu, a longtemps été considéré comme un contemporain de Confucius, vivant au sixième siècle avant Jésus-Christ, avant que des universitaires ne datent son ouvrage, le *Dao De Jing*, de plusieurs siècles après. Tandis que la pensée de Confucius tourne essentiellement autour du rôle précis que l'on doit jouer dans la société, le daoïsme insiste plus sur une place à trouver dans l'univers, préférant la spontanéité au conformisme. House n'est plus très loin.

Lisez moins et regardez plus la télévision

Le rôle dominant que joue la raison en Occident est sans doute le mieux illustré par la définition de l'homme que donne Aristote, comme « animal rationnel ». D'après Aristote (384-322 av. J.-C.), la raison est l'essence même de notre être ; c'est elle qui nous définit dans ce que nous sommes. Considéré comme le fondement de la tradition philosophique occidentale, ce point de vue n'a jamais vraiment été éclipsé par un autre. Deux mille ans plus tard, René Descartes (1596-1650), le père de la philosophie moderne, souhaitant découvrir ce qui peut être su avec absolue certitude, conclut que même s'il rêve ou vit une illusion du genre de celle de *Matrix*, l'existence même de ses facultés mentales rationnelles lui permettent d'éliminer le moindre doute. Il est, selon ses termes, « une chose qui pense ».

D'après la tradition philosophique occidentale, la raison donne accès à la nature fondamentale de la réalité. Platon (428-347 av. J.-C.) considérait que le monde physique que nous avons la possibilité de voir, goûter, et toucher n'était qu'à moitié réel, trop éphémère et passager pour être pris au sérieux. La réalité immuable, pour Platon, appartient à un monde de

Formes éternel et figé, comme la Beauté, qui se suffit à elle-même, sans raison. Imprégné d'une foi similaire dans nos capacités rationnelles, le philosophe médiéval et théologien saint Thomas d'Aquin (1225-1274) croyait que la raison pouvait aider à prouver l'existence de Dieu, presque comme toutes les vérités religieuses et éthiques importantes. Certes, il y eut des réactions, en Occident, contre cette suprématie de la raison comme valeur absolue – le Romantisme, par exemple. Mais dès le départ, la philosophie occidentale insista sur la raison comme étant la caractéristique dominante de la définition de l'homme.

House modèle son personnage sur celui de Sherlock Holmes, et place la raison au-dessus de tout. Le médecin applique en effet la méthode socratique, ce célèbre modèle d'investigation rationnel qui tire son nom du fondateur de la philosophie occidentale, la définissant comme « la meilleure façon de tout enseigner, à part jongler avec des tronçonneuses » (dans « Une mère à charge »). Edward Vogler exprime aussi une croyance largement partagée lorsqu'il dit à House : « J'ai bien compris que vous placiez la rationalité au-dessus de tout » (dans « Double discours »). Le lien entre House et la raison n'est pas que théorique, il est aussi pratique, et semaine après semaine, nous sommes les témoins de ses capacités de déductions rationnelles : de l'utilisation des symptômes d'un excès de vitamine A pour démasquer une femme infidèle (dans « Test de paternité »), à la découverte qu'un médecin humanitaire qui refuse un traitement contre la tuberculose a, en réalité, une minuscule mais soignable tumeur au pancréas (dans « Être ou paraître »), jusqu'à réussir à diagnostiquer (peut-être aussi avec un peu de chance) un dysfonctionnement de l'hypothalamus chez un patient qui est resté prisonnier, pendant presque huit ans, d'un fauteuil roulant dans un état végétatif, et lui permettre ainsi de retrouver une vie normale (dans « Retour en force »).

Ce genre de personnage semble n'avoir que très peu en commun avec le scepticisme oriental sur le pouvoir de la raison comme moyen d'arriver à la connaissance de la réalité. Ce scepticisme n'est nulle part aussi flagrant que dans le daoïsme, comme on peut le constater dès la première ligne du classique daoïste *Dao De Jing* : « Frayer son chemin (daoïste) en pouvant l'exprimer par des mots n'est pas vraiment frayer son chemin. »[3] La notion de *Dao* est au cœur de la philosophie chinoise, apparaissant non seulement tout au long du *Dao De Jing* mais presque quatre-vingts fois dans *Les Analectes* de Confucius. Comme le font remarquer Ames et Rosemont : « C'est très certainement le terme le plus important du lexique de la philosophie (chinoise), et de manière significative, comprendre ce que pense et ressent un penseur lorsqu'il utilise le terme de *Dao* permet également de comprendre la philosophie de ce penseur. » Hélas, la tâche n'est pas aisée. En chinois, la traduction littérale de *Dao* serait « route » ou « chemin », et l'on pourrait ajouter avec Ames et Rosemont qu'« à son niveau le plus fondamental, le *Dao* semble faire référence au projet actif de la construction d'une route, et par extension, à une route qui a été construite et peut ainsi être empruntée »[4]. Au sens propre, le *Dao* est à la philosophie orientale ce que « Dieu » est à la chrétienté : la réalité fondamentale qui sous-tend toute existence, si ce n'est que nous ne devons pas percevoir le *Dao* comme une personne ou une chose séparée du monde, mais qui lui est au contraire inéluctablement liée. Dire que cette réalité fondamentale ne peut être exprimée par des mots revient à dire qu'on ne peut la connaître, et qu'elle se situe au-delà de la raison.

Ce serait trop simple si House était juste lié au point de vue occidental valorisant la force de la raison, et non à l'oriental, qui en souligne les limites. L'attitude de House envers la raison est beaucoup plus complexe qu'il n'y paraît, comme on le remarque quand sa fascination pour un patient atteint de maladie mentale fait dire à un Foreman étonné : « Je pensais qu'il aimait la rationalité » (dans « Une mère à charge »). Non, nous dit-on, il aime les énigmes. Et d'autres choses, serions-nous tentés d'ajouter, dont les soap operas médicaux, les jeux vidéo, et les monster trucks.

Quand nous nous attendons à ce qu'il compulse une revue médicale ou jette un coup d'œil à un carnet de notes, House fait irruption dans la chambre d'un malade dans le coma pour regarder un soap. Ce genre de comportement est difficile à lier à une quelconque rationalité, mais il est totalement en accord avec l'attitude orientale qui souligne les limites

de la raison. Comme il est écrit dans le *Dao De Jing* : « Savoir quand s'arrêter est la façon d'éviter le danger. »[5]
Le comportement en apparence déconcertant de House est en fait une tentative de mettre brusquement un terme à toute raison. C'est une façon de faire qu'il ne se contente pas de suivre seul, mais qu'il conseille aux autres, comme lorsqu'il dit à Cameron de moins lire, et de plus regarder la télévision (dans « Changement de direction ») ! Loin de se vouloir facétieuse, cette remarque est une tentative d'exprimer en termes concrets une reconnaissance des limites de la raison. Comme tout bon daoïste, House sait quand il faut ralentir le mouvement.

Le sage comme référence

La philosophie occidentale utilise souvent la raison pour déterminer la norme selon laquelle quelqu'un de bien doit se comporter. La version la plus connue de cette approche de l'éthique est sans doute l'impératif catégorique émis par le grand philosophe allemand Emmanuel Kant (1724-1804) : « Agis comme si la maxime de ton action devait être érigée par ta volonté en loi universelle de la nature. » Ici, il s'agit de dire que les actions morales correctes sont précisément celles qui sont accomplies selon des normes que n'importe qui d'autre, dans la même situation, pourrait suivre.
Ce principe m'est apparu un jour, lorsque j'étais jeune, pendant que je promenais le chien de la famille dans un parc près de chez nous, et que je décidai d'ignorer qu'il venait de faire ses besoins. Un homme sortit soudain d'une maison en face, de l'autre côté de la rue, courut vers moi, et me demanda d'aller ramasser. « Et si tout le monde laissait son chien faire ça dans le parc ? », me demanda-t-il. J'avais déjà, à l'époque, l'esprit philosophique ; j'engageai la discussion avec lui, et je fus rapidement convaincu. J'aimais ce parc, et je n'aurais très certainement pas voulu voir mon ballon de baseball couvert de crotte de chien. J'ai donc fait ce qu'il me demandait. Peu de temps après, je réalisai que l'on venait de me persuader par une version sommaire de l'impératif catégorique kantien.

L'impératif kantien est légèrement plus complexe que l'exemple de la crotte de chien ne pourrait le laisser croire. Afin d'en savoir un peu plus, prenons l'un des propres exemples de Kant. Imaginez, dit Kant, que quelqu'un décide de faire un prêt, mais n'a aucunement l'intention de le rembourser. Supposez maintenant qu'il se demande ce qu'il se passerait si tout le monde se comportait comme lui, faisant des promesses non tenues ? Dans ces conditions, il devra admettre que si tous les gens agissaient selon ce principe, il lui serait logiquement impossible d'imaginer pouvoir faire ce qu'il a prévu, puisque personne ne le prendrait au sérieux – ni lui, ni aucun autre. Une action qui se contredit elle-même et prend un caractère universel (le fait que quiconque agisse selon ce principe la rendant impossible à envisager dès le départ) est pour Kant le signe révélateur de son immoralité –et pas simplement parce que son application à grande échelle serait déplaisante.

Considérons un instant que pour House, ce principe soit pertinent. Des listes de transplantations sont établies dans le but de décider, aussi douloureux mais nécessaire que cela puisse être, de la vie ou de la mort de ceux qui bénéficieront d'une quantité limitée d'organes. Si ces décisions devaient être morales, Kant insiste (et nous serons presque tous d'accord) pour qu'elles aient lieu en accord avec des principes universels, à savoir des normes qui s'appliquent pour tous ceux susceptibles de recevoir un organe. C'est d'ailleurs en général ce qui se passe. Les principes habituellement invoqués pour décider de qui bénéficiera de quel organe – des règles comme « Ceux qui ont plus de chances de survivre passeront avant ceux qui en ont le moins » ou « Ceux dont l'état est le plus alarmant seront, de la façon la plus équitable possible, placés avant ceux dont la vie est moins menacée » – pourront être érigés en loi universelle, selon Kant. Ils peuvent donc être appliqués de manière égale à tout le monde. Un tel système est « moral » et « juste ».

Par contre, c'est précisément quand une exception est faite – si quelqu'un de riche obtient un organe bien qu'en moins bonne santé qu'un autre plus pauvre – que nous considérons le système comme injuste. Si les docteurs pouvaient mettre qui ils veulent sur la liste, sans tenir compte des critères nécessaires pour en faire partie, cette liste n'aurait plus de sens, car il n'y aurait plus aucune garantie que ceux qui y figurent aient besoin d'une transplantation. Selon Kant, et c'est encore plus important de son point de vue, cela ne serait plus moral. Un médecin qui envisagerait de ne pas tenir compte des bons critères pour établir sa liste de transplantation d'organes se retrouverait dans la même situation que celui qui cherche un prêt et fait une promesse qu'il n'a pas l'intention de tenir. Dans les deux cas, le caractère universel de l'activité est en contradiction avec la poursuite de la pratique en question. Tout comme personne ne croirait plus à aucune promesse si le mensonge devenait universel, personne ne considérerait que quiconque figurant sur la liste des transplantations ait besoin d'un organe, à partir du moment où n'importe qui pourrait y figurer.

Évidemment, c'est très précisément ce que House semble faire : il ignore les critères pour mettre qui il veut sur la liste. Lorsqu'il découvre qu'une jeune PDG ayant besoin d'une greffe du cœur est boulimique, il va jusqu'à mentir au comité de transplantation, niant qu'il pourrait y avoir le moindre facteur psychologique qui jouerait en la défaveur de sa patiente (dans « Changement de direction »). Dans un autre cas similaire, il décide, contre toute pratique établie, d'artificiellement réduire la tumeur au foie d'une patiente schizophrène lorsqu'il apprend que sa taille actuelle est trop importante pour pouvoir pratiquer l'intervention nécessaire (dans « Une mère à charge »). « Mettez qui vous voulez sur la liste des transplantations, sans vous soucier de savoir si la personne correspond aux bons critères » serait une déclaration qui ne pourrait être considérée comme universelle. Si tous les médecins se comportaient comme Gregory House, le concept de base de la liste des transplantations serait biaisé. En résumé, les normes éthiques de House, dont celle d'apprendre à son équipe à « mentir, tricher et voler » (dans « Maladies d'amour »), sont incompatibles avec une pratique morale de la médecine selon notre tradition occidentale, qui est profondément ancrée sur les règles et la raison. C'est pourquoi même Wilson dit que House « devrait probablement relire les directives éthiques » (dans « Sacrifices »).

Évidemment, le fait que House ne se conforme pas à l'impératif catégorique ne fait pas automatiquement de lui un daoïste. Il est néanmoins assez clair qu'il ne souscrit pas à l'autre grand principe éthique occidental, à savoir l'utilitarisme. Quelques éléments le confirment. Tout d'abord, un utilitariste devrait faire un effort volontaire pour assurer le plus grand bonheur au plus grand nombre. Mais rien ne prouve que House y pense un seul instant, pas plus que nous n'avons de raison de croire qu'il cherche à atteindre ce but. House refuse l'idée même d'une telle motivation altruiste. Au sujet d'un médecin qui semble se comporter de façon très utilitariste en soignant la tuberculose en Afrique, House affirme : « Ce grand médecin humanitaire est aussi égoïste que nous tous » (dans « Être ou paraître »). Il semble donc peu probable que House soit utilitariste.

Il est temps de laisser l'Occident de côté. Il y a des similarités frappantes entre la façon dont House décide et l'éthique daoïste. Le *Dao De Jing* nous apprend que « les sages ne sont pas intéressés par la moralité institutionnelle »[6]. Comme on l'a vu, House non plus : non seulement il apprend à son équipe à « mentir, tricher et voler », mais il applique sans doute lui-même ce type de comportement. Plus important encore, certaines des affirmations les plus déroutantes de House, dans son attitude envers les patients, trouvent des parallèles dans le *Dao De Jing*. Quand on lui demande comment il peut soigner quelqu'un qu'il n'a pas vu, il répond : « C'est facile, si on n'a rien à foutre d'eux » (dans « Cherchez l'erreur »). À un vieux patient qui veut que l'on cesse de maintenir sa femme en état de survie artificielle, il dit : « Si vous stoppez la survie artificielle de votre femme, dans deux semaines, j'aurai déjà oublié » (dans « Maladies d'amour »).

Il est certain qu'un tel degré d'indifférence pour ses patients frappe beaucoup de téléspectateurs comme étant l'une des caractéristiques les moins séduisantes de House. Mais c'est une attitude étonnamment similaire à celle que trouvons dans le *Dao De Jing*, où nous pouvons lire que « les sages [...] traitent le commun des mortels comme des chiens de paille »[7]. Les chiens de paille étaient des objets de sacrifice « traités avec grande révérence pendant le sacrifice lui-même puis, après la cérémonie, dispersés pour être piétinés »[8]. De la même manière, bien que House risque parfois sa carrière pour ses patients, il le fait, à l'évidence, sans se sentir concerné par eux, les oubliant apparemment assez vite, quoi qu'il arrive.

Comment défendre une telle attitude ? Le sage daoïste remplace son jugement par un *statu quo* moral, pas particulièrement parce qu'il s'agit du sien, mais parce que cela le met en accord avec le Paradis le Dao. Dans un univers si moral, les individus sages deviennent la norme du bien et du mal, du vrai et du faux. C'est une conception qui, en Occident, est difficile à accepter pour beaucoup, non sans raison. Mais l'idée du « sage comme référence » a une longue histoire dans la pensée orientale. Et House, dans tout ça ? Nous savons que cela ne lui pose aucun problème de se considérer comme un individu supérieur dans son domaine, un expert dont le jugement doit être suivi. Un être si lumineux ne se sent pas nécessairement concerné par la moralité institutionnelle, pas plus qu'il ne tient particulièrement compte des conséquences de ses actes sur les individus concernés, car il sait qu'ils sont en accord avec une loi supérieure. Certes, c'est avoir là une bien haute opinion de soi-même. Mais pour quelqu'un qui se perçoit, dans son domaine, comme l'équivalent de Mick Jagger dans le sien (dans « Rencontre sportive »), le sage daoïste n'apporte pas grand-chose de plus – et pourrait même être un peu décevant.

Le Dao des diagnosticiens

Quel devrait être notre but, dans la vie ? Depuis Aristote, la philosophie occidentale propose une réponse qui est souvent celle-ci : « Tous les hommes », dit Aristote, « s'accordent pour dire qu'il s'agit du bonheur. »[9] Alors qu'il n'existe aucun consensus autour de l'idée exacte de ce qu'est le bonheur, une réponse forte et populaire est proposée par les philosophes utilitaristes du dix-neuvième siècle Jeremy Bentham et John Stuart Mill. Selon cette école de pensée, une vie heureuse met au maximum l'accent sur le plaisir, et minimise la douleur. Cela semble être la norme implicite lorsque des collègues, des associés, des amis, des patients et même de parfaits inconnus décrivent House comme quelqu'un de « malheureux ». En effet, aucun autre mot, pas même celui d'« arrogant », n'est plus souvent utilisé pour le décrire. Ce qualificatif est sans aucun doute en grande partie lié à sa douleur physique – conséquence d'une opération bâclée de sa jambe. Mais d'autres pensent que House vit également une grande douleur psychologique : il est isolé, irritable, obsessionnel et, selon ses propres termes, « sans vie privée » (dans « Le mauvais œil »). La démission de Foreman à la fin de la saison trois a précisément lieu parce que House n'arrive pas à appliquer les normes utilitaristes du bien-être : il n'est que momentanément « heureux » d'avoir résolu un cas, et le reste du temps, il redevient essentiellement malheureux.

Il y a un consensus autour de l'échec que représente House en tant qu'homme, selon les critères classiques d'une vie réussie, mais il nous faut également prendre en compte l'opinion minoritaire. Elle s'exprime d'une manière éloquente à travers les mots d'un célèbre musicien de jazz dont s'occupe House (dans « Vivre ou laisser mourir »), chez qui l'artiste détecte une passion qui lui est très familière :

> *Je possède quelque chose, la même que vous. Cette nature obsessionnelle. Les gens normaux ont un travail, une femme, des enfants et des hobbies parce qu'ils n'ont pas en eux cette chose indestructible et authentique. Moi c'est la musique, vous c'est votre job.*

L'existence de House est ici considérée comme qualitativement supérieure à celle de la plupart des autres. Les normes habituelles du bonheur, qu'elles soient utilitaristes ou autres, auront du mal à s'accorder avec cette déclaration, mais celle-ci est tout à fait en phase avec le daoïsme, qui parle très peu du bonheur ou d'autres concepts qui lui sont rattachés. Le but de la vie est plutôt d'atteindre le Dao. Il a beaucoup été écrit sur ce que cela signifie exactement. Nous en retiendrons une seule illustration éclairante, souvent utilisée pour dépeindre le Dao en pratique : elle décrit un artisan professionnel au travail.

Dans le classique daoïste le *Chuang Tzu*, on nous parle d'un boucher, Cook Ting. Un bon boucher change ses couteaux chaque année, mais Ting est tellement doué pour la découpe des bêtes que son couteau, qui a presque vingt ans, est aussi aiguisé que s'il était neuf. Cook Ting n'est pas un artisan habituel, puisqu'il « coupe avec son esprit et non avec ses yeux, suivant son esprit plutôt que ses sens »[10]. Toujours est-il que pour lui, cela fonctionne, et ce don lui permet d'être communément reconnu comme un adorateur du Dao. Toutes les professions ayant un Dao, on peut ainsi imaginer que les diagnosticiens en ont aussi un. Si l'on prend Cook Ting comme modèle, on peut supposer que le Dao des diagnosticiens serait la combinaison d'une passion subjective, d'un sens de l'expertise objectif et d'une méthodologie peu orthodoxe.

House est-il alors un vrai daoïste ? Non, car il y a de nombreux éléments du daoïsme que l'on ne retrouve pas chez lui. À cet égard, je doute qu'il existe un quelconque système, ou une théorie, qui puisse suffire à totalement décrire House. Cela fait partie de son charme. Peut-être qu'en regardant au-delà de l'Occident, nous pourrions avoir une vision plus complète et équilibrée d'un individu reconnu comme étant déséquilibré, mais par nature fascinant[11].

DEATH VALLEY
SOUND SYSTEM

TROISIÈME PARTIE

« C'EST LA NATURE MÊME DE LA MÉDECINE QUE VOUS ALLEZ FOUTRE EN L'AIR » : DR. HOUSE ET LES PRINCIPES ÉTHIQUES

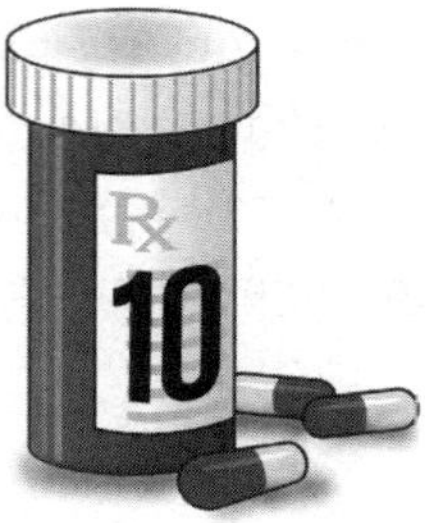

« VOUS PRENEZ SOIN DE TOUT LE MONDE » : L'ÉTHIQUE DE L'ATTENTION AUX AUTRES CHEZ CAMERON

Renee Kyle

Rebecca : Est-ce un homme bon ?
Wilson : C'est un bon médecin.
Rebecca : L'un est-il possible sans l'autre ? Ne devez-vous pas prendre soin des gens ?
Wilson : C'est une bonne motivation, mais il a trouvé autre chose.

(« Les symptômes de Rebecca Adler »)

House n'aime pas les patients. En réalité, il n'aime pas les gens. Il est cynique, insensible, péremptoire et pessimiste. Par moments, il se comporte d'une façon inhumaine. S'il reste un mystère médical à résoudre, House est notre homme. Pourtant, si nous étions sur le point de mourir, voudrions-nous *vraiment* que House soit notre médecin ? Représente-t-il ce que nous attendons d'un docteur ?

La réponse à cette question est essentiellement négative, et le Dr. Allison Cameron nous montre pourquoi. Alors que House se fout totalement de ses patients, Cameron démontre que chacun d'entre eux est important pour elle. Il y a en réalité quelque chose de sexué dans la façon dont Cameron pratique la médecine, et discute des problèmes moraux qui se présentent dans son travail. Comme nous le verrons, c'est là le domaine de l'éthique féministe.

Dépasser l'idée que « Les médecins ont toujours raison » : l'éthique féministe

L'éthique est la partie de la philosophie qui explore et analyse les problèmes moraux. L'éthique se penche sur des questions comme : Quels genres de principes moraux et de valeurs devraient guider nos actes ? Qu'entendons-nous par le bien et le mal ? L'approche éthique féministe observe ce type de problèmes moraux à travers le prisme du genre. Par exemple, l'approche traditionnelle de l'éthique liée à la maternité de substitution posera la question de savoir si un tel arrangement revient, ou non, à « vendre » un enfant. Une analyse féministe de l'éthique de la maternité de substitution serait inachevée sans une considération adéquate des effets de ces arrangements sur la vie des femmes concernées.

Toutes les approches féministes de l'éthique ont pour but de remettre en question et de mettre fin aux systèmes, structures et pratiques qui oppriment les femmes. Les féministes qui s'intéressent à la bioéthique attirent notre attention sur la façon dont les politiques de santé, leur pratique et les institutions peuvent contribuer à l'oppression des femmes. Les domaines qui les préoccupent tout particulièrement sont les tests de dépistage génétique, l'avortement et la relation médecin-patient.

La relation entre un médecin et son patient – sa nature, ses valeurs implicites, ce que nous pensons qu'elle devrait être – est un bon point de départ pour étudier la manière dont House et Cameron pratiquent la médecine. Traditionnellement, la relation médecin-patient correspond à une autorité fondée sur la connaissance scientifique (médicale), et rejette tout savoir subjectif ou lié à l'expérience. La majorité des médecins étant des hommes, et la majorité des patients des femmes, cette relation amplifie les différentiels du pouvoir du genre, en privilégiant le savoir « masculin » sur le savoir « féminin »[1]. S'il y a quelque chose que nous savons de House, c'est bien qu'il n'écoute que très rarement ce que ses patients ont à lui dire concernant leurs maladies. Dans l'épisode « Que sera sera », un homme qui souffre d'obésité donne son opinion sur la cause de son mal mystérieux. House la rejette avec arrogance : « Les épiceries offrent un diplôme médical avec une dinde gratuite, maintenant ? » Dans « Les symptômes de Rebecca Adler », House renforce son autorité sur Rebecca, sa patiente, quand elle décide de refuser toute autre analyse, ou intervention, pour sa maladie non élucidée. House considère ce refus comme un rejet de son expertise :

> House : Je suis le Dr. House.
> Rebecca : Ravie de vous rencontrer.
> House : Vous vous comportez comme une imbécile. Vous avez un ver solitaire dans le cerveau, ce n'est pas très agréable, mais si vous ne faites rien, ce week-end, vous êtes morte.
> Rebecca : Est-ce que vous l'avez vraiment vu, ce ver ?
> House : Quand vous irez mieux, je vous montrerai mes diplômes.
> Rebecca : Vous étiez tout aussi sûr que j'avais une vascularite. Et aujourd'hui, je ne peux plus marcher, et je dois porter des couches. Que va m'apporter ce traitement, cette fois ?

Dans « Deux frères », House hausse le ton et rappelle à Wilson qu'en effet, les médecins ont toujours raison et que par conséquent, ils doivent persuader les patients de prendre la « bonne » décision :

> House : Tout ce que tu avais à faire était de dire « Oui ». Dieu sait que c'est un mot que tu as souvent employé, dans ta vie. (Ndt : House

fait ironiquement référence aux différents mariages de Wilson.)

Wilson : À chaque fois, c'était une erreur. Laisse tomber. Ils ont dit oui.

House : Cela ne doit pas te suffire. Il faut qu'ils disent oui avec conviction.

Wilson : Je m'occupe de patients depuis des mois, voire des années, pas des semaines comme toi.

House : Je suis plus grand.

Wilson : S'ils ne me font pas confiance, je ne peux pas faire mon travail.

House : La seule valeur de cette confiance est de pouvoir les manipuler.

Wilson : Tu devrais écrire des cartes de vœux.

House : Donner la possibilité aux parents de faire un mauvais choix était un mauvais choix.

Wilson : Au moins, cela aurait été leur choix.

House : Un choix qu'ils auraient regretté à l'enterrement de leur fils.

Le soin médical selon House – « les médecins ont toujours raison » – semble particulièrement contraire à l'éthique, car il refuse d'établir une quelconque relation avec ses patients. Pour ce dernier point, il compte sur son équipe, et charge ses internes de rassembler les renseignements médicaux et personnels, d'expliquer les procédures et d'obtenir les accords nécessaires. Libéré de ces responsabilités d'accompagnement personnel des patients, il peut alors se consacrer à la résolution de son énigme médicale. Lorsqu'il finit enfin par parler avec eux, il s'agit rarement d'une conversation chaleureuse et décontractée.

House est en conflit permanent avec Cameron, qui elle est très attentionnée. Cameron croit profondément que la relation avec le patient fait partie intégrante d'un soin réussi, car c'est par cette relation qu'a lieu un échange honnête d'informations. Ce n'est pas un hasard si l'opposition entre House et Cameron se situe sur le plan du genre. Cette éthique de l'attention à l'autre, qui place les relations humaines au cœur de l'action et des décisions morales, guide la pratique professionnelle de Cameron, et est une forme de réflexion éthique généralement associée aux femmes.

« On dirait presque qu'il... est attentionné » : l'éthique de l'attention aux autres

Carol Gilligan est la première à avoir développé l'idée de l'éthique de l'attention aux autres dans son livre *D'une voix différente* (*In A Different Voice*, en v.o.), proposant un compte rendu du développement moral chez les femmes comme approche alternative au raisonnement moral[2]. Gilligan, comme d'autres féministes intéressées par cette notion d'attention, considère que la théorie éthique tend à ne refléter que l'approche traditionnelle de la réflexion morale (ou éthique de la justice), qui n'encourage que l'application de règles abstraites et universelles, et de principes aux problèmes moraux, en faisant appel aux notions d'impartialité, d'indépendance et d'équité. Prenons l'exemple d'un homme qui pense à voler du pain qu'il ne peut pas payer, pour nourrir sa famille. Quelqu'un qui souscrirait à l'éthique de justice serait amené à conclure que bien que nourrir sa famille soit important, l'homme ne devrait pas voler le pain car l'acte lui-même et moralement répréhensible. Il faut noter que House ne symbolise pas cette éthique de justice ; en effet, la façon dont il trompe et manipule Wilson et Cuddy afin qu'ils ne condamnent pas sa consommation de Vicodin, montre que House ne fait que rarement ce qui est moralement juste. Ayant discuté avec des femmes sur le genre de valeurs qui guident leurs décisions, Gilligan s'est rendu compte que l'éthique de justice était plus souvent appliquée par des hommes que par des femmes, et défend l'idée que ce type de raisonnement s'applique plus au langage et à l'expérience masculins. Voulant accorder une plus grande part à la voix des femmes dans la théorie morale, Gilligan a développé une compréhension de l'éthique de l'attention aux autres. Dans cette éthique, la première chose à considérer lorsque l'on prend une décision morale est de maintenir, et d'entretenir les liens avec les autres. L'éthique de l'attention aux autres souligne nos responsabilités vis-à-vis d'eux, et reconnaît la valeur morale des émotions qui accompagnent cette attention. Elle met également en valeur les demandes et l'expérience de ceux vers qui se porte notre attention, et souligne que l'individualité se construit par et à travers nos relations aux autres[3].

Cameron est un excellent exemple de la façon dont l'éthique de l'attention aux autres peut aider la pratique professionnelle, dans un contexte de soins médicaux. Elle fait son maximum pour construire cette relation de confiance avec ses patients, les défendant, refusant de les décevoir, de leur mentir ou de les tromper pour obtenir des informations, même si on lui ordonne de le faire. Comme le fait remarquer House, lorsqu'elle est confrontée à un problème, Cameron cherche toujours à trouver la solution qui est la moins douloureuse pour tout le monde : « Réfléchir et faire le maximum pour trouver une solution qui permettra de ne faire de mal à personne » (dans « Symptômes XXL »).

Cameron valorise les relations avec ses patients, pourtant, sa capacité de savoir réellement prendre soin d'eux amuse, déroute et agace House. La pratique de Cameron est guidée par son sens de la responsabilité envers ses patients, malgré leurs éventuels défauts, leur personnalité difficile ou leur comportement moral discutable. Dans « Marché conclu », House apprend à Cameron que son patient, Ezra, un médecin de renommé mondiale, a conduit des recherches éthiquement douteuses durant sa carrière. House utilise cette information dans l'espoir que Cameron abandonne les responsabilités qu'elle s'est données vis-à-vis de son patient :

> Cameron : Donc ce qu'il a fait ne vous dérange pas.
>
> House : Qu'importe ce que je pense. C'est ce que vous pensez qui est important.
>
> Cameron : Parce que si j'ai moins de considération pour lui, ce sera mieux pour vous ? Vous avez tort. Le fait qu'un patient ait fait quelque chose de mal ne change rien. Il mérite toujours autant d'avoir son mot à dire sur son propre corps.

La pratique de Cameron est également guidée par l'identification des besoins spécifiques des autres (et l'attention qu'elle y porte), au fur et à mesure qu'ils apparaissent lors de la relation médecin-patient. House donne l'impression d'envier ce don, tout en étant incapable de le développer (mais le veut-il vraiment ?). Dans « Panique à la maternité », l'équipe est engagée dans une course contre la montre pour réussir à identifier une épidémie inconnue qui touche les nouveau-nés. Pour empêcher qu'elle ne se propage, on interdit aux parents d'avoir un contact physique avec leurs enfants. Alors qu'elle change soigneusement les draps de l'un des berceaux, portant des habits et des gants protecteurs, Cameron voit les parents du bébé observer l'opération de l'extérieur. On constate qu'immédiatement, elle comprend ce qu'ils peuvent ressentir. Elle dit à Chase : « Imagine que tu ne puisses pas toucher ton propre enfant. » Afin de permettre aux parents d'avoir un contact avec leur petite fille malade, Cameron leur propose de la tenir dans leurs bras pendant que l'équipe médicale change les draps. House considère que l'empathie de Cameron provient d'une expérience similaire, plus que de sa capacité de comprendre la souffrance des autres :

> House : Chase m'a parlé de votre idée de laisser les parents tenir leur enfant. D'où cela vient-il ? Vous avez perdu quelqu'un ? Vous avez perdu un bébé ?
> Cameron : Vous êtes parfois un vrai salaud.

On retrouve un échange similaire dans « Que sera sera » :

> House : D'accord, je laisse tomber, qui était-ce ? Qui dans votre famille avait des problèmes de poids ?
> Cameron : Vous pensez que je ne peux prendre soin d'un patient que si je connais quelqu'un d'autre qui a vécu la même chose ?

House ne croit pas que la relation entre un médecin et son patient suppose la responsabilité de prendre soin de ce dernier. Lorsqu'à de rares occasions, House est réellement attentif à quelques-uns de ses patients, c'est essentiellement parce qu'il se reconnaît en eux par certains côtés, ou qu'ils partagent une expérience, ou une histoire. Dans « Demi-prodige », par exemple, Patrick, le patient de House, est un homme qui, suite à un accident cérébral lorsqu'il était petit, joue magnifiquement du piano. Le lien entre House et Patrick est favorisé par l'immense plaisir que House lui-même prend à jouer du piano. De la même manière, c'est sa propre expérience d'être soudainement devenu handicapé qui établit un lien entre lui et Mark, le partenaire de Stacy, à qui il arrive temporairement la même chose, et qui demande conseil à House (dans « Désirs illusoires »). Lorsque rien ne rattache la vie de ses patients à la sienne, House semble tout simplement ne rien avoir à faire d'eux du tout.

Alors que House n'envisage chacun de ses patients que comme une entité abstraite, Cameron les voit pris dans un réseau complexe de relations familiales et sociales. En prenant des décisions morales, suivre l'éthique de l'attention aux autres revient à considérer que nous avons une obligation éthique envers ceux dont nous prenons soin, tout en évitant de les blesser. L'engagement de Cameron en ce sens est tel qu'elle est révoltée lorsqu'une patiente, Hannah, prend une décision médicale qui semble ne tenir aucun compte de ses obligations envers sa partenaire Max (dans « Insomnies »). Cameron veut mettre Hannah face à sa décision, et lui faire comprendre qu'elle est égoïste car elle n'a pas assez tenu compte de ses responsabilités morales vis-à-vis de Max :

> Cameron : Vous ne vous sentez à ce point pas concernée par ce que subit Max, maintenant ? On lui enfonce un tuyau dans le rectum, puis ils vont lui faire un prélèvement dans l'estomac, comme je suis en train de le faire maintenant. Cela va lui faire aussi mal, ce qui n'est rien à côté des risques qu'elle prend si elle doit se retrouver sur la table d'opération. Vous ne l'aimez pas, c'est ça ?
> Hannah : Je ne la quitte pas parce que je ne...
> Cameron : Je ne vous parle pas de la quitter, je vous parle de ça.

Si vous tenez un minimum à elle, vous ne la laisserez pas faire ça aveuglément.
Hannah : Vous lui diriez vraiment ?
Cameron : Oui.
Hannah : Vous seriez prête à mourir ?

La question d'Hannah – Cameron sacrifierait-elle sa propre vie juste pour aller jusqu'au bout de ses responsabilités envers les autres ? – met en lumière une critique philosophique importante de l'éthique de l'attention portée à autrui.

Cameron accorde-elle trop d'attention aux autres ?

L'éthique de l'attention aux autres est considérée par la plupart des féministes comme une contribution importante à la théorie éthique, car elle reconnaît et met en valeur l'expérience des femmes dans un domaine d'où, globalement, la philosophie les excluait. Néanmoins, cela n'empêche pas la critique. De nombreuses féministes sont, à juste titre, concernées par le fait que la mise en valeur d'une théorie morale fondée sur un stéréotype féminin – l'attention aux autres – placée au-dessus d'autres types de raisonnements moraux, pourrait pousser les femmes à penser qu'elles doivent s'occuper de tout le monde, tout le temps, et qu'importe le contexte, même si ce dévouement s'avère être à leur détriment[4].
Le comportement de Cameron, dans certaines situations, offre un bon exemple de la façon dont un engagement dans l'éthique de l'attention aux autres n'est pas forcément toujours le meilleur moyen d'exprimer notre approche des problèmes moraux, et peut, en effet, perturber notre capacité de faire ce que l'on nous demande. Observons le comportement de Cameron dans l'épisode « Panique à la maternité ». House ordonne à Cameron d'informer les parents d'un nouveau-né malade que leur enfant est gravement atteint, et risque de ne pas survivre plus de vingt-quatre heures. Cameron ne dit pas tout de la

gravité de la situation aux parents, et Wilson lui reproche de ne pas leur avoir dit la vérité :

> Wilson : Allison, leur bébé est en train de mourir. Si les parents n'étaient pas en larmes quand vous les avez quittés, c'est que vous ne leur avez pas dit la vérité.
> Cameron : Je ne vois pas ça comme ça.
> Wilson : Vous voulez qu'ils n'en aient aucune idée ? Vous voulez qu'ils viennent nous dire « Mon Dieu, mon bébé est mort, pourquoi ne pas nous avoir prévenus ? »
> Cameron : Alors maintenant, il faudrait s'inquiéter qu'ils viennent nous crier dessus ?
> Wilson : Non, ce qu'il faudrait, c'est les préparer à la mort probable de leur enfant.
> Cameron : Si leur fils meurt demain, pensez-vous qu'ils auront quelque chose à faire de ce que je leur ai dit aujourd'hui ? Ça ne changera rien, ils s'en ficheront. Rien ne sera jamais plus comme avant. Laissez encore quelques heures d'espoir à ces pauvres femmes.

On apprend plus tard dans la saison que Cameron a vu son propre mari mourir d'un cancer, ce qui nous permet de mieux cerner comment cette expérience guide son comportement avec des patients qui font face à la perte d'un être cher. L'éthique de l'attention aux autres a ceci d'unique qu'elle encourage une réflexion éthique qui met en valeur le rôle des émotions – la compassion, l'empathie, la sensibilité – en décidant quel serait le meilleur ensemble d'actions à accomplir. Le problème, avec Cameron et les liens relativement étroits qu'elle entretient avec ses patients, n'est pas qu'elle se serve de sa propre expérience pour décider de ce qu'elle fait ; c'est qu'elle laisse ses émotions empiéter sur son jugement professionnel. Dans « Peine de vie », elle doit informer une patiente, Cindy, qu'elle est atteinte d'un cancer en phase terminale. Voyant Cameron rigoler avec Cindy dans sa chambre d'hôpital, Wilson se doute qu'elle n'a sûrement pas réussi à lui faire part du diagnostic :

Wilson : Je suppose donc que vous étiez en train de lui dire ?
Cameron : Écoutez, je... je n'en ai pas vraiment parlé, j'étais juste en train de...
Wilson : De faire quoi ? Connaissance ?
Cameron : Cindy est divorcée. Elle n'a pas d'enfants, ni frère, ni sœur, ses deux parents sont morts...
Wilson : Ce n'est pas votre travail d'être son amie. Vous comprenez ?

C'est à ce moment-là que Cameron apprend à Wilson que si elle n'avait pas épousé l'homme qui est devenu son mari, ce dernier serait mort seul, comme Cindy. Dans ces circonstances, Cameron va au-delà d'une simple contextualisation du problème moral – elle revit sa propre expérience, incapable de séparer ses propres émotions du problème qu'elle doit traiter. Son histoire personnelle interfère négativement avec sa pratique professionnelle. Bien sûr, Cameron ne doit pas automatiquement rejeter le rôle que jouent ses émotions dans les décisions morales qui lui semblent être les meilleures. Les émotions peuvent nous aider à identifier les besoins des autres, et nous encourager à envisager les problèmes moraux selon différents angles. Cependant, l'attention excessive dont fait preuve Cameron a un prix, et peut compromettre dangereusement la pratique de sa profession. Au fur et à mesure qu'avance la série, cet excès de zèle semble la pousser de plus en plus à adopter des tactiques proches de celles employée par House, au nom du « soin » qu'elle veut apporter aux patients. Dans l'épisode « Que sera sera », sans le dire à personne (et de façon illégale), Cameron fait une piqûre à un patient afin qu'il ne quitte pas l'hôpital, contre l'avis médical : « Je pensais qu'il fallait encore s'occuper de lui, je lui ai donc administré trois grammes de phénytoïne. Je n'allais pas le laisser partir comme ça. » Hélas, cette façon de trop s'occuper de ses patients revient à ressembler de plus en plus à House.

Au fond, vous êtes « une peluche fabriquée par mamie »

Il est important de rappeler qu'il n'y a pas qu'une seule approche du raisonnement moral, qui fournirait toujours la meilleure solution pour toutes les parties impliquées. Néanmoins, en tant qu'élément moral central de la série, Cameron met en lumière l'éthique de l'attention aux autres, fournissant un contraste bienvenu avec House. Espérons que derrière son cynisme et sa façon de se plaindre d'elle comme d'une « peluche fabriquée par mamie », House prenne néanmoins quelques notes.

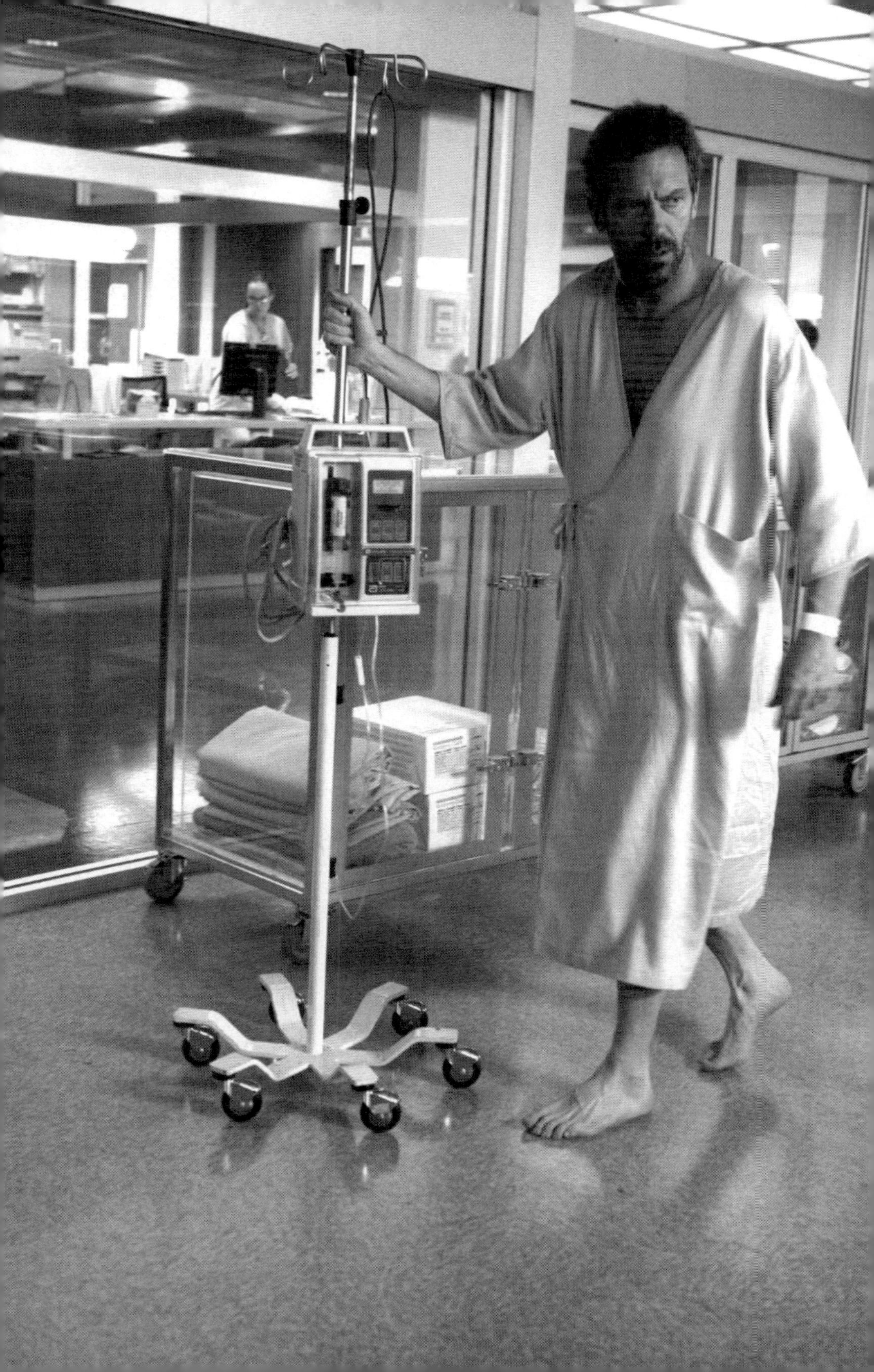

Dr. House - Saison 3 - Oma Epps (Eric Forman), Jennifer Morrison (Allison Cameron), Hugh Laurie (Gregory House), Robert Sean Leonard (James Wilson), Jesse Spencer (Robert Chase) et Lisa Edelstein (Lisa Cuddy).

Dr. House - Saison 3 - « L'homme de ses rêves »

Dr. House - Saison 3 - « La vérité est ailleurs »

Dr. House - Saison 5 - « Crises de foi »

Dr. House - Saison 5 - « Locked in syndrome »

Dr. House - Saison 2 - « House à terre »

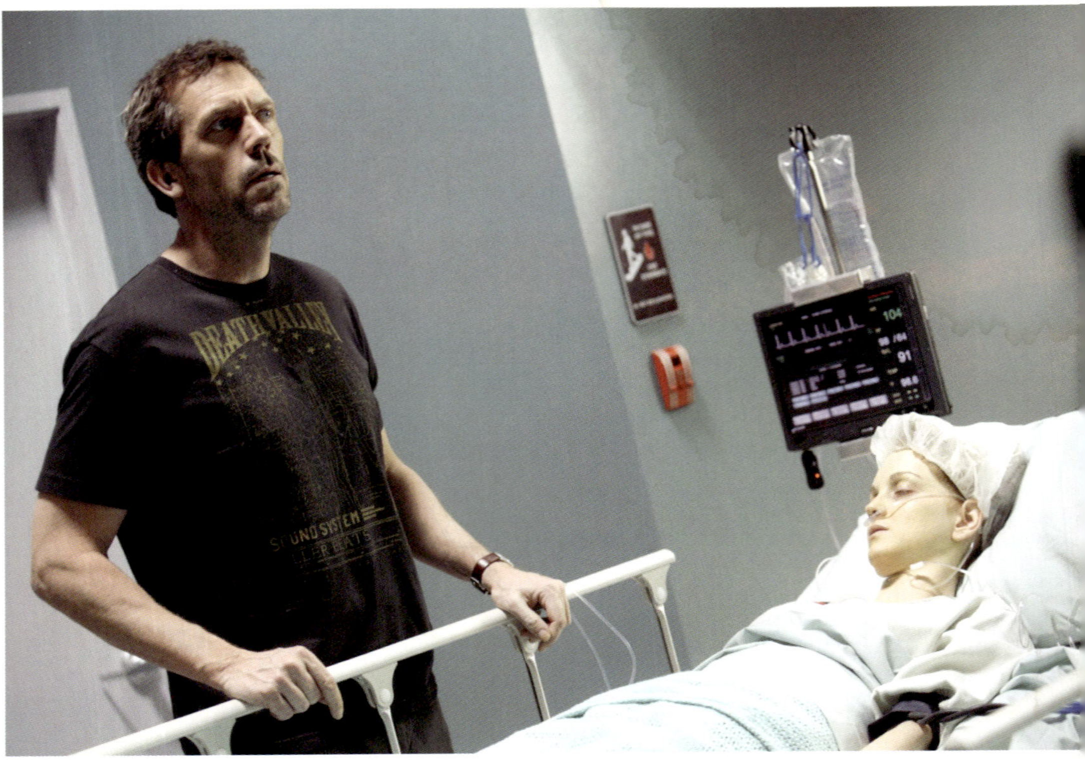

Dr. House - Saison 2 - « Insomnies »

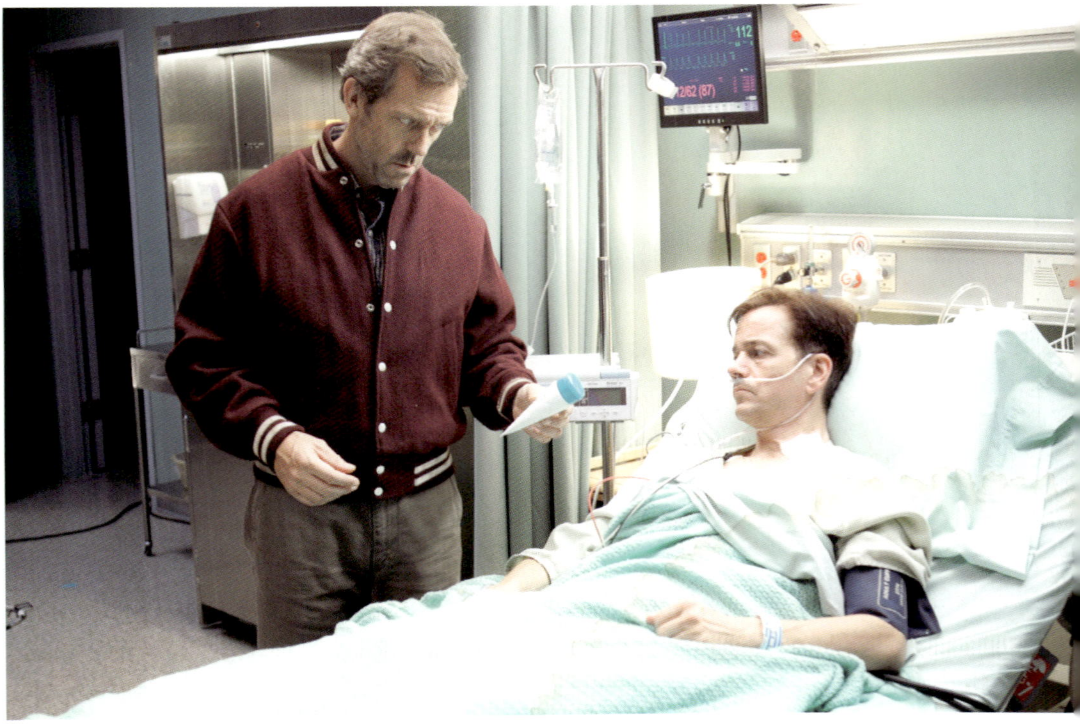

Dr. House - Saison 4 - « Miroir, miroir »

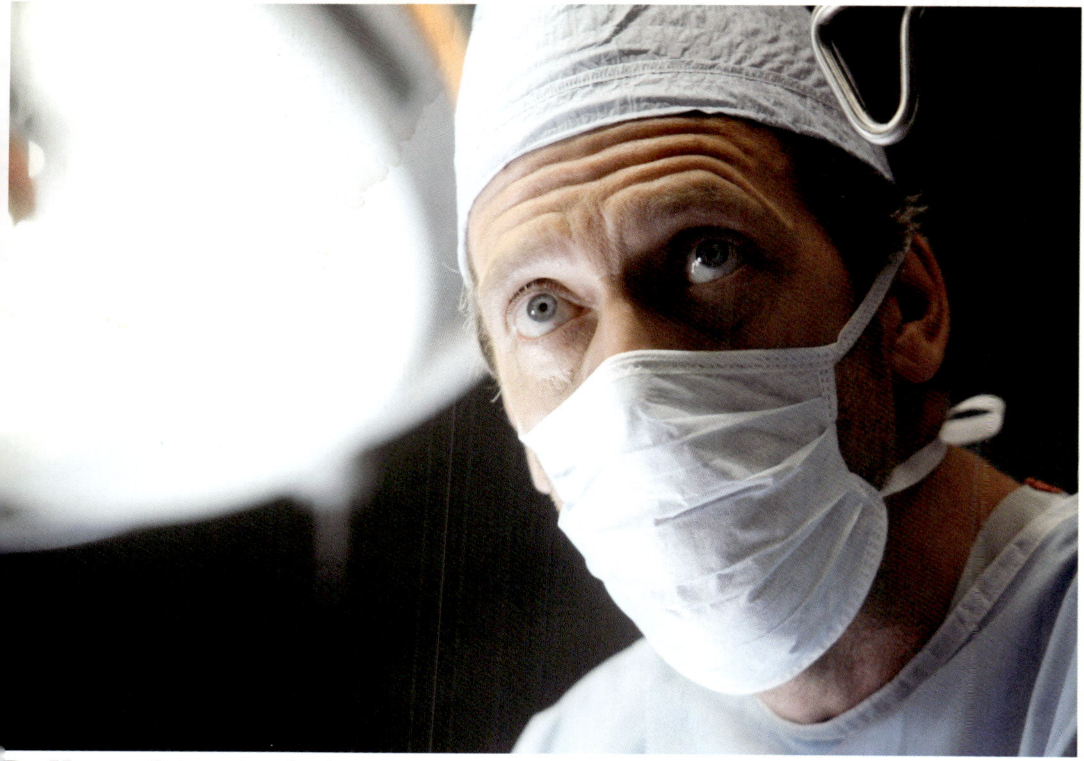

Dr. House - Saison 4 - « Le boulot de ses rêves »

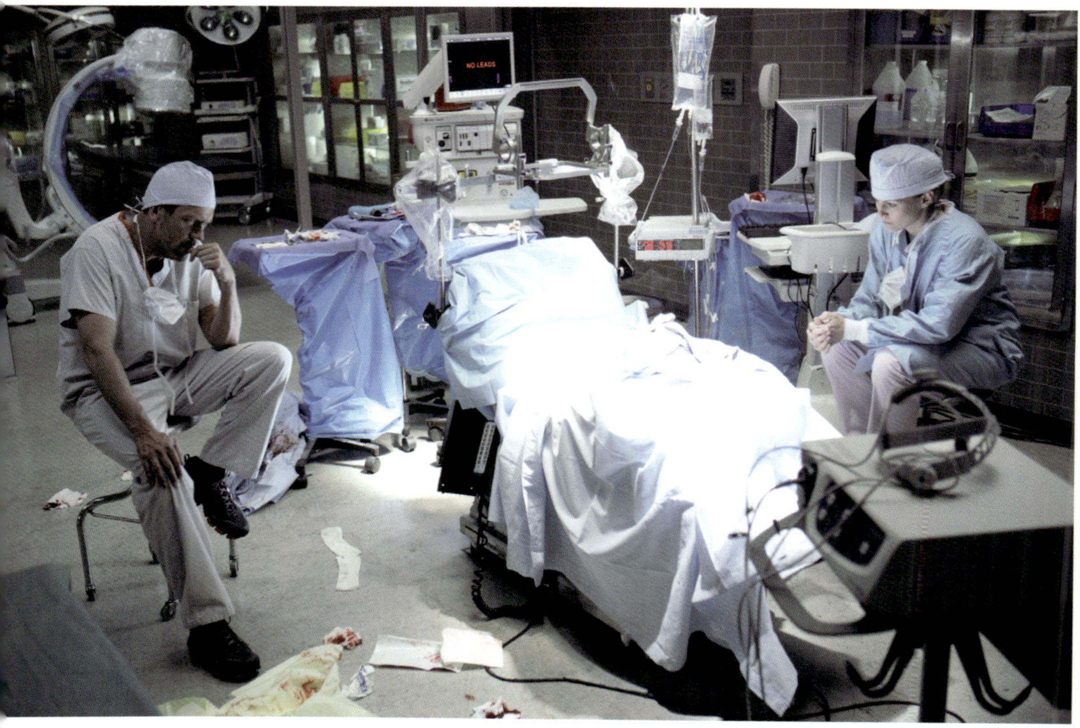

Dr. House - Saison 5 - « Gros bébé »

Dr. House - Saison 3 - Hugh Laurie (Gregory House)

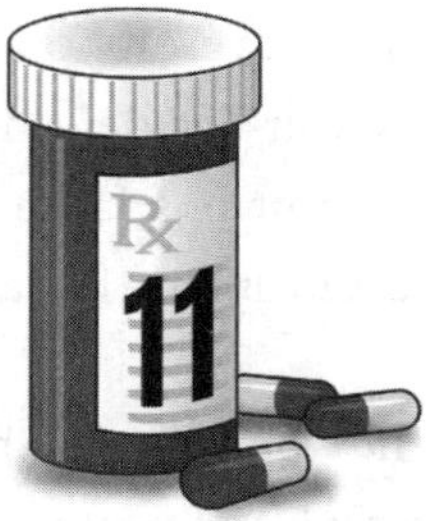

INTUBER OU NE PAS INTUBER : LES PRINCIPES ET LES PRIORITÉS DU DR. HOUSE

Barbara Anne Stock et Teresa Blankmeyer Burke

Les principes

Dans l'épisode « Vivre ou laisser mourir », House intube un patient, John Henry Giles, contre la volonté de ce dernier. Les membres de son équipe, en particulier Foreman, ne sont pas d'accord :

> Foreman : Vous l'avez intubé, et il ne le voulait pas ! Il a rempli un document légal qui le prouve.
> House : Intuber ou ne pas intuber, telle est la grande question éthique. Pour tout dire, j'aurais préféré l'éviter, et que nous nous contentions de faire notre métier.

Bien sûr, House établit le bon diagnostic et sait comment sauver Giles, et tout est bien qui finit bien. Cela n'empêche pas le fait qu'il ait agressé un patient, en lui enfonçant du matériel dans la gorge contre sa volonté. Cette action était-elle immorale ? La « grande question éthique » se fait jour entre deux idéaux conflictuels qui, pris séparément, semblent tous les deux acceptables : 1/ les médecins doivent faire ce qu'il y a de mieux pour leurs patients et 2/ les patients ont le droit de contrôler ce qui arrive à leur propre corps. La résolution d'un tel dilemme implique d'avoir des priorités, et de savoir décider quel est l'idéal le plus adapté à la situation. Nous nous retrouvons là au cœur de la bioéthique, ce domaine de la philosophie qui inclut l'analyse éthique des décisions médicales.

Le principlisme, approche bioéthique bien connue, résume le comportement éthique aux règles suivantes : ne faire de mal à personne, aider les gens, les laisser prendre leurs propres décisions, et être juste. Les bioéthiciens font souvent référence à ces règles comme étant les principes de la non-malfaisance, de la bienfaisance, de l'autonomie et de la justice[1]. La plupart des meilleurs moments de la série où quelqu'un s'exclame « Je ne peux pas croire qu'il ait fait ça ! » sont ceux où House bafoue ces principes avec jubilation.

La non-malfaisance, le plus ancien de ces principes, est souvent attribuée au vieux précepte médical *primum non nocere*, autrement dit *avant tout, ne fais pas de mal*. Ce principe peut être interprété au sens strict (ne jamais faire de mal) ou avec plus de modération (fais au mieux, et le mal ne doit intervenir que s'il est médicalement absolument nécessaire). Un médecin qui s'engage à ne *jamais* faire de mal ne pourra pas, par exemple, amputer un membre infecté par une gangrène, tandis qu'un autre, qui adoptera l'approche plus modérée, considérera la douleur causée par l'amputation comme justifiée. Le projet de House de prélever un nerf vertébral sur un patient atteint d'ICDA (« insensibilité congénitale à la douleur avec anhidrose »), et qui ne peut ressentir la douleur – une procédure diagnostiquée comme non nécessaire et pouvant entraîner une paralysie – viole les deux interprétations du principe évoqué (dans l'épisode « Sans peur et sans douleur »).

Là où la non-malfaisance veut que les gens évitent purement et simplement la douleur, la bienfaisance signifie qu'ils doivent agir et aider. House irait plutôt en ce sens, mais le patient avec un cafard dans l'oreille aurait sans doute apprécié que House applique ce dernier principe un peu plus rapidement. Pour éviter la procédure officielle,

House paralyse le patient, et passe par une série de faux diagnostics différentiels avant de retirer le cafard (dans « De pièces en pièces »).
L'autonomie, le principe du respect des personnes, décrète que les gens doivent être capables de contrôler leurs propres vies. Les médecins ne peuvent se contenter de décider ce qu'ils pensent être le mieux pour leurs patients, et l'appliquer. Ils doivent leur expliquer les différentes options et se plier à leur décision selon le consentement informé. Lorsque House intube Giles dans « Vivre ou laisser mourir », il passe clairement outre l'autonomie du patient.
La justice, principe d'équité, nécessite que les soins soient répartis de manière égale, sans charge excessive pour aucune des parties. Naturellement, les choses se compliquent quand les besoins des gens diffèrent. Le principe de justice ne fait qu'encourager une juste répartition des ressources ; il n'énonce aucunement *comment* ces ressources doivent être partagées. Comme illustration de la justice, ou du manque de celle-ci, attardons-nous sur cette discussion (dans « De l'autre côté ») autour de la machine à IRM, que House et son équipe ont tendance à vouloir saboter :

> House : Bon, tant pis. Apparemment, on ne peut pas s'en servir sur ce patient.
> Cameron : Non, mais il y a d'autres médecins dans cet hôpital, et d'autres patients.

Une approche juste aurait consisté à prendre en considération les besoins des autres.

La bienfaisance comme supérieure à la non-malfaisance

Les priorités et les principes de House ne sont pas toujours parfaitement clairs. Mais dans l'ordre de ses priorités, l'une d'elles semble évidente : House pense que la bienfaisance est généralement plus importante que la non-malfaisance. Dans « L'erreur est humaine », House déclare que le serment d'Hypocrate ne l'a « pas impressionné » et fait remarquer que « presque tous les médicaments que je prescris sont addictifs et dangereux ». En d'autres termes, il est plutôt prêt à prendre le risque de faire souffrir les patients si cela peut les aider. House rejette autant l'interprétation stricte de la non-malfaisance que la plus modérée, étant loin de ne pas prendre de risques. Il est capable d'ordonner une coloscopie pour un patient qui n'a pas été mis sous sédatifs, d'effacer les souvenirs d'un autre par électrochocs, ou de volontairement rendre encore plus malade un enfant qu'il ne l'est déjà. Cependant, faire passer la bienfaisance avant la non-malfaisance ne signifie pas non plus que House fasse souffrir ses patients de manière irresponsable. Dans « Casse-tête », les brûlures du patient rendent les analyses habituelles trop dangereuses, et House et son équipe cherchent des méthodes alternatives pour obtenir les informations voulues. Néanmoins, réduire la douleur n'est pas sa priorité première. Si la souffrance potentielle est contrebalancée par d'éventuels résultats, House applique la procédure.

La bienfaisance supérieure à l'autonomie ?

Lorsqu'il s'agit de faire passer la bienfaisance avant l'autonomie, House est moins constant. Le plus souvent, il se satisfait de la bienfaisance, ne considérant le processus de consentement informé que comme un simple obstacle de plus. Il ignore parfois ouvertement les décisions de ses patients, comme il le fait avec la demande d'arrêt des soins formulée par Giles, dans la scène décrite au début du chapitre, et dans « Marché conclu », où il met Ezra Powell sous sédatifs pour pouvoir faire des analyses que Powell avait explicitement refusées. Il lui arrive aussi de mentir pour obtenir un accord, comme lorsqu'il dit à la star du baseball Hank Wiggen qu'un médicament anti-stéroïdes est un complément en calcium – « comme du lait » (dans « Rencontre sportive »). Il peut également brutaliser des patients et des membres de leurs familles afin qu'ils soient d'accord avec lui, ou faire appel à Wilson pour l'aider à les manipuler.

House ne considère donc pas du tout l'autonomie de ses patients comme primordiale ; ce qu'il l'est, selon lui, c'est leur santé. Il fera plutôt ce qu'il pense être le mieux pour eux, ce qui les aidera vraiment, plutôt que d'écouter leurs désirs. Pourquoi y a-t-il, si souvent, un si grand gouffre entre ce que les gens veulent et ce qu'il y a de mieux pour eux ? Parce que les gens sont des imbéciles, bien sûr !

Il arrive cependant parfois que House accepte la décision d'un patient, même s'il pense que cela n'est pas totalement dans l'intérêt de ce dernier. On en trouve un exemple notable dans « Les symptômes de Rebecca Adler ». House croit repérer un ver solitaire dans le cerveau de Rebecca. Bien qu'il n'ait aucune preuve de son hypothèse, il a la possibilité de la valider par un traitement relativement peu risqué. Entre-temps, pourtant, la jeune femme est désormais sceptique sur les capacités de House de déterminer ce qu'elle a vraiment, et elle refuse le traitement, préférant rentrer mourir chez elle. House essaye de la convaincre, en vain, malgré les suggestions de son équipe pour y parvenir :

> Foreman : Nous pourrions peut-être demander une ordonnance du tribunal pour passer outre son souhait, en arguant qu'elle n'est plus en état de prendre une décision.
> House : Mais elle l'est.
> Cameron : Nous pourrions expliquer que sa maladie l'a rendue mentalement irresponsable.
> Foreman : Ce qui arrive assez souvent.
> House : Mais pas en ce qui la concerne.
> Wilson : Il ne le fera pas. Pour lui, elle n'est plus juste un dossier de plus. Il la respecte.
> Cameron : Alors parce que vous la respectez, vous allez la laisser mourir ?
> House : J'ai trouvé ce qui n'allait pas, mon travail s'arrête là.

Y a-t-il quelque chose qui distingue Rebecca des autres patients, ou bien House est-il simplement arbitraire dans son jugement ? L'explication de Wilson selon laquelle House respecte Rebecca est insuffisante. House semblait respecter Giles ou Powell comme n'importe quel autre patient, ce qui ne l'a pas empêché de contourner leurs décisions.

House a réellement un comportement éthique constant, mais il correspond à un point de vue personnel du consentement informé. Ce dernier est obtenu par le personnel médical après explication des différentes options de traitement. Le patient décide alors lequel accepter. Ce processus peut mal tourner d'au moins deux façons : le consentement lui-même peut ne pas être authentique, quand le patient n'a pas tous ses moyens, ou si l'information qu'on lui donne est incomplète ou inadaptée, ce qui ne correspond pas à une décision réellement informée. Le point de vue particulier de House est qu'un patient n'est pas entièrement informé tant qu'il n'a pas bénéficié de son diagnostic. Ezra Powell n'avait eu aucun diagnostic. Comme il ne savait pas ce qui n'allait pas chez lui, sa décision de mourir n'était pas informée. Un précédent médecin avait diagnostiqué une SLA (sclérose latérale amyotrophique) à John Henry Giles, mais House n'y croyait pas. L'accord de Giles pour une IVV (interruption volontaire de la vie) correspondait donc à une mauvaise information, et n'avait aucune valeur. Rebecca, par contre, possédait toutes les informations que House pouvait lui donner. C'est pourquoi la différence majeure entre Powell et Giles d'une part, et Rebecca d'autre part, est ainsi résumée dans la dernière réplique du dialogue : « J'ai trouvé ce qui n'allait pas, mon travail s'arrête là. »

En plus de son critère unique concernant la validité d'un consentement informé, House semble également regarder d'un mauvais œil ce que nous pourrions appeler « le consentement par procuration » – quelqu'un donne son consentement pour vous. La justification éthique et légale du consentement par procuration est la suivante : toute personne a le droit d'accepter ou de refuser une intervention médicale. Par conséquent, une personne qui est dans l'impossibilité d'accepter ou de refuser (par exemple un petit enfant, ou quelqu'un dans le coma) ne perd pas ce droit. C'est une autre personne, en général un membre de sa famille, qui l'exerce à sa place, en son nom. La responsabilité de ce tuteur est d'essayer de réagir comme il pense que l'aurait fait le patient incompétent, si il ou elle en avait été capable.

House se méfie de ce processus car en ce qui le concerne, cela a eu un résultat désastreux. Stacy, qui agissait pour lui par procuration, n'a pas pris la décision qui aurait été la sienne concernant l'excision des tissus endommagés de sa jambe (dans « Cours magistral »). Même lorsqu'un tuteur n'agit pas directement contre les souhaits formulés du patient, ces souhaits peuvent être impossibles à connaître – dans le cas, par exemple, de quelqu'un qui n'en a jamais émis aucun, ou d'un nouveau-né qui n'a pas la possibilité d'en avoir. Le consentement par procuration repose donc souvent sur la décision du tuteur, et de ce qu'il ou elle pense être le mieux pour le patient. House, toujours conscient des arrière-pensées ou de la capacité d'aveuglement des gens, n'est pas convaincu que les membres d'une famille savent ce qu'il y a de mieux pour chacun d'entre eux. Il y a néanmoins une exception notable à cette attitude dans l'épisode « Demi-prodige », lorsque House s'en remet entièrement à la décision du père du patient, quant à l'ablation de la moitié endommagée du cerveau de son fils, un musicien très doué. Dans ce cas, le père semble vraiment être mieux placé que tout le monde (dont House) pour déterminer ce qui est bon pour son enfant.

La bienfaisance supérieure à la justice ?

Jusqu'à présent, donc, nous avons vu House faire passer la bienfaisance avant la non-malfaisance et, en général, également avant l'autonomie. Et la justice ? Dans la réalité, les fondements de la justice impliquent une répartition maîtrisée des ressources. Dans le monde de *Dr. House*, ces ressources sont presque toujours infinies : personne ne perd son temps à penser aux questions économiques liées au maintien d'une équipe de quatre médecins qui ne traitent que quelques patients par mois, et ordonnent de nombreuses et coûteuses analyses pour chacun d'entre eux. Personne sauf le directeur général de l'hôpital Edward Vogler. Hélas pour les partisans de la justice médicale, la présence de Vogler dans la série est plus une punition contre House qu'un moyen de regarder de plus près les inégalités dans l'utilisation des ressources de soins.

Lorsqu'en de rares occasions, House se sent concerné par l'aspect financier des soins de santé, il cherche à utiliser le système pour ceux qui sont réellement dans le besoin. Pourtant, il tolère mal ceux qui abusent des ressources qu'on leur accorde – les désignant comme des « profiteurs ». La première de ces tendances complémentaires est illustrée dans « Problèmes de communication », où nous apprenons que House a prescrit des médicaments remboursés par Medicaid (ndt : organisme d'État américain prenant en charge les soins des personnes vivant en dessous du seuil de pauvreté) pour une utilisation inhabituelle (comme du Viagra pour un problème de cœur), de façon que ses patients obtiennent ce dont ils ont besoin. Dans « Erreur médicale », nous observons la seconde tendance : House fait peur à un jeune homme, qui possède des jouets électroniques coûteux mais aucune assurance de santé, pour le pousser à en prendre une. Le mépris de House pour ce patient est sans doute renforcé par le fait qu'il utilise une ressource – du temps médical gratuit – qui conviendrait mieux à ceux qui en ont plus besoin.

Dans *Dr. House*, l'essentiel de l'attention portée aux allocations de ressources ne se focalise pas sur le budget de l'hôpital, ou sur l'assurance santé (ce qui, dans le cadre de la série, ne serait pas fascinant !), mais sur une ressource limitée beaucoup plus spectaculaire : le don d'organe. Le principe de justice établit que les ressources doivent être réparties équitablement – « équitablement » ne signifiant pas au hasard. On pourrait distribuer les organes par un système de loterie, ou sur la base du premier arrivé, premier servi, mais ces méthodes ne permettraient pas nécessairement d'offrir les organes aux personnes qui en ont le plus besoin. Quelle serait alors la méthode la plus juste ? Le philosophe John Rawls (1921-2002) suggère que nous pouvons tester des systèmes équitables en se demandant si une personne raisonnable soutiendrait le système si elle ne savait pas quel serait son statut[2]. Imaginez qu'à un moment de votre vie, vous ayez besoin d'un organe, mais vous ne savez rien de votre propre contexte social, économique ou médical. Quel type de système voudriez-vous savoir être en place ? Vous pencheriez sans doute pour un système où 1/ les patients aux besoins les plus urgents sont prioritaires, 2/ l'argent et le statut social n'entrent pas en ligne de compte, et 3/ les patients qui ont plus de chances de s'en sortir ont la priorité sur ceux qui risquent de toute façon de mourir. Le CHU de Princeton-Plainsboro s'efforce au maximum de mettre en œuvre ce type de système juste. Lorsqu'il reçoit des organes, le comité de répartition prend à la fois en compte les besoins de santé du patient, et son mode de vie[3]. Certaines circonstances, comme une maladie due au mode de vie non soigné et non résolu d'un patient, excluent automatiquement ce dernier de la liste potentielle des transplantés, puisque ces circonstances réduisent les chances d'une guérison à long terme. Ainsi, un accro à la Vicodin – comme l'est House – aurait peu de chances qu'on lui greffe un autre foie pour qu'il le détruise à nouveau.

Il arrive deux fois, dans la série, que l'on voie House se battre pour obtenir des organes pour ses patients. Lorsqu'on diagnostique à Carly, une femme d'affaires très puissante, boulimique, une sérieuse insuffisance cardiaque congestive suite à de prises répétées d'ipeca pour se faire vomir, House se déplace lui-même jusqu'au comité des transplantations pour défendre sa cause (dans « Changement de direction »). Sachant parfaitement que le comportement passé de Carly la disqualifierait pour une transplantation cardiaque, House ment au comité pour lui sauver la vie, faisant passer la bienfaisance avant la justice. On ne saura jamais si le mensonge de House, permettant à Carly d'être admise comme candidate à une transplantation cardiaque, en aura laissé mourir une autre qui n'aurait ainsi pas eu l'opportunité d'obtenir un cœur (bien que remplissant tous les critères nécessaires). Dans « Maladies d'amour », House ne va pas jusqu'à tromper le comité afin d'obtenir un cœur pour son patient âgé, Henry, mais fait très clairement savoir que son rôle est de s'occuper de l'intérêt de ses patients, et pas nécessairement de ce qui est juste du point de vue de la situation dans son ensemble. Le comité refuse de la suivre :

> Cameron : J'ai écrit une lettre à la direction pour faire appel de la décision du comité de transplantation. Je prétends que le jugement négatif qu'ils ont à votre égard a influencé leur décision médicale. J'ai besoin de votre signature.

House : Ils ont pris la bonne décision.

Cameron : Vous ne le pensez pas. Vous avez dit au comité...

House : Je défendais mon patient (il signe quand même la lettre).

Cameron : Alors pourquoi est-ce que vous...

House : Pourquoi je défends mon patient...

Il est intéressant de noter que dans les deux cas, les actes de House penchent plus du côté de la bienfaisance que de celui de la justice, mais aussi qu'il exprime des doutes auxquels on est peu habitué. Dans le premier cas, il se rend dans la chambre de la patiente pour s'assurer que Carly veut vraiment continuer à vivre, et dans le second, il admet sans détour que le comité a pris la bonne décision. Cela pourrait indiquer que House a des réserves sur la subordination de la justice par la bienfaisance, mais sa pensée est sans doute plus subtile que ça : il maintient que même si la justice doit avoir le dernier mot, ce n'est pas son rôle à lui de lui faciliter la tâche. En d'autres termes, il pense que le rôle d'un médecin est d'aider ses patients, et non pas de se soucier de ce qui est le plus juste pour tous les patients.

L'évaluation : savoir faire le bon calcul

House a-t-il raison de ne pas être impressionné par le principe de non-malfaisance ? Nous pourrions peut-être mieux poser la question ainsi : « Jusqu'à quel point les médecins doivent-ils adopter un comportement traditionnel quand il s'agit de risquer de faire souffrir ? » La non-malfaisance, même dans son acceptation la plus ouverte (et, pensons-nous, la plus plausible), dit qu'il ne faut pas prendre de risques. Même quelqu'un qui n'aime pas le risque acceptera une petite dose de douleur si cela peut avoir de grands bénéfices, et un petit risque de grande douleur s'il y a de grandes chances que les conséquences en soient positives. Peu de gens s'opposeront aux vaccinations même si, sur le moment, elles causent de petites douleurs, et qu'il n'y a qu'un nombre infime de possibilités pour qu'elles provoquent une immense douleur (ou la mort). Mais un médecin traditionnel rechignera à prendre des risques qui iraient au-delà de ce niveau minimum.

House prend des risques bien plus grands : il n'est en aucun cas opposé au risque. Non seulement il est prêt à accepter les petites douleurs, ou le très petit risque de grande douleur, mais il ordonne des procédures qui comportent de sérieux risques, et de grandes douleurs. Dans « Leçon d'espoir », par exemple, il tue sa jeune patiente (temporairement !) afin de lui sauver la vie. Il fait évidemment passer ses patients par ce type de procédures dans l'espoir que cela ne leur soit que bénéfique : le diagnostic sera le bon, et ils seront soignés. Et il obtient des résultats. Ses méthodes ne sont peut-être pas toujours orthodoxes, mais elles sauvent des vies – des vies qui risqueraient d'être perdues avec des méthodes plus traditionnelles.

Appliquer ce qui donne les meilleurs résultats est la base d'une théorie éthique connue sous le nom d'utilitarisme. Elle nous apprend à entreprendre des actions qui ont les meilleures conséquences possible, sur le long terme et pour tout le monde. Cette théorie peut parfois recommander de faire du mal, si cela peut améliorer quelque chose et éviter un mal encore plus grand. Cet aspect de l'utilitarisme fait hésiter de nombreuses personnes. Il est facile d'arriver avec des histoires horribles sur les actes de soi-disant utilitaristes, qui tueraient un sans-abri pour ensuite distribuer ses organes à quatre personnes en attente de greffes, sous le prétexte que quatre personnes vivantes valent mieux qu'une. La réalité n'est cependant pas celle-là, et un utilitariste manifestera beaucoup de prudence vis-à-vis de ce genre d'actions. Profiter des clochards pour leur prendre des parties de leur corps aurait de fortes chances de produire des résultats négatifs, comme une méfiance grandissante envers le système de santé.

En ce qui concerne ses patients, au moins, House est le meilleur utilitariste de la télévision depuis Mr. Spock. Comme il le déclare dans l'épisode « À bout de nerfs » : « Je prends des risques, et parfois des patients meurent. Mais l'inverse en tuerait encore plus. Mon plus gros problème est que j'ai la malchance de savoir faire le bon calcul. »

Le « bon calcul » de House concernant ses patients pourrait sembler froid et calculateur, mais cela lui permet de mieux défendre sa position sur la non-malfaisance : être prêt à faire souffrir des patients mène, globalement, aux meilleurs résultats.

En observant la façon dont House fait passer la bienfaisance avant l'autonomie, on constate qu'il ne tient compte des décisions autonomes de ses patients que si leur consentement informé correspond à ce qu'il veut. Il n'est satisfait qu'après avoir donné son diagnostic. Cette façon de faire, pour le dire poliment, est totalement folle. Cela signifierait que les patients sont totalement à sa merci tant qu'il n'a pas trouvé quel est leur problème – ils choisissent de faire appel à son aide, acceptent ou non le traitement proposé après le diagnostic, mais entre les deux, c'est House qui prend toutes les décisions ! Cuddy ne défend évidemment jamais ce point de vue, ce qui est tout à faire normal. Même House doit probablement se rendre compte qu'avoir à justifier les procédures de diagnostic, auprès des patients et de leurs familles, est concrètement utile. Leurs éventuelles oppositions ne peuvent que l'amener à réfléchir à de meilleurs moyens de trouver les informations dont il a besoin.

Il n'en reste pas moins que la manière dont House aborde le consentement informé pose des questions importantes autour de cette notion majeure. Si l'on part du principe que l'on rejette le critère du « Vous n'êtes pas informé tant que House ne vous aura pas dit que vous l'êtes », quelle est la somme d'information suffisante ? Foreman, alors qu'il cherche à obtenir un consentement pour une procédure, dit aux parents d'un patient : « Écoutez, je suis désolé, je peux l'expliquer du mieux que je peux, mais l'idée que vous pourrez entièrement comprendre le traitement dont a besoin votre fils, et prendre une décision informée est... plutôt folle. Maintenant, voilà ce que vous devez savoir, c'est dangereux, cela pourrait le tuer, et vous devriez accepter » (dans « Test de paternité »). Pouvons-nous honnêtement attendre des patients et de leurs familles qu'ils en comprennent suffisamment pour prendre une décision informée ? Foreman a raison de mettre le doigt sur les risques (bien que l'on espère, même si on ne le voit pas, qu'il leur donne plus de détails). Ceux qui prennent la décision n'ont pas besoin d'assimiler tous les détails scientifiques en jeu, mais ils ont besoin de comprendre ce qui pourrait mal se passer, et dans quelles proportions. Malgré ces précisions, cependant, des questions demeurent sur la quantité d'informations nécessaire. Est-ce que, par exemple, les patients devraient être informés du taux de réussite de leur médecin, ou de leur hôpital, dans le domaine précis de la procédure proposée ? Pour un patient capable d'analyser des statistiques, cela pourrait être valable ; pour les autres, cela ne ferait qu'accentuer une confusion déjà grande. Qu'en est-il du point de vue de House, qui considère que les médecins devraient être les avocats de leurs patients, plutôt que de s'intéresser à la justice dans son ensemble ? Dans le monde réel, le rôle des médecins en tant qu'avocats de leurs patients se juxtapose à celui de l'administration qui doit défendre, avec équité, les ressources budgétaires de l'institution. Ce dernier point apparaît assez peu dans *Dr. House*. Même si Cuddy et House se disputent souvent au sujet de ses méthodes de diagnostic extrêmes, Cuddy ne brandit que rarement la carte du budget administratif. Néanmoins, la répartition des tâches semble être la bonne. Imaginer des médecins « imposant un rationnement au chevet d'un malade » fait froid dans le dos, mais il faut pourtant bien que quelqu'un s'assure qu'il y ait suffisamment de moyens pour poursuivre le traitement. Toutefois, lorsqu'on empêche les médecins qui sont en première ligne de s'occuper de ces questions, on se prive des meilleurs avocats potentiels qui aideraient à faire évoluer le système de santé. En ce qui concerne les décisions d'attribution des organes, le système est conçu pour en faire bénéficier ceux qui risqueraient le plus de mourir s'ils n'y avaient pas droit, et qui ont le plus de chances de pouvoir vivre avec. Si l'on s'en tient à son point de vue utilitariste, House ne peut qu'être en accord avec ce système. Il est néanmoins difficile de lui reprocher d'essayer de le contrecarrer en faveur de ses propres patients.

Le diagnostic

House aime aller à l'encontre des règles, ne respectant pas les codes vestimentaires, les limitations de vitesse, la déontologie de base et même les principes bioéthiques. Ses priorités morales portent souvent à controverse, et ses décisions sont parfois franchement scandaleuses. Il y a pourtant, en général, des raisons étonnamment cohérentes, et pertinentes, derrière ce qu'il fait.
Aucun des auteurs de ce chapitre n'aimerait avoir le Dr. House comme médecin traitant, mais nous ne serions pas contre l'idée de l'accueillir au sein d'un comité de réflexion éthique. Imaginez un instant le genre de pari que House devrait perdre pour arriver à lui faire accepter ce genre d'engagement...

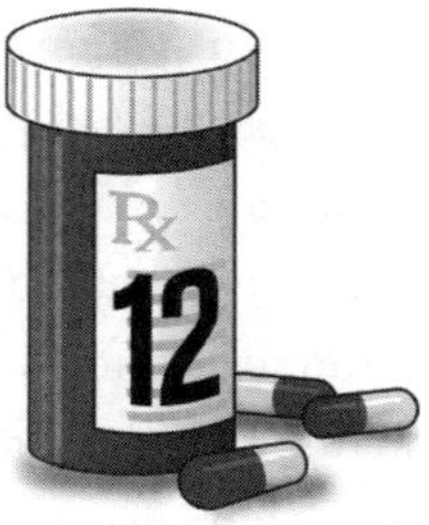

DR. HOUSE ET LE PATERNALISME MÉDICAL : « ON N'A PAS TOUJOURS CE QU'ON VEUT »

Mark R. Wicclair

Dans la scène finale du dernier épisode de la première saison, « Le choix de l'autre », on peut entendre Mick Jagger chanter « On n'a pas toujours ce qu'on veut, mais si tu essayes, parfois, tu pourras découvrir que tu obtiens ce dont tu as besoin » (ndt : le morceau *You can't always get what you want*, également cité dans le titre du chapitre). Ces mots expriment un thème paternaliste récurrent de la série : les patients n'obtiennent pas toujours ce qu'ils *veulent* (leurs préférences ou leurs choix sont ignorés), mais ils obtiennent ce dont, selon House, ils ont *besoin* (des analyses, des procédures médicales, et des médicaments qui lui permettent d'arriver au bon diagnostic, et de les soigner). House pratique quotidiennement ce paternalisme, en décidant de ce qui est bon pour ses patients sans leur consentement.

Dr. House et le concept de paternalisme

Le paternalisme est clairement opposé aux normes de l'éthique médicale classique. Le consentement informé – ce principe qui veut que, à part dans les situations d'urgence, une intervention médicale nécessite un consentement *informé* et *volontaire* du patient ou de son tuteur – est au cœur des principes éthiques du système de santé[1]. Les patients qui sont capables de décider pour eux-mêmes peuvent également, grâce au consentement informé, refuser les recommandations d'un traitement. Autre principe majeur, lorsque des patients n'ont plus la capacité de prendre une décision, des tuteurs sont en droit de le faire pour eux, s'ils respectent leurs souhaits et leurs valeurs. Ces deux principes reflètent une forte opposition au paternalisme dans l'éthique médicale contemporaine.

House pense qu'il sait ce qu'il y a de mieux pour ses patients, et il ne cesse de passer outre leurs souhaits afin d'établir des diagnostics et de traiter leurs maladies. Il considère le consentement informé comme un rituel sans aucun sens et, pire, comme un obstacle potentiel pour les faire bénéficier des tests, des procédures médicales et des médicaments dont, d'après lui, ils ont besoin. House considère que la fin – guérir ses patients – justifie les moyens, ce qui inclut le mépris de leurs préférences, la contrainte, la rétention d'informations, la tromperie, le mensonge, et même d'entrer chez eux par effraction. Ces moyens sont doublement paternalistes : 1/ ils ont pour but de promouvoir le bien des patients plutôt que les intérêts des autres (par exemple House lui-même, ou l'hôpital de Princeton-Plainsboro) et 2/ c'est le patient qui est la personne qui subit la contrainte, la tromperie, etc.

L'épisode « Le choix de l'autre » illustre bien l'importance de la première condition. Un patient, Mark, refuse de laisser House pratiquer un test diagnostic. Mark, qui est le mari de Stacy, l'ancienne fiancée de House, est totalement paralysé. House pense qu'il connaît la cause des symptômes de Mark, une porphyrie aiguë intermittente (PAI). Pour confirmer ce diagnostic, House propose de déclencher une crise par une piqûre, puis d'effectuer une analyse d'urine. Provoquer une crise est risqué, et Mark refuse. Cependant, à la demande expresse de Stacy, House mène son projet à terme, malgré les protestations de Mark et des trois membres de l'équipe médicale (Cameron, Chase et Foreman). Faire ces tests contre la volonté de Mark est un exemple de paternalisme uniquement si le but premier de House était d'en faire bénéficier Mark (par un diagnostic et un traitement de la maladie). Ce ne serait pas du paternalisme s'il avait juste voulu grandir sa réputation, recevoir une promotion, ou reconquérir Stacy en acceptant son insistance pour qu'il poursuive les analyses.

Dans la série, House est décrit comme un médecin qui, malgré son comportement grossier et insultant, se consacre pleinement à l'amélioration de la santé de ses patients. Paradoxalement, malgré ce pénible comportement envers ses malades, il est presque prêt à tout pour qu'ils passent par les tests et les traitements dont il pense qu'ils ont besoin. Ainsi, lorsque l'on voit House employer des moyens comme la tromperie ou la contrainte pour s'assurer que ses patients passent les tests et bénéficient de mesures thérapeutiques, jusqu'à preuve du contraire, les téléspectateurs peuvent supposer que ses actes satisfont la première condition du paternalisme.

Ce type de tromperie ou de contrainte, cependant, ne peut être considéré comme du paternalisme que si la deuxième condition est également remplie – c'est-à-dire seulement si le patient est trompé ou contraint. C'est le cas dans « Désirs illusoires », où House arrive à faire avouer à une patiente qu'elle prend le Ritalin prescrit pour sa fille, la trompant en faisant passer le menu de la cafétéria pour un rapport toxicologique positif. C'est l'exemple d'une tromperie paternaliste dans le sens où où la patiente est trompée, et que la faire marcher pour qu'elle donne des renseignements qu'elle ne voulait pas dévoiler permet à House de promouvoir son bien-être en trouvant le bon diagnostic, puis en la soignant. Souvent, pourtant, lorsque House utilise la tromperie pour pouvoir diagnostiquer et soigner ses patients, cela s'adresse à d'autres personnes que le patient lui-même (comme d'autres professionnels de la santé, ou des membres de la famille) et il ne s'agit alors plus de paternalisme.

C'est un point qui peut être illustré en comparant les scènes de deux épisodes de la première saison, « Empoisonnement » et « Des maux d'amour ». Dans le premier, House considère que les symptômes d'un adolescent ont pour origine un empoisonnement par pesticide. Si son diagnostic est le bon, le traitement indiqué est le pesticide hydrolase. Cependant, la mère du garçon refuse le consentement quand elle apprend que le traitement recommandé pourrait être néfaste si le diagnostic est faux. Pour qu'elle accepte, House lui lit une décharge de responsabilité provocatrice, incluant des phrases comme « ce n'est pas de la faute de l'hôpital si mon fils a tout déclenché » ou « je comprends que mes médecins pensent que ma décision est complètement idiote ». En utilisant cette tactique, House réussit à faire signer un formulaire de consentement à la mère du garçon pour l'emploi de l'hydrolase. Dans « Des maux d'amour », un patient du nom de Harvey Park a une relation suivie avec une dominatrice. Lorsque Harvey refuse la chirurgie qu'on lui recommande, Chase, en simulant le rôle de la dominatrice, tente de persuader Harvey. Comme cela ne fonctionne pas, ils font directement appel à la dominatrice de Harvey pour lui ordonner d'accepter l'opération. Ces méthodes, utilisées dans chacun de ces épisodes, ne sont pas loin de franchir la ligne qui sépare « la persuasion » de « la pression et l'influence excessives ». Pourtant, seul le deuxième cas fait appel au paternalisme, la pression s'exerçant directement sur le patient. Tenter de passer outre les choix des patients pour leur bien est paternaliste, mais essayer de contourner celui des parents pour le bien de leur enfant ne l'est pas[2].

Le paternalisme médical dans le monde fictif du Dr. House

Comme on peut s'y attendre, la série offre aux téléspectateurs de nombreuses raisons de suivre l'opinion de House sur le paternalisme médical. Épisode après épisode, alors qu'il donne aux patients ce dont, d'après lui, ils ont besoin plutôt que ce qu'ils veulent, l'issue est toujours meilleure pour le patient qu'elle ne l'aurait été si on avait écouté ses désirs. Un message insistant souligne que les médecins – ou au moins le Dr. House – savent toujours ce qu'il y a de meilleur pour leurs patients, et les conclusions positives les concernant justifient le paternalisme médical. Ce message est renforcé lorsque les patients reconnaissent qu'ils en ont bénéficié. La plupart d'entre eux sont satisfaits de l'issue positive et n'expriment ni colère, ni ressentiment. Certains font même preuve de gratitude.

Dans « Le choix de l'autre », le test réalisé par House malgré les protestations de Mark confirme son diagnostic, et il peut ordonner le bon traitement. Un peu après, on voit Mark, qui n'est plus paralysé, demander en riant à Stacy si elle veut bien faire un bras de fer avec lui. Ils sont tous les deux très heureux, et Mark ne critique pas House pour ne pas avoir respecté sa demande. Le seul commentaire que Mark fait sur House est : « N'empêche qu'il est fou. » À la fin de l'épisode, le message paternaliste est souligné par la chanson des Rolling Stones : donner à ses patients ce dont ils ont besoin est plus important que de leur donner ce qu'ils veulent.

Dans « Vivre ou laisser mourir », contrairement aux souhaits émis par le patient, House ressuscite et fait des analyses sur un trompettiste paralysé, John Henry Giles. Deux ans plus tôt, un médecin renommé avait diagnostiqué une sclérose latérale amyotrophique (SLA), mais House refuse ce diagnostic, trouve le bon et ordonne la médication adaptée. À la fin de l'épisode, alors qu'il quitte l'hôpital, Giles croise House et lui dit : « Merci de ne pas avoir lâché l'affaire. » Si House avait respecté le souhait de John Henry, il serait sans doute mort. Une fois de plus, il apparaît que c'est House qui a raison, et le paternalisme médical a pu éviter une mort prématurée, un résultat pour lequel le patient est reconnaissant.

Une défense particulièrement forte du paternalisme médical est exposée dans « Cours magistral », un épisode dans lequel c'est House lui-même qui en fait les frais. Alors qu'il donne une conférence à des étudiants en médecine, il fait référence à sa propre expérience passée en tant que patient, présentée sous la forme d'un flashback. Il souffre beaucoup à cause d'une nécrose musculaire à la jambe. Cuddy, aujourd'hui directrice de l'hôpital, est alors son médecin. Elle recommande une amputation, considérant que c'est la seule façon de lui sauver la vie, mais House refuse. Il est prêt à prendre le risque de mourir afin de garder une chance de retrouver le plein usage de sa jambe, et il veut qu'on le mette dans un coma temporaire pour le soulager de sa douleur. Après qu'il a perdu connaissance, Stacy, sa fiancée de l'époque, demande à Cuddy d'appliquer une procédure censée donner plus de chances à House de survivre. Elles savent toutes les deux qu'il ne veut pas de cette procédure, mais elle est mise en route avec l'approbation de Stacy. Il reçoit le traitement que Stacy et Cuddy pensent nécessaire plutôt que celui qu'il veut. Il survit à l'intervention chirurgicale pratiquée contre sa volonté, et l'amputation n'est plus nécessaire. Cependant, il souffre de douleurs chroniques, et ne peut plus se déplacer sans une canne. Malgré ce résultat mitigé, une discussion entre trois étudiants et House, à la fin de sa conférence, semble indiquer que c'était la bonne décision à prendre que de passer outre son souhait :

> House : À cause de la taille du muscle retiré, l'usage de la jambe du patient (House) fut sévèrement compromis. À cause du temps qu'il a fallu pour établir le diagnostic, le patient continue à souffrir de douleurs chroniques.
> Premier étudiant : Elle (Stacy) n'avait aucun droit de faire ça.
> Deuxième étudiant : Elle avait la procuration.
> Premier étudiant : Elle savait qu'il ne voulait pas de cette intervention.
> Deuxième étudiant : Elle lui a sauvé la vie.
> Troisième étudiant : Nous n'en savons rien. Il s'en serait peut-être très bien tiré.
> Premier étudiant : Ce n'est pas le problème. Il s'agit du souhait du patient.
> Deuxième étudiant : Le patient est un idiot.
> House : C'est souvent le cas.

La conclusion négative de House sur l'intelligence des patients est évidemment provocatrice et exagérée. Il n'en reste pas moins qu'elle confirme la conclusion paternaliste que les patients, dont House lui-même, ne savent pas ce dont ils ont besoin.

Il y a quelques épisodes dans lesquels le paternalisme n'intervient pas, et où les patients obtiennent ce qu'ils veulent, et non ce dont House, ou tout autre membre de l'équipe médicale, considère qu'ils ont besoin. Dans ces épisodes, cependant, le rejet du paternalisme est présenté comme une décision discutable. Dans « À la vie, à la mort », par exemple, une jeune femme hospitalisée, Kara, tue son nouveau-né Michael. L'équipe en arrive à la conclusion qu'elle souffre d'une pellagre, ce qui explique ses hallucinations et les voix qui la poussèrent à tuer Michael. La maladie cœliaque, qui est la cause de la pellagre de Kara, a également provoqué un cancer de la paroi stomacale. Elle est rongée par la culpabilité d'avoir tué Michael, mais House tente de la convaincre qu'à cause de sa psychose due à la pellagre, elle n'en est pas responsable. Il lui dit : « Ce n'est pas votre faute [...]. Vous ne méritez pas de mourir. » House ne réussit cependant pas à convaincre Kara, et elle refuse le traitement en disant : « Je ne veux plus vivre. » Dans la scène suivante, où House rapporte à Foreman la décision de Kara, on assiste à cet échange :

> House : Elle a dit non.
> Foreman : Il nous faut donc la déclarer comme instable, et nommer une autorité médicale...
> House : Elle était instable. Maintenant elle est saine d'esprit. Elle peut tout à fait refuser le traitement.
> Foreman : Tu dois la faire changer d'avis, tu ne peux pas juste t'en tenir là.

Ironiquement, et bien que House « s'en tienne là », ce pourrait être un cas dans lequel le souhait du patient n'aurait pas dû être suivi. Elle n'est peut-être pas « folle », mais elle vit clairement une grande détresse émotionnelle, et sa pensée comme son jugement peuvent en être altérés. Au bout du compte, les téléspectateurs pourraient bien être d'accord avec Foreman sur l'idée que d'autres options auraient pu être envisagées avant d'accéder au souhait de Kara, et de s'en tenir là.

L'éthique du paternalisme médical dans le monde réel

Bien que le paternalisme médical en cours dans le monde fictif de *Dr. House* semble être irréfutable, la pertinence de son application dans le monde réel demeure discutable. À de nombreux égards, le monde fictif de *Dr. House* est un fantasme. À la fin de presque chaque épisode, House et son équipe réussissent à identifier, puis à soigner la maladie du patient. Hélas, dans le monde réel, les diagnostics et les pronostics sont beaucoup plus difficiles à établir, et il y a de nombreuses maladies chroniques, non soignables et mortelles. Dans « Le choix de l'autre », par exemple, le diagnostic de House est le bon, Mark bénéficie du traitement médical approprié et dès la fin de l'épisode, il est déjà bien engagé sur la voie de la guérison. Dans le monde réel, le diagnostic du médecin aurait pu être faux, et les analyses que House fait passer à Mark contre sa volonté le tuer. Dans « Vivre ou laisser mourir », le doute de House sur la SLA de John Henry se confirme, et la chirurgie lui permet de ne plus être paralysé. Dans le monde réel, le diagnostic du premier médecin aurait pu être le bon, et le patient aurait alors subi des tests inutiles et des interventions qui n'auraient fait qu'accentuer ses douleurs, allant à l'encontre de son désir de mourir dignement. Les téléspectateurs seraient certainement beaucoup moins enclins à accepter le paternalisme de House si Mark était mort après les tests (ou s'ils n'avaient pas confirmé le diagnostic de House), ou si John Henry avait vraiment été atteint d'une SLA. Pourtant, les deux issues étaient tout à fait envisageables au moment où chacune des décisions a été prise.

Dans le monde réel de la médecine, lorsque des décisions concernant des analyses ou des thérapies sont prises, l'issue est incertaine. Au mieux, on peut attribuer des probabilités à chacune d'entre elles, et en établir les bénéfices potentiels ou les douleurs associées. Par conséquent, le paternalisme médical de House et de son équipe devrait intervenir au moment de la prise de décision, fondée sur ce qu'ils savent à cet instant précis, et non après, quand l'issue est déjà connue.

Dans *Dr. House*, les patients sont généralement reconnaissants envers House d'avoir négligé leurs souhaits et réussi à diagnostiquer, puis à traiter leur maladie. Dans la vraie vie, cependant, les patients ne pardonnent pas si facilement à leurs médecins lorsqu'ils contournent leurs préférences ou leurs choix. Pour illustrer ce point, comparons les réactions de Mark et de John Henry, satisfaits et approbateurs, à celle d'un vrai patient, Donald (Dax) Cowart, qui subit des interventions médicales contre sa volonté[3].

En 1973, à l'âge de vingt-cinq ans, Dax souffrit de brûlures graves sur une grande partie du corps, suite à une explosion de gaz propane. Malgré ses protestations insistantes et répétées, et l'avis d'un psychiatre considérant qu'il était en bonne forme, on força Dax à passer par des traitements contre les brûlures extrêmement douloureux. Il survécut, mais il devint aveugle, couvert de cicatrices, perdit l'usage de ses bras, et il fallut l'amputer des doigts. Au bout du compte, Dax fut satisfait de sa qualité de vie. Néanmoins, il demeura furieux que ses souhaits n'aient pas été respectés, et il se fit l'avocat des droits des patients, en particulier celui de refuser un traitement médical.

On pourrait se demander pourquoi Dax est si furieux et rancunier : après tout, il admet lui-même qu'il apprécie sa vie, et sans le paternalisme médical de ses médecins, il serait mort. Dans un documentaire à son sujet, *Le Cas Dax*[4], il donne deux raisons. D'abord, il pense que la fin (l'empêcher de mourir) ne justifiait pas les moyens (la douleur insoutenable et l'extrême souffrance liées aux traitements contre les brûlures qu'il a subis pendant des mois). Il dit que même s'il sait que l'issue aurait été la même, s'il devait à nouveau faire un choix, il refuserait encore le traitement. D'autre part, il tient à valoriser la liberté et la capacité de choisir pour soi-même. Ainsi, il en veut aux autres (sa mère et les médecins) d'avoir décidé pour lui.

La première raison invoquée par Dax aide à mettre en lumière une erreur de raisonnement dans l'idée qu'un brillant médecin hospitalier comme House sait ce qu'il y a de mieux pour ses patients. Grâce à leur professionnalisme et à leur expérience, les médecins peuvent être les mieux placés pour savoir comment garder leurs patients en vie.

Cependant, garder un patient en vie ne signifie pas forcément tenir compte de son bien ou de son meilleur intérêt. Lorsqu'il y a différentes possibilités de traitements (et ne décider d'aucun traitement en est une), la meilleure décision pour un patient en particulier (après avoir évalué les bénéfices et les douleurs potentielles) dépend de ses valeurs et de ses préférences. « Chacun ses choix », comme on dit. Pour Dax, mais pas obligatoirement pour tout autre patient dans la même situation, il était plus important d'éviter la douleur et la souffrance liées au traitement contre les brûlures que de risquer de mourir. Même si dans son cas l'issue est positive, on ne peut pas dire que de l'avoir soigné contre sa volonté a plus tenu compte de son meilleur intérêt que si le traitement avait été abandonné.

Le cas de Dax remet également en question cette notion récurrente de la série, selon laquelle le paternalisme médical est justifié parce que House et son équipe donnent aux patients ce dont ils ont besoin. De quoi les patients ont-ils besoin ? House répond la santé, et la longévité. Mais, comme l'illustre Dax, les patients peuvent avoir d'autres valeurs, d'autres buts, que la santé et la longévité. Il accorde plus d'importance à la liberté et à l'absence de douleur, qu'à la santé et à la longévité. Comme House lui-même l'illustre dans « Cours magistral », certains patients peuvent accorder plus de valeur à l'intégrité de leur corps qu'à la vie : ils sont prêts à prendre le risque de mourir pour conserver un membre ou un sein, ou pour réduire les chances de devenir incontinent, stérile ou impuissant. Dans l'épisode « Marché conclu » de la saison trois, le Dr. Ezra Powell a subi des interventions médicales qu'il n'avait pas souhaitées, et accorde une grande importance à l'idée de mourir avec dignité. Dans « Le boulot de ses rêves », Greta, une pilote, accorde tellement d'importance au fait de pouvoir continuer à voler qu'elle ne veut pas passer les tests ni subir les traitements qui pourraient lui sauver la vie, de peur que l'Air Force ne l'empêche à jamais d'à nouveau piloter. Ces patients ont besoin d'une intervention médicale pour les maintenir en vie, mais cela ne correspond pas forcément à ce qu'ils considèrent comme étant bon pour eux, ni à leurs priorités absolues.

Même en se limitant aux pures considérations de santé, ce serait une erreur de penser qu'il existe toujours des normes objectives quant aux besoins des patients. Dans « Le choix de l'autre », Mark avait-il besoin du test que lui conseille House ? Si la santé est l'unique but, et ce test le seul moyen efficace pour qu'il la recouvre, House pourrait avec raison prétendre qu'il en avait besoin. Dans le monde réel, cependant, la situation est bien plus complexe. Les tests sont potentiellement aussi bénéfiques que risqués, qu'on les tente ou non. Dans le cas de Mark, le test pourrait fournir un diagnostic décisif sur sa maladie, mais il pourrait aussi entraîner une plus grande détérioration de son état, et mener à la mort. En admettant que le test permette d'établir le bon diagnostic, le traitement ne sera pas automatiquement efficace. D'un autre côté, sans le test, Mark pourrait mourir, mais son état de santé pourrait aussi ne pas empirer, voire s'améliorer. House pourrait avoir tort, ou bien le bon diagnostic pourrait être découvert, ou bien encore il pourrait y avoir une rémission spontanée. Il n'y a aucune norme « objective » pour évaluer toutes les douleurs et tous les bénéfices potentiels, ni pour déterminer si ceux du test recommandé par House sont plus importants que les risques. Il n'y a par conséquent aucune bonne réponse « objective » à la question « Mark a-t-il besoin de ce test ? ». C'est une question dont la réponse implique un jugement de valeur, et celle de Mark peut, ou non, être la même que celle de House, ou d'un autre patient.

Dans le monde de *Dr. House*, les choix sont une question de vie ou de mort : si un patient ne bénéficie pas d'un certain type d'intervention médicale, il mourra. Dans le monde réel, les choix ne sont pas toujours aussi tranchés. Les décisions qui concernent le dos, les genoux, les oignons, les cloisons nasales déviées, les opérations de la prostate, les traitements contre l'acné, et ainsi de suite, ne sont pas une question de vie ou de mort. Dans ces cas-là, les patients doivent soupeser les risques et les bénéfices potentiels, puis déterminer si la probabilité et le nombre de ces derniers sont suffisamment supérieurs aux premiers. Si, après un examen attentif, un patient conclut qu'il ne veut pas suivre la procédure proposée, il serait injustifié de la part du médecin d'insister en disant que le patient en a *besoin*.

La deuxième raison qui justifie la colère et le ressentiment de Dax est liée à un concept important, l'autonomie, et au principe éthique correspondant, le respect de l'autonomie, qui offre les bases d'une autre remise en question du paternalisme médical pratiqué par House et son équipe. Même si, en effet, ils trouvent les bons diagnostics et soignent leurs patients, quand ils passent outre leurs souhaits, ils ne respectent pas leur autonomie, ce qui peut signifier un important coût moral. La valeur de l'autonomie est confirmée par une expérience de pensée proposée par feu le philosophe Robert Nozick[5]. Imaginons une « machine à expérience », un outil qui peut être connecté au cerveau des gens, et générer des expériences qui les rendent heureux. Si faire le meilleur score possible au bowling, gagner la finale de *American Idol*, posséder une Lamborghini ou recevoir un diplôme de la Faculté de droit de Harvard sont des expériences qui peuvent rendre des personnes heureuses, la machine à expérience peut être programmée pour qu'ils puissent les vivre. Il manquera pourtant la notion de *rôle à jouer*, en ce sens que la machine aura produit ces expériences, mais la personne n'aura pas pu faire intervenir son autonomie. Elle n'aura rien fait, ni accompli. Le paternalisme médical pratiqué par House et son équipe rend peut-être les patients heureux au bout du compte mais, comme la machine à expérience, ne leur permet pas d'exercer leur autonomie. La machine à expérience, tout comme Dax, nous aide à nous souvenir que les gens pourraient mieux estimer leur capacité d'exercer leur autonomie que leur bonheur.

Espérons que la plupart des médecins ne partagent pas le point de vue de House sur ses patients, qu'il considère généralement comme des « idiots ». Toutefois, le respect de l'autonomie peut, occasionnellement, pousser un médecin à respecter une décision considérée comme « une erreur » ou un « mauvais » choix. La liberté de prendre des décisions uniquement si elles sont « correctes » ou « bonnes » n'est pas une réelle liberté, et ne permet pas au patient d'exercer son autonomie. On pourrait dire, par conséquent, que le prix de l'exercice de l'autonomie est au risque de prendre de mauvaises décisions et, comme Dax, beaucoup de gens sont prêts à payer ce prix.

Toutes ces raisons qui remettent en question le paternalisme médical dans le monde réel vont dans le sens d'une forte présomption négative. Ce serait pourtant une erreur de conclure que le paternalisme médical n'est jamais justifiable d'un point de vue éthique. Lorsque l'on aborde le paternalisme, il est important de faire la distinction entre, d'une part, les personnes totalement autonomes et capables de décider par elles-mêmes et, d'autre part, celles qui n'ont plus toutes leurs facultés de décision ou dont la capacité de réfléchir est déficiente ou diminuée[6]. Par conséquent, la position antipaternaliste de l'éthique médicale classique s'applique à des adultes autonomes, et non à des nouveau-nés ou à de jeunes enfants, ni même à des adultes handicapés mentaux ou fous. De plus, des personnes autonomes peuvent souffrir d'une diminution temporaire de cette autonomie à cause d'une maladie, d'un traitement médical, d'un accident, ou d'un événement de vie traumatisant. Une scène déjà abordée de l'épisode « À la vie, à la mort » illustre ce point. Même si House a raison de dire que Kara n'est plus « folle », il est probable que sa pensée et sa capacité de jugement soient temporairement diminuées, ce qui est une bonne raison de se demander si d'accéder à ses souhaits est bien la meilleure façon de défendre ses objectifs et ses valeurs.

En général, la défense du paternalisme médical est la plus convaincante lorsqu'il s'agit d'éviter de faire souffrir un patient, les normes de la douleur ou de ses éventuelles conséquences bénéfiques étant d'abord celles du patient plutôt que celles d'autres personnes (qu'il s'agisse de médecins ou de membres de sa famille). Il faut également prendre en compte d'autres facteurs pertinents, comme l'importance de la douleur potentielle infligée au patient, ou la probabilité que cette douleur ait lieu sans aucune intervention paternaliste ; il faut aussi savoir si la douleur attendue est imminente, s'il existe des moyens alternatifs pour la prévenir, et si les chances de réussite de l'intervention paternaliste envisagée seront suffisantes pour l'éviter. Dans certaines situations, ces critères permettent d'obtenir une réponse sans ambiguïté. Dans d'autres, cependant, il est possible que certaines personnes raisonnables ne soient pas d'accord. L'expérience de House comme patient évoquée dans « Cours magistral », et les réactions très différentes des trois étudiants en médecine symbolisent bien un cas de ce type. Qu'importe le problème, les médecins du monde réel ne pourront justifier le paternalisme médical en maintenant simplement que les patients sont des « idiots ». Déterminer si le paternalisme médical du monde réel est justifié du point de vue éthique demande une réflexion et une analyse éthique considérablement plus nuancées que ne semble vouloir le démontrer le monde fictif de *Dr. House*.

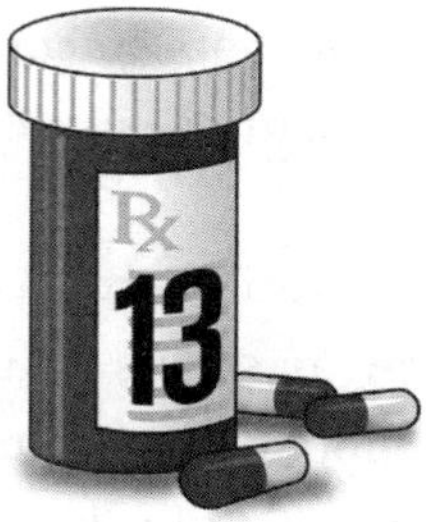

SI LA FIN NE JUSTIFIE PAS LES MOYENS, ALORS QUOI D'AUTRE ?

Catherine Sartin

House arrive heureusement (presque) toujours à trouver le bon diagnostic – en général dans les dix dernières minutes de l'épisode. L'issue d'une procédure discutable fournit soit la clef qui permet de résoudre le mystère, soit, au minimum, la preuve décisive qui lui permet d'éliminer une ou plusieurs autres hypothèses. Il est cependant tout le temps obligé de justifier sa façon de faire auprès des autres. On peut alors facilement imaginer House répondre : « Si la fin ne justifie pas les moyens, alors quoi d'autre ? »

Qu'est-ce qu'un utilitariste ?

L'approche de House, considérant que « la fin justifie les moyens », semble être liée à des considérations utilitaristes. L'utilitarisme, un concept développé par Jeremy Bentham (1748-1822) et John Stuart Mill (1806-1873), considère que l'issue d'une action, pour tous ceux sur qui elle aura des conséquences, détermine si elle est moralement bonne ou mauvaise. Ainsi, un utilitariste considérera comment une procédure que veut appliquer House peut, ou non, affecter non seulement le patient et sa famille, mais aussi les médecins, l'hôpital et les futurs patients. Les bonnes actions sont celles qui, moralement, n'ont globalement que des conséquences positives ; les mauvaises sont celles qui n'en ont presque que de négatives.

Dans de nombreux cas, cela semble être la façon dont House raisonne, puisqu'il justifie ses actions par leurs heureuses conséquences. Dans « Retour en force », par exemple, House tente de justifier une piqûre de cortisol à un patient qui ne peut plus bouger ni communiquer depuis au moins six mois. House dit à Cuddy que si son diagnostic est le bon, la piqûre de cortisol lui permettra de remarcher, de serrer son enfant dans ses bras, et d'aller danser avec sa femme ; s'il a tort, la piqûre ne lui fera aucun mal supplémentaire. House essaye clairement de défendre son choix pour ses bonnes conséquences globales potentielles.

Attardons-nous également sur le raisonnement de House dans « Insomnies ». Une femme, Hannah, a urgemment besoin d'une greffe de foie. Son amante lesbienne, Max, est compatible et volontaire pour un don. L'équipe découvre qu'avant de tomber malade, Hannah avait prévu de rompre avec Max. Les médecins se retrouvent donc face à un dilemme. S'ils le disent à Max, elle pourrait finalement ne plus vouloir faire le don et Hannah mourrait ; s'ils ne disent rien à Max, les deux femmes vivront. House considère qu'il ne faut rien dire au prétexte que deux femmes vivantes, et en bonne santé, valent mieux qu'une – même si c'est au prix d'une certaine souffrance psychologique. Là encore, House justifie ses actes en considérant qu'ils débouchent sur la meilleure issue possible.

Utilitarisme de l'acte *vs* utilitarisme de la règle

Comment faire pour estimer des conséquences ? Les « utilitaristes de l'acte » défendent l'idée selon laquelle nous devons juger l'action de chaque individu en fonction de ses conséquences spécifiques. Cela nous permet de prendre en compte les circonstances uniques de chaque acte.

Néanmoins, cela nécessite beaucoup de temps et d'efforts. Imaginez par exemple que vous deviez décider si vous achetez des poires locales, ou d'autres importées d'un pays pauvre. Les poires locales font consommer moins d'essence, n'ayant pas à voyager d'aussi loin. C'est certainement un grand avantage pour tous les habitants de la planète et pour les générations futures. Cependant, les fermiers du pays pauvre dépendent des consommateurs étrangers qui achètent leurs produits. C'est sans doute leur seul moyen de ne pas vivre dans une misère noire. C'est cela qui pourrait vous faire hésiter, une fois chez l'épicier, et essayer de savoir quoi décider. Un utilitariste de l'acte devra prendre en compte l'achat de chaque individu. Il lui faudra étudier chaque type de fruit présent sur chaque marché – sa provenance, la situation critique de ceux qui l'ont produit, etc. – pour décider quel achat aura les meilleures conséquences.

C'est la raison pour laquelle certains utilitaristes, désignés comme « utilitaristes de la règle », soutiennent que nous devons agir selon des règles, ou des principes, qui en général produisent les meilleures conséquences. Dans le cas décrit juste avant, un utilitariste de la règle ne se décidera uniquement qu'après s'être demandé si, en général, c'est la réduction des émissions de carbone ou l'aide aux paysans pauvres qui a les meilleures conséquences globales. Une fois la réponse trouvée, cette personne pourra appliquer cette règle à tous ses futurs achats de fruits. Cela nécessite également un certain travail, mais moins que celui nécessaire à l'utilitarisme de l'acte.

Le philosophe Emmanuel Kant (1724-1804) avait une théorie morale proche de l'utilitarisme de la règle. Il pensait qu'il fallait suivre des règles, mais il n'était pas concerné par les conséquences des actes. Kant considérait plutôt que c'est l'acte lui-même qui est bon ou mauvais, qu'importent ses conséquences. Kant maintenait par exemple que le mensonge est toujours mauvais, même si c'est le seul moyen de sauver quelqu'un. De la même façon, il soutenait qu'il n'est jamais juste de considérer une personne comme un moyen pour arriver à une fin. Il est normal d'aller chez le médecin pour profiter de son avis, mais pas de se servir de lui comme d'un simple outil, inférieur à un être humain.

House tend à favoriser les circonstances particulières, et raisonne plus comme un utilitariste de l'acte que comme un utilitariste de la règle. Attardons-nous sur l'épisode « Sacrifices ». Afin de sauver une future maman *et* le bébé qu'elle porte, House doit pratiquer une césarienne anticipée. Cela permettra à la mère de passer un test clinique en vue d'un traitement encourageant pour son début de cancer du poumon, son meilleur espoir pour une survie à long terme. Hélas, le test débute bien avant la date d'accouchement prévue, et le traitement blesserait ou tuerait le fœtus. D'un autre côté, une césarienne anticipée réduirait les chances de survie du bébé de 100 à 80 pour cent. House, fidèle à son mauvais caractère comme à son honnêteté, convainc la patiente d'accepter la césarienne, et de démarrer le test. Dans le même temps, il sait qu'elle ne doit pas passer ce test, la politique de l'hôpital établissant qu'aucun patient ne peut être admis à passer un test clinique avant un mois suivant une intervention chirurgicale majeure. Cette politique n'a pas seulement pour but de protéger le patient, mais également l'intégrité des résultats du test. Cela n'empêche pourtant pas House de le lui faire passer, en ne mentionnant pas son état actuel, et de programmer la césarienne (l'administration de l'hôpital a vent de son projet avant la réalisation de la césarienne, qui est annulée à la dernière minute).

House prend en considération les circonstances uniques de son cas particulier, pensant qu'une personne qui n'est pas en conformité avec toutes le normes n'invalidera pas les résultats de l'ensemble des recherches, ni ne les rendra inutiles. Le traitement sera ou non validé par le test, qu'importe la réaction du patient. De plus, il est persuadé que la césarienne n'aura aucune conséquence négative. House ne suit pas la politique courante qui, si tout le monde l'appliquait à la lettre, fournirait la meilleure issue possible pour tous les participants et les bénéficiaires potentiels du traitement. Imaginons que chaque médecin décide que cette non-conformité ne suffise pas à invalider les résultats d'une recherche. Si un grand nombre de patients sont admis par des médecins qui raisonnent de cette manière, cette désobéissance globale posera des problèmes pour le test. C'est très exactement ce que la politique évoquée est censée éviter.

Un utilitariste de la règle suivra une politique qui n'accepte aucune exception, car c'est celle qui a les meilleures conséquences lorsque tout le monde la suit. C'est également ce que ferait un kantien, l'alternative signifiant que l'on déçoit les expérimentateurs. Quand nous décevons quelqu'un, nous traitons essentiellement cette personne comme un moyen pour atteindre notre propre but ce qui, comme nous l'avons vu, est inacceptable par les kantiens.

On observe une situation similaire dans « Changement de direction ». Une jeune patiente a un besoin urgent d'une greffe de cœur. Elle devrait être totalement prioritaire, mais House découvre qu'elle souffre de boulimie. De plus, c'est cette maladie qui est la cause de son besoin urgent d'une transplantation cardiaque. Si sa boulimie est révélée, elle sera placée si bas sur la liste d'attente (si même elle y figure) qu'elle mourra sûrement avant de recevoir un cœur. Après une franche (et typique) conversation avec elle, House est convaincu qu'elle ne veut pas mourir, et qu'elle fera ce qu'il faut pour. House cache alors sa maladie au comité des transplantations (ainsi qu'à son équipe). Elle est placée en haut de la liste, reçoit un nouveau cœur, et se rétablit complètement.

House fait tout pour que les résultats de sa patiente soient les meilleurs possible. Elle a retrouvé un second souffle et est à nouveau épanouie. Personne n'a eu connaissance de sa maladie avant qu'il soit trop tard pour l'enlever de la liste ; et même à ce moment-là, il n'est pas absolument certain que House ait déjà été au courant de sa boulimie. Il est donc peu probable que le système des transplantations en souffre d'aucune manière. Les docteurs et les patients y croiront toujours, et d'autres médecins ne seront pas tentés de suivre l'exemple de la tromperie de House. C'est en partie pour cette raison que House cache à son équipe la boulimie de sa patiente. Néanmoins, il la dissimule aussi pour une raison plus pragmatique : les empêcher de prévenir l'administration de l'hôpital et le comité de transplantations. Après tout, les membres de son équipe ne raisonnent pas tous comme des utilitaristes (Cameron la dernière). Dans ce cas, le raisonnement de House est entièrement fondé sur la recherche d'un résultat précis, sans se soucier du fait qu'il puisse considérer les gens comme plus qu'un simple moyen d'y parvenir.

House n'est donc pas du tout kantien, mais plutôt un utilitariste de l'acte. Son raisonnement est entièrement fondé sur les caractéristiques particulières du cas de sa patiente.

Les meilleures conséquences possible

Malgré ses raisonnements utilitaristes, les décisions de House n'ont pas toujours les meilleures conséquences. Souvenons-nous de l'épisode « Peine de vie », dans lequel un condamné à mort est sauvé d'un empoisonnement après avoir ingéré du liquide pour photocopieuse. Pendant son séjour à l'hôpital, on lui découvre une tumeur située au-dessus de l'hypophyse, qui pourrait aider à expliquer ses accès de rage. Hélas, il y a peu de chances d'infirmer son jugement, et il est renvoyé en prison pour attendre son exécution. Souvenons-nous également de l'épisode « Dans les yeux », dans lequel un garçon autiste est sauvé d'une infection parasitaire presque fatale, pour ensuite revenir à son état d'autiste, laissant ses parents continuer à devoir diriger le moindre de ses mouvements.

House ne peut donc pas être à l'origine des meilleures conséquences envisageables dans chaque cas. La meilleure conséquence envisageable n'est pas forcément possible dans la pratique ; elle doit juste être quelque chose que l'on peut imaginer (peut-être miraculeusement) pouvoir arriver. Dans « Peine de vie » et « Dans les yeux », il s'agirait de pouvoir changer la peine du condamné et de soigner l'autisme du garçon. Cependant, en pratique, House ne peut rien faire, ni pour l'un, ni pour l'autre. On se demande alors s'il est à l'origine des meilleures conséquences possible.

Dans le cas du prisonnier, nous devons nous demander si une vie prolongée (même en restant incarcéré) est une meilleure conséquence qu'une mort immédiate. On pourrait penser que si le prisonnier continuait à vivre, il aurait la possibilité de faire appel de sa condamnation et avoir droit à un sursis. Mais, comme le fait remarquer Foreman, il y a peu de chances que cela puisse arriver. On pourrait aussi se dire que c'est mieux, car cela lui permet de mourir dans de meilleures conditions. S'ils avaient refusé de le soigner, sa mort aurait été plus douloureuse. De plus, parce que la tumeur n'aurait pas été décelée, il n'aurait jamais pu comprendre son propre comportement. Bien sûr, le prix à payer pour cette mort moins douloureuse est une souffrance psychologique plus forte durant les jours qui précèdent l'exécution. Au bout du compte, en ce qui le concerne, il n'est pas certain que la meilleure issue possible ait été trouvée. Souvenons-nous, cependant, que le prisonnier n'est pas la seule personne à prendre en considération. Empêcher son suicide est probablement la meilleure issue possible pour ceux qui l'ont à leur charge dans la prison. C'est peut-être aussi le cas pour ceux qui sont personnellement concernés par ses crimes. Quand la tumeur est décelée, ils le découvrent sous un nouveau jour, tout comme il le fait pour lui-même. Cela peut éventuellement les aider à répondre à certaines de leurs questions (comme « Comment cela a-t-il pu arriver ? »), et à mieux faire leur deuil.

House pense que la meilleure issue possible a été trouvée. Il accorde une grande valeur à la vie, du moins à celle où la personne est consciente, connaît son environnement, etc. Il soutient que même si l'on doit vivre avec une grande souffrance, il vaut mieux rester en vie. House lui-même souffre d'une douleur constante, tenace, mais ne montre jamais le visage de quelqu'un qui envisagerait de se suicider. Cette attitude envers la vie est également souvent illustrée, dans la série, dans ses rapports avec les patients. House s'oppose fermement à une euthanasie, par exemple, quand il y a une chance de traitement ou de guérison. Dans l'épisode « Marché conclu », un vieux chercheur veut que House l'aide à mourir. Tout le monde est d'accord pour dire que l'homme souffre, et tout le monde (sauf House) considère qu'il est proche de la mort. Ce n'est que lorsque House conclut que l'homme ne peut en effet être aidé, et que sa mort (douloureuse) est imminente, qu'il accepte de l'aider à finir sa vie. Avant de prendre cette décision, House trompe le chercheur et fait des analyses contre sa volonté. Les autres, dont Cameron et Chase, n'ont pas le même point de vue sur la vie. Ils pensent qu'il est parfois plus raisonnable de préférer la mort à une douleur constante et tenace.

Dans le cas du garçon autiste de l'épisode « Dans les yeux », il est encore plus clair que nous devons également prendre en compte, dans l'issue, d'autres personnes que l'unique patient. Il est pratiquement impossible de savoir ce que c'est que de vivre sa forme d'autisme. Néanmoins, on peut raisonnablement supposer que même une vie comme celle-ci est préférable à la mort. La véritable difficulté est de déterminer ce qu'il y a de mieux pour ses parents. S'il devait mourir, cela leur causerait très certainement un immense chagrin. D'un autre côté, cela leur permettrait d'avancer dans leur vie. S'il devait survivre (ce qui est le cas), cela signifierait qu'ils doivent soit continuer à mettre leur vie de côté pour s'occuper de lui en permanence, soit le placer dans une institution spécialisée. C'est d'autant plus difficile de prendre soin de lui qu'il ne ressent aucun attachement émotionnel pour qui que ce soit. Ses parents ne reçoivent aucune sorte d'amour ou même d'attachement en retour de leurs efforts. Cela ébranle sérieusement leurs forces. S'ils le placent dans une institution, cela leur enlèvera une grande pression, mais ce sera aussi la source de beaucoup d'angoisse.

House semble penser que cela aurait été mieux pour tout le monde si le garçon était mort. Il considère que la douleur par laquelle passent les parents dépasse tout plaisir éventuel qu'a le garçon à être en vie. Il faut également mentionner que House ne croit pas que le garçon ait une réelle vie mentale intérieure, et par conséquent, il se peut qu'il ne tire aucun plaisir à rester vivant. Cela correspond bien avec son point de vue général sur la vie. Observons la façon dont il raisonne dans « L'enfant miroir ». House ne pense pas que l'on doive prendre en compte la vie du fœtus (il refuse de l'appeler un bébé) au moment de décider ce qui doit être fait. Il ne considère pas sa vie comme valable, tout comme il ne considère pas la vie du garçon autiste comme valable. Cela ne veut pas dire pour autant qu'il soutienne activement qu'il faille tuer le garçon. Il pense juste que la meilleure issue possible n'a pas été atteinte. Comme souvent, Wilson pense le contraire. Il considère que la mort du garçon serait émotionnellement encore plus dure à supporter pour les parents que la vie qu'il mène actuellement.

Dans ces cas particuliers, et sans doute dans d'autres, les décisions de House n'ont (peut-être) pas les meilleures conséquences possible – même s'il y arrive dans la majorité des cas. Comme Cuddy le dit à un Tritter sceptique dans la saison trois : « Il sauve beaucoup plus de vies qu'il n'en perd. »

Le Dr. House est-il moralement bon ?

Cela intéresse-t-il vraiment House de proposer la meilleure issue possible à tous ceux qui sont impliqués dans un cas ? Peut-être pas. La raison principale pour laquelle House invoque les conséquences bénéfiques d'une action donnée, est qu'il sait que cela satisfera la personne qui lui demande de la justifier. House essayera rapidement et efficacement d'écarter et de bloquer tous les obstacles qu'il trouve sur son chemin. Si Cuddy évoque l'aspect financier, House justifiera ses actions en démontrant comment elles permettront, à long terme, d'économiser de l'argent. Si Wilson évoque les avancées de la connaissance médicale, House expliquera comment ses actions fourniront de nouvelles données. Il semble que ce qui intéresse avant tout House est de résoudre l'énigme (c'est-à-dire de trouver le bon diagnostic). Il est secondaire que cette recherche soit presque toujours bénéfique pour le patient.

Les utilitaristes pensent qu'une personne moralement bonne est quelqu'un qui recherche toujours globalement les meilleures conséquences possible. Bien qu'il arrive à House de se tromper ou d'agir pour des raisons égoïstes, ses actes vont généralement dans ce sens. Faire une ou deux erreurs n'empêche pas quelqu'un d'être moralement bon. Même les meilleurs d'entre nous, Mère Teresa ou Gandhi, par exemple, ne sont pas à l'abri d'un éventuel mauvais comportement moral. Par contre, ne pas agir la majorité du temps pour de bonnes raisons et avec de bonnes intentions empêcherait sans doute quelqu'un de pouvoir être considéré comme moralement bon. De nombreux utilitaristes défendent l'idée qu'une bonne personne ne doit pas seulement prendre la bonne décision, mais qu'il faut aussi que ce soit pour les bonnes raisons, et avec de bonnes intentions.

Au premier abord, il semble que House ne cherche à aider le patient que dans le but de résoudre son énigme. Ce n'est donc pas la bonne raison pour vouloir aider le patient, même si l'aider est la bonne chose à faire. Dans l'épisode « De pièces en pièces », la victime d'un viol arrive à la clinique, et House vient la voir. Il n'y a aucune énigme à résoudre. S'il n'y avait que cela qui intéressait House, il n'aurait pas pris la peine de la voir, et serait passé au cas suivant. Au début, d'ailleurs, il essaye de le donner à quelqu'un d'autre, mais seulement parce qu'il considère ne pas être celui qui peut lui parler, et non parce qu'il ne le veut pas. La patiente refuse de parler à qui que ce soit d'autre, et après avoir avalé des cachets pour que House revienne la voir, ce dernier accepte. Non seulement il lui parle, mais il essaye de l'aider. On lui a dit qu'elle avait besoin de raconter ce qui lui était arrivé, et il l'encourage à le faire. Lorsqu'elle tente de diriger la conversation vers autre chose que le viol, il ne semble plus savoir quoi faire. Lorsqu'il n'est pas certain de pouvoir répondre à l'une de ses questions, il la met temporairement de côté afin de pouvoir demander conseil aux autres. Régulièrement, au lieu de ne plus revenir, il continue à essayer de l'aider. Elle finit par réussir à parler du viol. Tout le monde semble satisfait qu'elle parle enfin de ce qui lui est arrivé, mais House n'aime pas l'idée que pour l'aider, il ait dû la faire pleurer et revivre son cauchemar.

C'est le seul exemple où il essaye d'aider une patiente, sans avoir aussi un cas à élucider. C'est néanmoins suffisant pour que l'on prenne le temps de s'y attarder. Peut-être ne devrions-nous pas le juger trop hâtivement comme étant quelqu'un de moralement mauvais. Peut-être agit-il pour de bonnes raisons, malgré toutes les apparences (superficielles) qui sont contre lui. Seul House le sait vraiment.

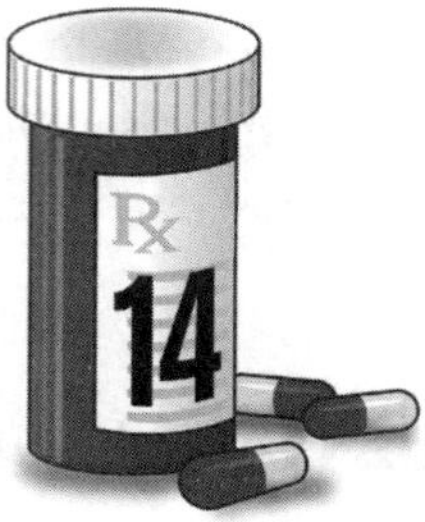

DR. HOUSE *VS* INSPECTEUR TRITTER : LE CLASH DES AUTORITÉS THÉORIQUE ET PRATIQUE

Kenneth Ehrenberg

Dans le cinquième épisode de la saison trois, « L'amour de sa vie », on nous présente un nouveau personnage, Michael Tritter, qui jouera un rôle de plus en plus important tout au long de la saison, bien que dans le cadre d'une intrigue secondaire. Tritter se rend à l'hôpital pour un traitement contre une éruption à l'aine, que House attribue à une déshydratation due à une consommation de chewing-gums à la nicotine (ce qui, rétrospectivement, fait sourire, lorsqu'on sait comment Tritter va bientôt persécuter House pour son addiction à la Vicodin). Tritter et House se disputent lorsque ce dernier refuse de lui faire passer des analyses pour son éruption. Tritter réagit en donnant un coup de pied dans la canne de House. Celui-ci revient vers Tritter en disant avoir « oublié » de lui retirer un thermomètre rectal. Plus loin dans l'épisode, Cuddy convoque House dans son bureau, où l'attend Tritter pour des excuses. Lorsque House refuse, Tritter déclare que cela ne l'étonne pas, et qu'il cherche avant tout à humilier House (tout comme House l'a humilié). À la fin de l'épisode, House est contraint de garer sa moto sur le côté, et est arrêté pour possession de stupéfiants sans ordonnance. On découvre alors que Tritter est inspecteur de police.

En en apprenant plus sur Tritter au cours des quelques épisodes suivants, on note à quel point lui et House se ressemblent (jusqu'à prononcer la même célèbre phrase « Tout le monde ment »). Cette similitude attire notre attention sur une autre, philosophique, entre les deux formes d'autorité que représentent House et Tritter.

Deux types d'autorité

Depuis l'enfance, nous connaissons deux types d'autorité. La première apparaît lorsque quelqu'un nous dit que nous devons le croire, ou suivre ses conseils, parce qu'il en sait plus que nous sur un sujet donné. C'est une forme d'autorité que l'on peut observer à la télévision, dans les émissions d'informations, ou dans une cour de justice, lorsqu'on fait appel à un expert. L'autre forme d'autorité est celle qui nous demande d'obéir à ce qu'on nous dit, simplement parce que la personne qui nous parle est, d'une certaine façon, habilitée à avoir du pouvoir sur nous. C'est le type d'autorité invoquée par un officier de police lorsqu'il nous dit de « circuler ». Les parents de jeunes enfants sont une combinaison particulière de ces deux types d'autorité.

House représente l'autorité absolue en matière de diagnostics médicaux. Il symbolise ainsi une forme d'autorité que les philosophes nomment « autorité théorique ». Dans le cas de House, le terme est particulièrement approprié. Les membres de son équipe l'aident à établir des diagnostics difficiles en proposant leurs propres théories sur ce qui ne va pas chez un patient. Mais c'est toujours House qui choisit lesquelles valent la peine d'être testées, et lesquelles sont fausses. Il représente une autorité théorique dans le sens où il est en position de décider quelles théories sont justes ou fausses. Son autorité repose sur le fait que nous avons de bonnes raisons de le croire quand il nous explique ce qui ne va pas chez nous.

Tritter, qui semble ne posséder aucune connaissance particulière (pas même dans le domaine légal, comme on le découvre plus tard), représente une pure forme de l'autre type d'autorité, celle que les philosophes appellent « autorité pratique ». C'est une autorité pratique dans le sens où elle prétend contrôler nos décisions sur ce que nous devons faire, et sur notre façon d'agir. Lorsque Tritter dit à House de se garer, il ne doit le faire que parce que c'est un policier qui le lui demande. Il faut également noter que cette autorité est souvent accompagnée d'une menace, réelle ou supposée, d'un genre ou d'un autre. Si on ne se gare pas, on est arrêté et envoyé en prison. La menace d'une punition n'est pas strictement nécessaire dans tous les cas d'autorité pratique. Néanmoins, c'est celle que l'on peut le plus souvent observer : autorité légale, autorité parentale, autorité sur notre lieu de travail (où nous sommes censés faire ce que nous demande notre patron juste parce qu'il nous l'a demandé, sinon on est renvoyé).

Alors que l'autorité pratique essaye en fait de nous pousser à faire quelque chose, il semble que les menaces sont obligatoires quand nous ne faisons pas ce qu'on nous demande, particulièrement parce qu'on nous demande souvent de faire des choses qui vont contre notre intérêt, ou que, simplement, nous ne voulons pas faire. D'un autre côté, lorsqu'une autorité théorique nous donne un conseil, nous sommes mieux informés, et en général dans notre propre intérêt (même si ce n'est que parce que c'est souvent dans notre intérêt de croire la vérité). L'autorité théorique nous dit ce qui est juste, et ce qu'il faut croire : si nous n'écoutons pas, on ne peut que s'en prendre à soi-même.

Les patients font ce que leur médecin leur dit de faire, car ils savent que l'ordre qu'il leur donne les aidera à aller mieux. Mais les gens ont aussi des attentes sur la quantité d'informations dont un médecin a besoin avant d'arriver à une conclusion sur l'état du patient. C'est ce qui rend la vie de House si frustrante (et l'une des raisons, en plus du fait que cela l'ennuie profondément, de tellement détester les simples consultations). Au fond, les patients ne réalisent pas l'immense importance de l'autorité théorique de House, due à sa grande expérience. Il n'a pas besoin de tests pour l'éruption de Tritter car il sait déjà ce que c'est et comment le soigner. Pourtant, comme beaucoup d'autres patients, Tritter ne croit pas que House soit si bon, et qu'il puisse diagnostiquer l'éruption sans avoir besoin de recourir aux tests. Sa méfiance est renforcée par le comportement acerbe de House à son égard. Les patients y réagissent en pensant que c'est l'arrogance de House qui lui fait croire qu'il sait ce qui ne va pas, et non son expérience (en l'occurrence, la personnalité de House a un effet négatif sur sa crédibilité, l'obligeant à en faire plus pour convaincre ses patients de la justesse de son jugement). Lorsqu'il s'agit de l'autorité théorique, à l'arrivée, ce sont toujours les plus importantes connaissances et expériences de cette autorité qui nous donnent une raison incontournable d'écouter, d'être d'accord et de suivre les conseils.

Une figure de l'autorité pratique comme Tritter, cependant, se trouve dans une situation légèrement différente. Certes, il a toujours en réserve une quelconque menace (comme la prison) pour affirmer ses ordres ; mais cela ne peut être suffisant pour les justifier. Comme le faisait remarquer l'influent philosophe légaliste du vingtième siècle H.L.A. Hart[1], si la seule justification proposée pour l'autorité pratique est la menace d'emprisonnement, la loi serait l'équivalent d'une agression dans la rue. Hart répondait là au philosophe légaliste du dix-neuvième siècle John Austin, qui considérait que les lois sont simplement des ordres soutenus par la menace de la force[2]. Hart fit remarquer que lorsqu'un agresseur pointe un revolver sur vous et dit « La bourse ou la vie », on pense généralement qu'il n'y a aucune obligation à donner son argent ; on y est juste forcé. Pour le dire autrement, si vous pouvez vous sauver en gardant l'argent et la vie, tout le monde pensera qu'il faut vous féliciter (d'autres vous reprocheront peut-être d'avoir pris des risques). Mais on ne pense généralement pas qu'il faille féliciter quelqu'un qui se sauve après avoir enfreint la loi (sauf à penser que la loi est injuste, ou si l'on est de mèche avec le hors-la-loi). Il faut donc trouver autre chose pour justifier la prétention de la loi à représenter une autorité pratique.

Autorité et service

C'est là qu'intervient le philosophe contemporain Joseph Raz, et sa conception de « service » que peut revêtir l'autorité[3]. Il suggère que la loi, ou toute autre autorité pratique, se justifie lorsqu'elle conduit les gens, qui sont considérés comme y étant sujets, à s'améliorer en suivant les raisons qui s'appliquent déjà à eux-mêmes, mais qu'ils ne pourraient déterminer seuls. En d'autres termes, l'autorité pratique est justifiée lorsque notre comportement s'améliore en y étant attentif, plutôt qu'en essayant de tout comprendre seul. Plus généralement, l'idée est que nous obtenons de meilleurs résultats si nous avons le genre de vie que nous désirons, ou devrions mener (faire les bons choix, éviter la douleur, rechercher la réussite, etc.) en suivant les règles de l'autorité pratique. Le cas des parents est très parlant. Les enfants étant plutôt moins conscients des raisons de ce qu'on leur demande (comment bien se conduire, comment éviter de se faire mal, etc.) que la plupart des adultes, l'autorité pratique des parents à diriger le comportement des enfants est généralement justifiée.

L'un des aspects importants, quoique souvent sous-estimé, de la conception de service de l'autorité selon Raz, est qu'au bout du compte, elle fonde l'autorité pratique sur une certaine forme d'autorité théorique. Si ce que la loi prétend sur l'autorité pratique est justifié (et il s'agit d'un grand « si »), c'est surtout parce que les autorités légales (dont les officiers de police) sont les mieux placées pour harmoniser le comportement des gens, en tant que coordinateurs du comportement social.

Lorsque le policier vous dit de circuler, ou de ne pas tourner à droite, son autorité est fondée sur de meilleures informations concernant les rues bloquées ou les embouteillages. Le but des agents de la circulation est de la coordonner de la façon la plus efficace, en se plaçant à des endroits stratégiques. Cela vous permet, du coup, soit d'arriver plus vite à votre destination que si vous aviez pris la route de votre choix, soit de faire un petit sacrifice sur votre temps afin que la majorité des gens puissent atteindre leur destination le plus vite possible. Dans le deuxième cas, on pourrait dire qu'il y a une raison morale à faire ce sacrifice, mais sans le policier pour vous dire où aller, vous ne sauriez pas comment le faire. Ainsi, d'après Raz, l'autorité légale est justifiée, au moins en partie, lorsqu'elle est constituée d'« experts » qui savent ce que les gens ont de bonnes raisons de faire, en particulier quand ils ne peuvent le deviner par eux-mêmes.

Un problème

Le problème de cette conception de l'autorité apparaît lorsque certains individus sont de meilleurs experts que les autorités officielles. Si l'autorité pratique est, au bout du compte, justifiée par l'appel à un certain type d'autorité théorique, alors cette autorité pratique perd toute justification face à une autorité théorique supérieure.

On pourrait penser que Tritter n'est qu'un flic vindicatif juste là pour se venger et que, par conséquent, une autorité du simple fait de sa position n'est pas justifiée. Mais les choses sont un peu plus complexes que cela. Tritter dit qu'il en a après House car il pense qu'un médecin accro à la drogue comme lui pourrait finir par être néfaste pour ses patients. Fondamentalement, Tritter considère que la façon dont il applique la loi est autant pour le bien de House que pour celui des patients : House, car cela lui permettrait de se désintoxiquer, et les patients, car ils pourraient être mis en danger à cause de l'addiction du médecin. De ce point de vue, la loi est sans doute écrite dans le but que les gens respectent mieux les raisons qui s'appliquent déjà à eux-mêmes. Un médecin dans le cas de House aurait là une bonne raison d'arrêter de soigner les patients. Ces derniers en auraient une tout aussi bonne de ne pas accepter d'être soigné par un médecin comme lui.

Ce dont ne tiennent compte ni Tritter, ni cette analyse, sont les compétences presque surnaturelles de House, et sans doute aussi la spécificité de son champ d'action. Les gens viennent le voir quand ils n'arrivent pas à obtenir de diagnostic convaincant de la part des autres médecins. Les capacités de House de diagnostiquer des cas difficiles dépassent son addiction à la Vicodin. La démonstration en est faite dès l'épisode « À bout de nerfs » de la première saison, quand House parie avec Cuddy qu'il peut tenir une semaine sans Vicodin, pour prouver qu'il n'est pas accro. C'est à ce moment-là qu'il lui dit : « Les cachets ne me font pas planer, ils me rendent neutre. » Il gagne son pari, mais avoue tout de même à Wilson qu'il est bien accro, expliquant que les cachets lui enlèvent la douleur, et lui permettent de faire son travail. Sa capacité de sauver des vies suffit à justifier le refus du raisonnement habituel concernant l'intérêt de patients qui se retrouvent face à un médecin dépendant d'une drogue. C'est pourquoi la propre autorité théorique de House fragilise la justification de l'autorité pratique de Tritter, démontrant la tension intrinsèque qui existe entre ces deux types d'autorité.

Il y a cependant une similitude dans la relation que chacune de ces autorités exerce sur ceux qui dépendent de leur pouvoir. Comparés à House, les patients sont une bande d'ignorants. Comparés à Tritter, les gens n'ont aucun pouvoir et, de plus, n'ont aucune conscience de ce qui est leur meilleur intérêt lorsqu'ils se mettent la loi à dos. Le refrain que partagent House et Tritter ne peut, à cet égard, être plus clair : « Tout le monde ment. » Les gens mentent aux deux types d'autorité car ils ne savent rien. En général, les gens mentent quand ils pensent que cela protège leurs intérêts.

Quand ils se retrouvent confrontés à une autorité théorique comme House, ils ne comprennent pas que pour lui, trouver le bon diagnostic nécessite d'en savoir le maximum sur eux et sur leurs symptômes. Ils ne réalisent pas que c'est dans leur meilleur intérêt de lui dire (toute) la vérité, et pensent que ce qu'ils ne disent pas, ou trop vaguement, ne peut pas avoir tant d'importance que cela. Dans l'épisode « Devine qui vient dîner ? », le père d'un patient dit à House et à son équipe qu'il dirige une société de construction, imaginant que cela permettra à son fils d'avoir droit à un meilleur traitement que s'il disait la vérité, à savoir qu'il est propriétaire d'une décharge. Ce n'est qu'après avoir appris la vérité que House peut résoudre ce cas (en comprenant que le patient a été empoisonné par des radiations) – trop tard, hélas, pour le fils de cet homme. Il est évident que ce genre de comportement serait très frustrant pour une autorité théorique voulant agir dans l'intérêt du patient. La personne à qui, dans son intérêt, l'autorité donne des conseils, est précisément celle qui affaiblit la capacité de celle-ci de le faire.

Nous sommes habitués à des situations analogues avec les autorités légales dans le cadre d'un grand nombre de séries policières. Les gens mentent à la police en pensant que cela protégera leur vie privée ou cachent des actions illicites mineures. Ils ne comprennent pas qu'en agissant ainsi, une fois le mensonge dévoilé, ils deviennent encore plus suspects. Même quand le vrai coupable d'un crime sérieux ment, puis que sa culpabilité est découverte, le fait qu'il ait tenté de cacher son crime est en général exploité, par le procureur, comme une raison pour aggraver sa peine.

À mesure que la saison avance, Tritter augmente la pression sur Wilson et l'équipe pour trouver des preuves contre House. Après avoir trouvé que les prescriptions de Vicodin viennent de l'ordonnancier de Wilson, Tritter bloque le compte en banque de ce dernier, et suspend son droit à rédiger des ordonnances. Tritter essaye ensuite de soudoyer Foreman en proposant de soutenir une demande de liberté conditionnelle et une libération anticipée pour son frère emprisonné. Il cherche à manipuler Chase en lui demandant d'espionner House, lui rappelant qu'il l'a déjà fait auparavant (dans la première saison, pour Vogler, le directeur de l'hôpital), et considérant que House supposera que c'est de toute façon ce qu'il fait déjà. Du point de vue de Tritter, cette façon de faire est légalement justifiée afin d'obtenir les renseignements nécessaires afin de poursuivre House, et ainsi assurer la sécurité publique. L'autorité pratique étant supposée agir pour le bien public, cela justifie d'autant plus le sacrifice de l'intérêt des individus à la faveur de ce bien majeur. Plus le risque d'attenter au bien public est grand, plus l'autorité pratique doit est prête à sacrifier les intérêts des individus.

Dans le cas de Wilson, il est obligé d'aller jusqu'à sacrifier les intérêts de ses patients. C'est dans l'épisode « Jeux d'enfants » qu'on lui retire la possibilité de rédiger des ordonnances, et il demande à Cameron de le faire pour lui. Cameron accepte, si elle a la possibilité d'être désormais présente lorsqu'il rend visite à ses patients, puisque Tritter épie tout le monde. La présence de Cameron rend les patients méfiants envers Wilson. Ils se demandent si c'est parce qu'il a fait des erreurs dans ses prescriptions. À la fin de l'épisode, Wilson décide de totalement cesser son activité.

Néanmoins, en conclusion de cette intrigue secondaire (qui a lieu dans l'épisode « Cœurs brisés »), le juge reproche à Tritter les moyens employés pour chercher à tout prix à coincer House. Il y a une différence entre la loi, et ceux qui sont en charge de la faire appliquer. Le juge a surtout compris que la vendetta de Tritter, et les méthodes employées pour poursuivre House, n'étaient ni dans l'intérêt public, ni un exercice justifié d'autorité pratique. On pourrait dire, en d'autres termes, que la façon d'agir de Tritter a dépassé le cadre de ses fonctions. Il est rare de voir des policiers en civil se livrer à des contrôles d'alcoolémie au volant. Un inspecteur peut avoir une certaine marge de manœuvre pour protéger l'intérêt public, mais il est soumis à l'autorité du juge, sans doute mieux placé pour décider de ce qui dépend réellement de l'intérêt public, et par quels moyens celui-ci doit être préservé.
La scène dans la salle d'audience met aussi en lumière la tension entre les autorités pratiques et théoriques. Cuddy fait une fausse déclaration pour empêcher que House soit condamné pour possession de drogue et envoyé en prison. Il semble pourtant assez clair que la juge suspecte Cuddy de mentir (elle fait d'ailleurs un commentaire sur les très bons amis de House, espérant qu'il les mérite). Normalement, si un juge pense que quelqu'un a fait un faux témoignage, il peut menacer cette personne d'une peine de prison jusqu'à ce qu'elle finisse par dire la vérité, auquel cas ce témoin peut malgré tout être poursuivi pour parjure. Cependant, il est clair pour Cuddy (et sans doute aussi pour la juge) que les compétences médicales extraordinaires de House (son autorité théorique) justifient que l'on dépasse les règles habituelles (l'autorité pratique de la loi). Ainsi, à la fin, si cette interprétation est la bonne, la loi elle-même reconnaît une exception à son autorité – son autorité pratique passant après une plus grande autorité théorique. Il faut néanmoins que ces exceptions soient très encadrées, sous peine de saper l'autorité de la loi dans son ensemble. C'est pourquoi la loi accepte cette exception en y joignant une mise en garde, exprimée à haute voix par la juge : « Les règles et les lois s'appliquent à tous. Vous n'êtes pas aussi différent que vous le pensez. »[4]

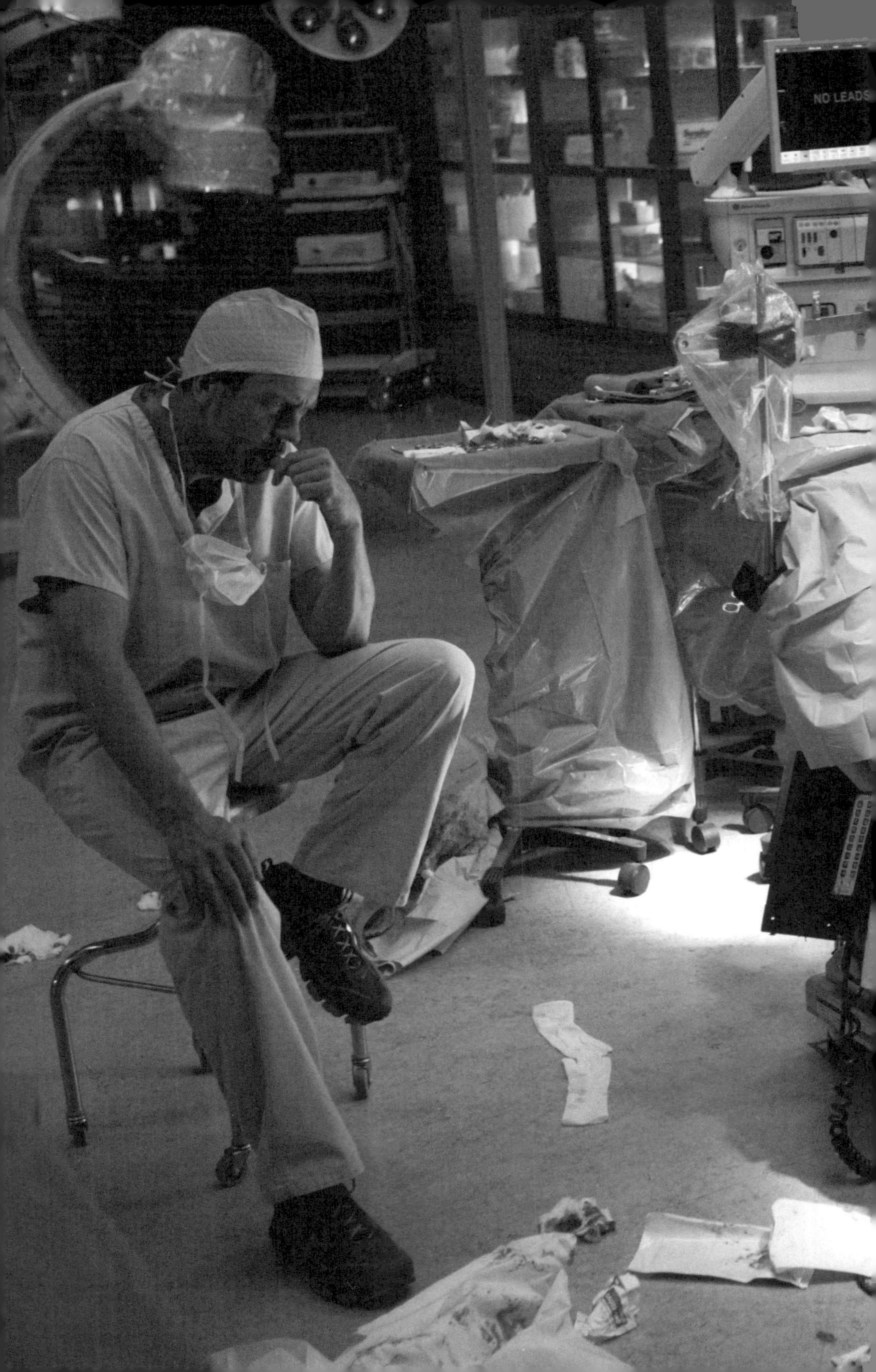
NO LEADS

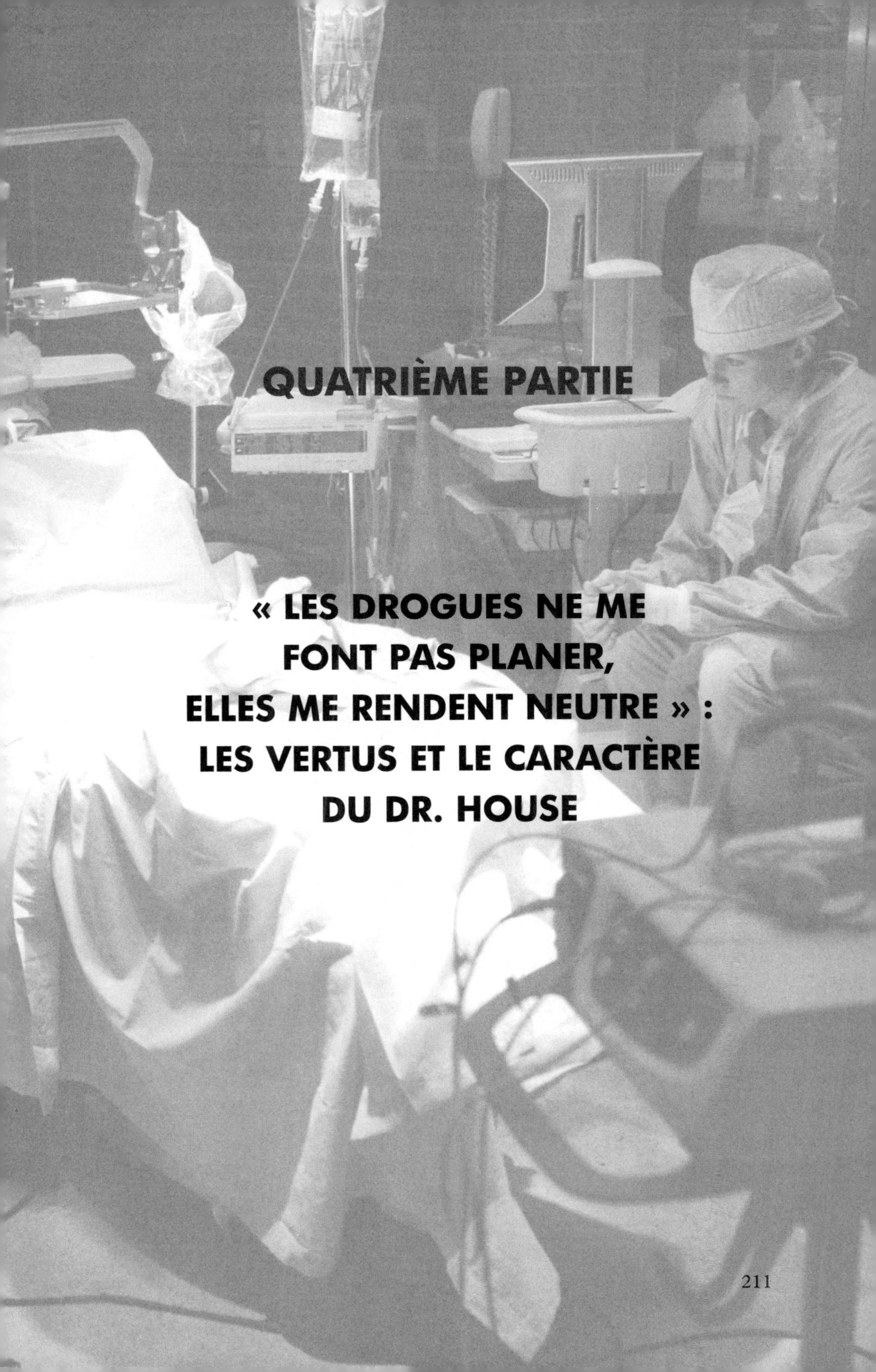

QUATRIÈME PARTIE

« LES DROGUES NE ME FONT PAS PLANER, ELLES ME RENDENT NEUTRE » : LES VERTUS ET LE CARACTÈRE DU DR. HOUSE

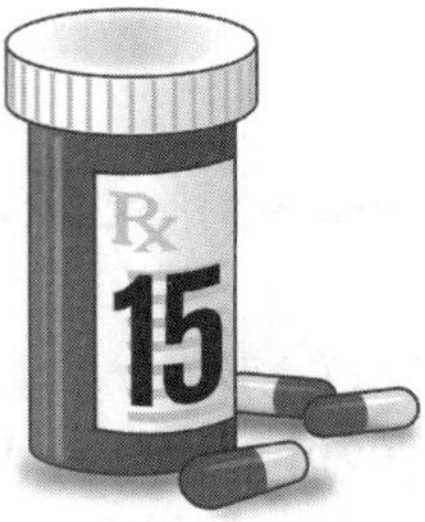

DR. HOUSE ET LA VERTU DE L'EXCENTRICITÉ

John R. Fitzpatrick

Il n'est pas surprenant que *Dr. House* compte de nombreux fans dévoués. Après tout, les séries médicales sont un produit courant de la télévision, et ont toujours eu du succès auprès des téléspectateurs comme des critiques. En plus de *Grey's Anatomy*, on se souvient aussi des succès pas si anciens de *Chicago Hope* et d'*Urgences*, deux séries qui débutèrent en 1994, avec le Dr. Jack McNeil et le Dr. Doug Ross. Cependant, contrairement à ses prédécesseurs, le Dr. Gregory House n'est pas un solitaire aimable, et ses faiblesses ne sont pas de petits défauts. Pour utiliser une analogie médicale, House est comme McNeil ou Ross sous stéroïdes. Ainsi, le fait que les fans de *Dr. House* apprécient cet ours mal léché est au départ plutôt surprenant. Pourquoi les téléspectateurs apprécieraient-ils un personnage de fiction que nous n'aimerions sans doute pas dans la vraie vie ? Une partie de la réponse réside dans le fait que nous aimons beaucoup l'excentricité chez les personnages de fiction, même si l'on trouverait cela un peu trop envahissant dans la réalité. Mais une réponse plus complète doit élucider pourquoi, en général, nous trouvons des qualités à ces excentriques. L'excentricité en elle-même peut-elle être une vertu ? Je le pense, et en étudiant plusieurs philosophes excentriques, ainsi que le travail du philosophe du dix-neuvième siècle John Stuart Mill, nous découvrirons que cela n'est que peu surprenant.

Thoreau et l'excentricité

Henry David Thoreau (1817-1862) est d'abord connu pour *Walden ou la Vie dans les bois*, qui au premier abord est la description de deux années de sa vie vécues isolé, à Walden Pond. C'est aussi, à un autre niveau de lecture, une argumentation fascinante considérant que la vie humaine la plus rationnelle est une vie simple en harmonie avec la nature. À cet égard, Thoreau anticipe une grande partie du mouvement environnemental moderne, et l'importance accordée au développement durable. Au-delà de *Walden*, les travaux de Thoreau constituent plus de vingt ouvrages, dont des textes sur ses positions abolitionnistes contre l'esclavage, ou sur ses convictions d'un devoir de protestation non violente contre les lois que l'on trouve injustes. Son approche non violente de la désobéissance civile frappa l'imagination de beaucoup, et fut une influence majeure sur Mahatma Gandhi et Martin Luther King Jr. Thoreau a néanmoins aussi écrit pour défendre John Brown et ses actions violentes, qui seraient aujourd'hui considérées par beaucoup comme du terrorisme.

House, bien qu'il ne se coupe pas du monde à Walden Pond, a choisi de mener une vie socialement isolée. En soi, ce n'est pas très intéressant. Mais comme Thoreau, House semble le faire pour une raison bien précise. Cela lui permet de respecter son propre rythme. Alors que sa façon de refuser de suivre les procédures normales, et les règles habituelles du soin médical, nous frappe souvent comme étant plus de l'insubordination que de la désobéissance civile, il lui arrive parfois aussi de volontairement se mettre en danger par principe.

Dans l'épisode « Vivre ou laisser mourir », par exemple, il outrepasse une demande d'IVV (interruption volontaire de la vie). Normalement, telle que la médecine se pratique dans notre société, un patient en pleine possession de ses moyens a un droit presque absolu de refuser un traitement médical. Ainsi, un patient qui ne souhaite pas bénéficier de mesures extraordinaires, ou interventionnistes, afin de prolonger sa vie, peut demander une IVV – un document officiel stipulant que les médecins « ne ressuscitent pas » le patient (ndt : « DNR », en anglais, « Do Not Resuscitate »). House ne respecte pas cet ordre car il croit que le patient a bénéficié d'un diagnostic erroné de la part d'un précédent médecin, et que si le patient savait vraiment quel était son état de santé, il ne refuserait pas un traitement pour lui sauver la vie. On pourrait être tenté de s'élever contre la décision de House. Après tout, cela voudrait dire qu'il n'y aurait plus, en pratique, aucun droit de refuser un traitement si l'avis d'un patient peut être rejeté à chaque fois qu'un médecin, ou toute autre autorité décisionnaire, considère que ce patient ne comprend pas totalement sa situation. Mais la volonté de House de faire face aux accusations de crime et de risquer de perdre son droit d'exercer en fait un authentique cas de désobéissance civile. Si les événements venaient à tourner à son désavantage, son statut ne suffirait plus à le protéger.

Diogène et l'excentricité

Diogène de Sinope (404-323 av. J.-C.) était le plus célèbre des cyniques. Il ne croyait pas à l'écrit, et s'il a écrit quoi que ce soit, rien n'a survécu. Il était néanmoins suffisamment influent pour que d'autres notent sa vie et ses points de vue. La philosophie de Diogène mettait l'accent sur la vie éthique, une vie à mener comme la nature nous pousse à le faire. Ainsi, la vie conventionnelle d'Athènes était beaucoup trop superficielle, et les politesses de la société civile d'une trop grande mauvaise foi. Diogène considérait que l'image publique d'une personne devait être la même que son image privée – en d'autres termes, ce que l'on dit et fait en privé doit être identique à ce que l'on dit et fait en public. Comme plus tard les stoïciens, il considérait que les biens matériels n'étaient pas favorables au bonheur humain. En réalité, ils pouvaient même constituer un obstacle. Par conséquent, Diogène vivait simplement, sans biens matériels symboles des règles des conventions sociales. Il a été dit qu'il déféquait et se masturbait en public – même House n'est pas (encore...) allé aussi loin. Lorsqu'on lui rapporta la définition de l'homme par Platon, « un bipède déplumé », on raconte que Diogène pluma un poulet et déclara : « Regarde ça, homme de Platon ! » Cela fait beaucoup penser à House. On connaît sans doute surtout Diogène pour ses pérégrinations dans les rues, de jour, tenant une torche allumée, ou une lanterne, « à la recherche d'un homme honnête ». Nous connaissons tous ces hommes politiques modernes qui prêchent des valeurs familiales en public mais qui, en privé, divorcent, abandonnent leurs enfants ou fréquentent des prostituées. Pour Diogène, il faut agir pour pouvoir parler ; ce n'est qu'en « agissant par la parole » que l'on peut vivre de façon éthique et heureuse.

House fait montre d'un mépris similaire pour l'hypocrisie. Avalant effrontément sa Vicodin en public, il ne fait rien pour cacher à ses collègues sa consommation de drogue. Il a l'habitude de dire aux autres exactement ce qu'il pense et ce qu'il ressent. Bien sûr, la moralité conventionnelle nous pousse à être polis, mais la politesse n'est pas toujours l'honnêteté. Or la vérité est cruciale pour House, qui dénonce l'hypocrisie et la mauvaise foi de ses patients et des autres en répétant son refrain « Tout le monde ment ». Il faut refaire les tests car ils ne sont pas toujours fiables, et certaines personnes font des erreurs. Lorsque ces analyses sont assistées par ordinateur, cela peut aider, mais parfois aussi masquer ce qui serait flagrant à l'œil nu. La sagesse populaire est souvent juste, mais l'on fait appel à House lorsqu'elle se trompe.

Socrate et l'excentricité

Socrate (469-399 av. J.-C.) est l'un des philosophes les plus excentriques, influents et importants de tous les temps. Comme Diogène, Socrate n'avait aucune confiance en la parole écrite et, là encore, s'il a écrit quelque chose, rien n'est resté. Bien que d'autres contemporains aient écrit sur lui, les spécialistes de Socrate considèrent que le témoignage le plus fiable de sa philosophie se trouve dans les dialogues de son plus célèbre disciple, Platon (427-347 av. J.-C.). Le premier de ces dialogues est l'*Apologie de Socrate* de Platon, censé être une retranscription du témoignage de Socrate lors de son procès à Athènes, en 399 av. J.-C. Socrate est considéré coupable des crimes d'impiété (ne pas vénérer les dieux officiels, et inventer d'autres, et nouvelles, divinités) et de corruption de la jeunesse, et il est condamné à mort en buvant la ciguë.

Envisageant, puis rejetant l'exil comme condamnation pour ses « crimes », Socrate déclare :

> *Quelqu'un dira : Oui, Socrate, mais ne peux-tu t'empêcher de parler, et tu pourras partir pour une ville étrangère où tu ne rencontreras personne ? Il semble que j'ai beaucoup de difficultés à vous faire comprendre ma réponse à cela. Si je vous dis que ce serait désobéir à un ordre divin, et que par conséquent je ne peux m'empêcher de parler, vous ne me prendrez pas au sérieux ; et si je vous répète que la plus grande valeur de l'homme est de discuter quotidiennement de la vertu, et de tout ce qui concerne ce que vous m'entendez dire sur l'observation de moi-même et des autres, et qu'une vie non examinée ne vaut pas la peine d'être vécue, alors vous me croirez encore moins.*[1]

« La vie non examinée ne vaut pas la peine d'être vécue » est certainement l'un des dictons les plus cités de Socrate, et l'une des phrases les plus célèbres de la philosophie. Maintenant, ce qu'est exactement une « vie examinée », selon Socrate, est un sujet de débats entre spécialistes, mais deux points semblent suffisamment clairs. Premièrement, Socrate ne regrette absolument rien. Deuxièmement, il a développé devant le jury son idée très précise de ce qu'est une vie humaine aboutie. S'il ne peut la vivre pleinement, alors ils peuvent le tuer. S'il ne peut vivre vertueusement, selon ses propres normes de ce qu'est la vertu, il préfère mourir.

Cette volonté de Socrate d'être prêt à tout sacrifier pour la façon de vivre qu'il considère être la bonne lui a acquis un nombre infini d'admirateurs tout au long des siècles. House pourrait bien être l'un d'entre eux. Alors que les actes de ce dernier relèvent régulièrement de l'insubordination, sortent du cadre de l'éthique professionnelle et sont parfois même illégaux, ils nous frappent souvent comme ayant une certaine noblesse. House a sa propre façon examinée de pratiquer la médecine, et quand on l'en empêche, il considère que sa vie ne vaut plus la peine d'être vécue[2].

La vertu de l'excentricité

Il y a donc quelque chose d'étrangement fascinant chez House et les excentriques, que l'on retrouve tout au long de l'histoire de la philosophie. Pourquoi ? Peut-être les excentriques rendent-ils un service important pour lequel nous avons une reconnaissance intuitive, quoiqu'assez floue. John Stuart Mill (1806-1873) fait partie de ceux qui ont essayé d'étoffer cette appréciation. Mill, à sa façon, est l'une des figures hautes en couleur et excentriques de l'histoire de la philosophie. *De la liberté*, sans doute son œuvre la plus importante, constitue un jalon de la défense des libertés individuelles. Dans une partie souvent négligée de cet ouvrage, Mill défend l'idée que les excentriques ont leur importance dans le forum des idées. Pour lui, il y a une grande utilité publique à ce qu'il appelle « les expériences de la vie ». Après tout, nous n'aurions pas de débat profond sur les questions du moment, si nous n'étions tous que les représentants d'un *statu quo* que nous nous contenterions de reproduire. Le débat serait radicalement affaibli si trop peu d'individus étaient encouragés à développer leurs capacités individuelles. Comme le note superbement Mill :

> *Celui qui laisse le monde, ou la partie qui lui appartient, choisir pour lui son projet de vie, n'a besoin d'aucune autre faculté que celle d'être capable d'imiter, comme un singe. Celui qui choisit son avenir lui-même, utilise toutes ses facultés [...]. Il peut arriver qu'il se retrouve sur le bon chemin, et en évite d'autres, plus douloureux, sans en avoir jamais besoin. Mais qu'est-ce qui*

ferait sa différence en tant qu'être humain ? Ce qui est vraiment important n'est pas seulement ce que l'homme accomplit, mais également quel genre d'homme accomplit quelque chose. Parmi les réalisations de l'homme qui emploie correctement sa vie à la rendre meilleure et plus belle, la plus importante est sans aucun doute l'homme lui-même […]. La nature humaine n'est pas une machine que l'on construit d'après un modèle, conçue pour faire exactement le travail qu'on lui a attribué, mais un arbre, qui a besoin de grandir et de se développer de tous les côtés, en fonction de la tendance des forces internes qui en font quelque chose de vivant.[3]

House, à l'image des philosophes excentriques que nous venons de citer, est distinctement représentatif d'un travail en constante évolution (« a work in progress »). Il ne laisse personne d'autre choisir son avenir à sa place, pas plus qu'il ne mène une vie qui chercherait à en imiter une autre. Il ressemble plutôt à l'analogie de l'arbre de Mill, et grandit en fonction des forces internes qui font de House… ce qu'il est.

Épanouissement personnel et progrès moral

Mill est progressiste dans le sens où il pense que le progrès moral est possible. Le progrès entraîne le changement, et des changements significatifs nécessitent de nouvelles façons de penser, de nouveaux comportements et de nouveaux types d'actions. Si nous n'encourageons pas ceux qui veulent trouver leur propre voie, nous prenons le risque de nous priver d'importantes innovations. Mill écrit :

Ainsi j'insiste énergiquement sur l'importance du génie, et sur la nécessité de le laisser s'épanouir librement, en théorie comme en pratique, en restant bien conscient que personne ne remettra en question la première, mais en sachant aussi qu'en réalité, cela indifférera presque tout le monde […]. L'originalité est bien la chose dont les esprits qui en sont dénués ne perçoivent pas l'intérêt. Ils n'ont pas la capacité de voir ce que créer signifie : comment le pourraient-ils ? S'ils en avaient conscience, il ne s'agirait pas d'originalité. Le premier service que peut leur rendre l'originalité est de leur ouvrir les yeux : quand ce sera fait, ils pourront à leur tour avoir une chance d'être originaux. Dans le même temps, se souvenir que rien n'existe tant que quelqu'un n'est pas le premier à l'avoir créé, et que tout ce qu'il y a de meilleur est le fruit de l'originalité, doit les rendre suffisamment modestes pour penser qu'il reste toujours quelque chose à accomplir, et les assurer que plus ils ont besoin d'originalité, moins ils ont conscience qu'elle manque.[4]

À chaque fois que Cuddy doit justifier son acceptation des irrégularités de House, elle répond invariablement : « C'est notre meilleur médecin. » House est le diagnosticien du dernier recours. Les patients sont dirigés vers lui lorsque les autres docteurs ne savent plus quoi faire. Ceux qui ne veulent pas voir le génie de son approche originale du diagnostic ne sont pas, contrairement à Cuddy, prêts à supporter son excentricité.

Excentricité et progrès moral

Mill s'engage pour le progrès moral et l'importance de l'épanouissement personnel qui en découle, mais il défend avec encore plus de force l'idée que nous devons encourager les autres à développer leur originalité. Toutefois, ceux qui s'écartent loin de la norme, comme House, et mènent leur propre barque, franchissent un pas : ils ne surprennent plus seulement les autres par leur originalité, mais par leur franche excentricité. Mill pense cependant que cela n'a que de bonnes conséquences :

De nos jours, le simple exemple de la non-conformité, le pur refus de se plier aux usages, est un service en lui-même. C'est précisément parce que la tyrannie de l'opinion est telle qu'elle fait de l'excentricité un défaut qu'il est souhaitable, afin de passer outre cette tyrannie, que les gens soient excentriques. L'excentricité a toujours été très présente dans les périodes et les lieux où la force de caractère l'était aussi, et son importance dans une société a généralement toujours été proportionnelle à la quantité de génies, à la vitalité des esprits, et au courage moral qui la caractérisent. Qu'aujourd'hui si peu de personnes osent être excentriques est le péril majeur de l'époque.[5]

House revêt l'importante fonction sociale de sauver des vies quand d'autres en sont incapables. C'est un enseignant et un leader efficace pour son équipe. Mais si Foreman, Cameron et Chase n'étaient pas des individus à fort caractère, dotés de la quantité requise de « génie, vitalité d'esprit et courage moral », House serait bien loin d'être aussi efficace. Il a besoin d'une équipe de « personnages qui ont du caractère » (ndt : « characters with character », en v.o.) pour que tout fonctionne correctement (en espérant que ses prochaines recrues aient le même type de profil), et seule une société prête à laisser s'épanouir ce genre de personnes lui permettra de s'entourer d'une telle équipe.

Il y a objectivement un prix à payer, pour pouvoir être excentrique ; après tout, les autres vous trouveront souvent excentrique ! Mill souligne cependant que nos excentriques nous rendent un service essentiel. Ils ont la volonté de s'attaquer à une société hostile dans l'espoir de découvrir quelque chose qui aurait du sens au-delà du *statu quo*. Comme de nombreux conservateurs sont immédiatement prêts à nous le dire, la plupart de ces nouvelles idées, opinions et expériences de vie s'avèrent à l'arrivée pires que les anciennes, ce qui signifie que nos excentriques ont surtout de grandes chances de se tromper. Cela ne veut pourtant pas dire qu'ils ne fournissent pas un service utile. Les excentriques offrent leurs propres vies comme expériences de vie, afin d'aller encore plus loin dans la création de nouveaux modèles, de nouvelles idées, de nouvelles opinions et de nouvelles expériences de vie. Finalement, ils nous offrent ce service essentiel d'approfondir notre quête d'une vie meilleure. Il faut aussi noter que Mill établit une connexion explicite entre cette quête d'une vie meilleure et celle de la vérité. Il écrit :

Il y a, nous dit-on, certaines convictions si utiles, pour ne pas dire indispensables à notre bien-être, que c'est du devoir des gouvernements de les soutenir autant que tous les autres intérêts de la société [...]. L'utilité d'une opinion est elle-même une question d'opinion : aussi contestable et sujette à une discussion nécessaire que l'opinion elle-même. De même, il y a aussi besoin d'un juge des opinions infaillible, pour décider si une opinion est nocive, comme pour décider si elle est fausse, à moins que l'opinion rejetée ait l'entière possibilité de se défendre elle-même. Cela ne sera pas non plus convaincant de dire que l'hérétique pourrait avoir le droit de maintenir l'utilité ou le caractère inoffensif de son opinion, tout en lui interdisant de défendre sa vérité. La vérité d'une opinion fait partie de son utilité.[6]

L'aspect le plus fascinant de la personnalité de House est sa capacité presque indicible de relier la recherche de Mill d'une vie digne de ce nom avec une recherche de la vérité. Dans l'épisode « Cherchez l'erreur », House propose une excellente théorie expliquant que les problèmes de son patient sont largement dus à l'erreur d'un pharmacien. À partir de cette hypothèse, il soigne la personne. Le pharmacien nie pourtant avoir substitué le médicament de la théorie de House à celui contre la toux du patient, ce que ni sa famille ni lui ne peuvent exclure. House prend alors tranquillement le temps de rechercher dans la pharmacie de l'hôpital tous les éventuels emballages du médicament, jusqu'à ce qu'il en trouve un quasiment identique à celui des cachets contre la toux. On pourrait dire que c'est le narcissisme de House qui le pousse à vouloir avoir raison, mais il le pousse tout autant à découvrir la vérité. Dans le monde médical, la vérité d'une opinion fait clairement partie de son utilité.

Ainsi, le lien est limpide entre notre recherche d'une vie meilleure et une recherche de la vérité. Si la vérité d'une opinion fait partie de son utilité, et que nous ne pouvons trouver la vérité de cette opinion que dans le cadre d'un forum d'idées ouvert, alors la théorie morale de Mill va distinctement dans le sens d'un tel forum. Mais un forum d'idées réellement actif – capable de découvrir de nouvelles vérités sur des questions aussi fondamentales que les modèles à suivre pour structurer nos vies – doit laisser les excentriques et leurs expériences se développer sans contrainte.

Comme Mill le défend dans les deuxième et troisième chapitres de *De la liberté*, si nous voulons une société capable de rechercher la vérité de manière significative, cette société devra savoir développer un riche et solide forum d'idées. Pour que cela puisse avoir lieu, nous devons encourager les excentriques et leurs expériences de vie. Il faut donc les encourager si nous voulons une société capable de rechercher la vérité de manière significative.

House symbolise clairement ce type d'expérience de vie, un personnage du genre de celui qui est décrit dans le standard de la country *Mama, Don't Let Your Babies Grow Up to Be Cowboys* (« Maman, ne laisse pas tes enfants devenir des cowboys »).

> *Et ceux qui ne le connaissent pas ne l'aimeront pas*
> *Et ceux qui le fréquenteront un peu ne sauront pas comment le prendre*
> *Il n'a pas tort il est juste différent*
> *Mais sa fierté l'empêchera de faire ce qui vous ferait penser qu'il a raison.*[7]

Beaucoup parmi nous n'aimeraient pas vivre dans un monde où House n'aurait pas sa place. Il y a beaucoup à apprendre de tous les House du monde, et une grande utilité sociale à laisser leur excentricité s'épanouir. Nous avons donc d'évidentes raisons sociales d'admirer les excentriques et, dans de nombreux cas, de considérer l'excentricité comme une vertu.

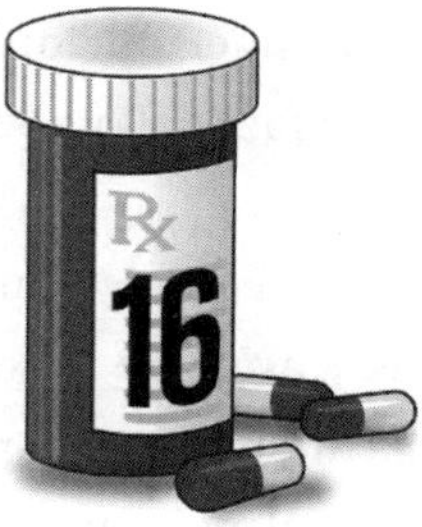

L'AMOUR : LE SEUL RISQUE QUE DR. HOUSE NE PEUT PAS PRENDRE

Sara Protasi

Dans la première saison, Cameron semble tomber amoureuse de son chef. Peut-être n'est-elle qu'attirée par lui, peut-être l'aime-t-elle vraiment. Il n'est pas simple de savoir si Cameron aime *vraiment* House, et l'on pourrait penser que ce n'est pas la philosophie qui va nous aider... Mais elle définit des concepts et les réalités que ceux-ci reprennent et expriment, dont l'amour. Donc, avec l'aide de House et de la philosophie, posons la question : qu'est-ce que l'amour ?[1]

Le problème : pourquoi m'aimes-tu ?

Pour le moment, considérons que Cameron aime réellement House. Le docteur mal luné est d'abord ennuyé, et résiste à la séduction. Ensuite, Cameron lui fait du chantage : soit il sort avec elle, soit elle ne revient pas travailler. House se rend, et ils se retrouvent pour un vrai rendez-vous. On remarque qu'il est tenté par la possibilité d'une relation avec elle. Pourtant, il finit par lui répéter ce qu'il a toujours pensé : Cameron l'aime bien parce qu'elle le perçoit comme un infirme seul et aigri, quelqu'un qu'elle pourrait « sauver » ou « réparer ». Est-ce une si mauvaise raison pour aimer quelqu'un ? House le pense. Il ne veut pas qu'on l'aime de cette façon. Il ne veut pas qu'on ait pitié de lui, et être aimé pour ses faiblesses.

Cameron pourrait cependant répondre que House se trompe sur ses motivations. Il ne peut pas y avoir de raisons pour expliquer l'amour. Elle l'aime, *tout simplement*. L'amour n'a pas besoin de raisons, c'est irrationnel ! Par conséquent, il ne peut pas y avoir de bonnes ou de mauvaises raisons d'aimer quelqu'un, et House a tort de rejeter et de se moquer de l'amour de Cameron.

L'amour est-il une émotion ?

Le sens commun tendrait à soutenir l'idée que l'amour est une émotion *et* qu'elle est irrationnelle : la flèche de Cupidon vous atteint sans raison. Mais les émotions peuvent tout aussi bien être rationnelles qu'irrationnelles ; on peut avoir tort ou raison de ressentir une certaine émotion dans une situation donnée. House a, par exemple, souvent tort d'être en colère. Parfois, sa colère est disproportionnée, et à d'autres moments, elle est simplement déplacée. Parfois aussi, la colère de House est *moralement* injustifiée, comme lorsqu'il se fâche avec les parents désespérés de patients mourants. Il peut néanmoins arriver que sa colère soit opportune, comme dans l'épisode « Test de paternité », lorsqu'il découvre que les parents bien intentionnés de son patient ne lui ont pas fourni le « détail » de l'adoption de leur fils, ce qui signifie qu'il peut avoir contracté un virus par sa mère biologique.

L'amour est-il comme la colère ? Si Cameron est amoureuse de House parce que c'est un infirme aigri, ce ne semble pas comparable au cas d'une colère disproportionnée ou déplacée. Dans le cas de la colère, l'objet de l'émotion est approprié, ou il ne l'est pas : il mérite la colère (avec cette intensité précise) ou non. L'amour semble toutefois ne pas être à mettre sur le même plan. Il n'est sans doute pas exact de décrire l'objet de l'amour comme (in)justifié ou (in)approprié. Cameron n'a peut-être pas tort de nier que son amour est fondé sur quelque raison que ce soit. L'amour ne peut pas être inapproprié juste parce que son objet est impossible à aimer (comme lorsque nous sommes fâchés à tort). Et on ne peut pas « trop » aimer (comme nous sommes trop en colère, par comparaison). Peut-être, alors, l'amour n'est-il pas une émotion du tout.

L'amour est un état de la volonté

Je pense que Cameron a raison sur ce qu'elle affirme, même si dans certains cas, l'amour peut être irrationnel ou inapproprié. Mais le caractère inapproprié de l'amour, son essence juste ou fausse, ne l'est pas comme peuvent l'être les émotions. L'amour est semblable aux émotions, et aux autres états d'esprit comme les désirs ou les croyances, parce que c'est un état *intentionnel*. En philosophie, cela signifie que l'amour est un état (mental) *à propos* de quelque chose. L'objet concerné par un état particulier est défini comme « objet intentionnel », et dans le cas de l'amour, il coïncide avec l'objet vers lequel l'amour est dirigé, appelé « cible ». Cela n'est pas le cas pour tous les états mentaux ; par exemple, je peux être en colère contre quelqu'un (cible) parce qu'il m'a humilié (et je suis l'objet). L'amour n'est pas juste « à propos » de l'être aimé, mais est également dirigé vers lui. C'est pourquoi l'amour nous pousse plus à agir que les autres états mentaux, tout comme les désirs (l'amour est en fait très proche d'un désir).

Bien sûr, nous sommes également motivés *par* l'amour : nous l'expérimentons comme quelque chose qui nous arrive. Ce sentiment de passivité s'explique par la gamme d'émotions que constitue le « ressenti » de l'amour. L'expérience de l'amour n'est pas seulement caractérisée par des changements physiques et des sensations (comme l'excitation sexuelle), mais également par des désirs, des pensées, des comportements particuliers, et bien sûr par des émotions de toutes sortes. La partie émotionnelle de l'expérience de l'amour étant très nette, il est facile de concevoir l'amour comme une émotion, même s'il n'en est pas une. De quoi s'agit-il, alors ? Peut-être l'amour est-il un état de la volonté, un état volitionnel. Ce dernier peut être un désir (être avec elle, par exemple), une série de désirs (être avec elle et faire l'amour), ou un désir secondaire, en d'autres termes, « un désir à propos d'un désir ». Comme exemple de désir secondaire, imaginons qu'après avoir réfléchi, je ne veux pas vouloir une cigarette. J'aimerais fumer, mais comme je sais que c'est mauvais pour ma santé, j'aimerais aussi ne plus avoir ce désir. L'amour semble être un désir secondaire. Pensons au cas de Chase. Au début, il est simplement attiré par Cameron. Il l'aime bien et aime faire l'amour avec elle. Mais ensuite son désir devient plus fort, et il fait tout son possible pour la convaincre de rester avec lui. Son désir n'est pas quelque chose qui lui arrive comme ça, sans raison. Il *veut* avoir ce désir. Son amour est « un désir à propos d'un désir ».

Cameron semble comprendre que l'amour est un désir secondaire. Lorsqu'elle réalise que House aime toujours Stacy et qu'il n'est donc pas incapable d'aimer, elle lui dit : « C'est *moi* que vous ne voulez pas aimer. » L'expression peut sembler étrange, mais elle ne l'est pas. Bien que l'amour ne soit pas volontaire, nous avons un certain contrôle sur le contexte qui influence nos désirs. House est attiré par Cameron, mais il choisit de ne pas aller plus loin. Il n'a pas le désir de désirer Cameron. Ainsi, d'une certaine façon, il ne veut pas aimer Cameron.

La connaissance et l'amour

House ne veut pas aimer Cameron parce qu'il se sent humilié par l'image qu'elle a de lui. Stacy, qui a rencontré House avant qu'il ne devienne handicapé, l'aime parce qu'il est sexy et brillant. Cameron le trouve sans doute aussi sexy et intelligent, mais elle le voit d'abord comme quelqu'un de seul et aigri. House pense que Cameron ne voit pas qui il est réellement, et il devient distant. Il a à la fois raison et tort. Il a raison d'être méfiant et de ne rien vouloir imaginer de plus. Celui qui aime ne doit pas être totalement ignorant des qualités essentielles de l'être aimé. Si Cameron aimait House en pensant que c'était un pauvre infirme sans défense, elle se tromperait beaucoup à son sujet. Elle aimerait quelqu'un d'autre. House a tort parce qu'il est néanmoins un peu comme le voit Cameron. Elle le connaît bien et l'aime comme il est vraiment, même si elle espère probablement des changements qui n'auront pas lieu.

Caractéristiques de l'être aimé

Cameron aime-t-elle House parce qu'il est seul et aigri, intelligent et sexy ? L'amour est-il fondé sur les caractéristiques de l'être aimé ? Il semble que l'amour ne puisse pas être basé sur les qualités de l'être aimé car nous aimons les gens au fur et à mesure des changements de la vie. Si un homme cesse d'aimer sa partenaire parce qu'elle vieillit et est moins séduisante, on dira que ce n'est pas de l'amour véritable. Si l'un des deux tombe sérieusement malade et cesse d'être une personne brillante et pleine d'esprit, l'autre l'aimera quand même encore, ou sera accusé de n'avoir que des sentiments superficiels.

On pourrait alors répondre en distinguant deux choses : l'amour en tant qu'état, et la relation d'amour. Les raisons qui font qu'une relation se poursuit ne dépend pas entièrement des sentiments d'amour de la personne. Sans aller jusqu'à évoquer des drames particuliers, les gens restent ensemble pour de nombreuses raisons, et les sentiments qui y sont liés peuvent évoluer avec le temps et, par exemple, transformer la passion érotique en estime et en affection. Ainsi, les exemples centrés sur la possibilité d'aimer quelqu'un qui n'est plus attirant ne démontrent rien.

On peut également désaimer aussi facilement que l'on aime, et il se peut très bien qu'il n'y ait aucune bonne raison particulière expliquant ce changement. Si je ne t'aime plus car ta personnalité a totalement changé, il serait injuste de m'accuser d'un amour non authentique

Nous aimons des individus, pas des entités amorphes ou mystérieuses. Nous aimons quelqu'un en particulier, et les gens ont leurs propres caractéristiques[3]. Cameron aime House parce qu'il a de l'esprit, qu'il est charmant et désespéré, même si quand on lui demande pourquoi elle l'aime, elle ne répond que « parce que House, c'est House ».

Il reste néanmoins exact que nous aimons les gens qui changent ; et il est encore plus vrai que nous aimons les gens quand ils nous montrent leurs caractéristiques. House est ce qu'il est, mais tout le monde ne le perçoit pas de la même façon. Cuddy le trouve souvent agaçant, mais assez peu grossier, tandis que son équipe penserait plutôt le contraire. Wilson et Cuddy, qui ont mieux conscience de sa fragilité, essayent de plus le protéger que ne le font Chase ou Foreman. Stacy, qui était amoureuse de House, est la seule à connaître certaines de ses qualités. Une bonne théorie sur ce qui caractérise quelqu'un devrait donc prendre ces éléments en compte, et expliquer que nous aimons en fonction de caractéristiques qui évoluent à la fois avec le temps, et comme conséquence d'une relation. Contrairement à la taille ou la date de naissance, qui sont des éléments aussi immuables pour House que pour n'importe qui d'autre, être agaçant ou grossier est relatif. On pourrait dire la même chose pour son charme ou son esprit.

Admettons : Cameron aime House parce qu'il est charmant, plein d'esprit et désespéré. Mais à la fin de la saison trois, c'est Chase qu'elle aime, d'une certaine façon l'opposé de House. Il est conformiste, doux (avec elle, du moins), et absolument pas désespéré. Cameron aime Chase, et pas quelqu'un d'autre, parce qu'il est comme il est. Alors pourquoi a-t-elle aimé House, et maintenant Chase ?

L'amour est créatif

Pourquoi Cameron cesse-t-elle d'aimer House bien qu'il conserve les mêmes caractéristiques, et commence à aimer Chase, qui est si différent ? Une partie de la réponse réside dans le fait que l'amour est un désir secondaire. On s'engage par affection pour quelqu'un. Cela arrive de la même façon que cela repart. Les qualités qui caractérisent l'être aimé ne sont essentielles que dans le cadre de cette affection, pour le désir premier, mais ne déterminent pas la volonté secondaire. Cameron est attirée par House parce qu'il a certaines caractéristiques. Puis, en raison de son désir secondaire (qui peut être influencé par le fait qu'elle a besoin de donner de l'amour à des gens désespérés et qui en manquent), elle tombe amoureuse de lui. House prend alors pour elle une valeur incommensurable, qui ne dépend plus de ses qualités propres. Cette valeur, cette importance, est créée par l'amour lui-même. C'est la raison pour laquelle quand nous aimons, nous sommes plus attentifs à ce qui intéresse notre bien-aimé(e), dans des domaines qui nous étaient totalement indifférents avant que cette personne n'entre dans notre vie. Mais lorsque House ne répond pas à son appel amoureux, et nie avoir besoin qu'elle l'aide, elle réalise qu'elle peut aimer quelqu'un d'autre qui serait capable d'accepter son aide, comme Chase. Elle décide alors de se détacher de lui, et du désir qu'elle éprouve. À la fin de l'amour correspond la perte de la valeur qu'il avait créée. Cela explique que, bien que les gens restent les mêmes, l'amour peut se terminer, ou même se transformer en haine.

L'amour érotique est-il moral ?

Le philosophe contemporain Harry Frankfurt prétend que l'amour (en général) est une volonté secondaire particulière : une attention désintéressée pour le bien-être de l'être aimé. D'après cette définition, Cameron est réellement amoureuse de House. Ne serait-elle donc qu'une douce jeune femme altruiste qui ne souhaite que le bonheur de House, même s'il ne la traite pas avec respect et gentillesse ?
Cameron est une femme douce et moralement irréprochable. Je doute, néanmoins, que son amour érotique pour House ait les mêmes caractéristiques. Après tout, quand il s'agit de séduire House, elle se bat bec et ongles, allant jusqu'à le faire chanter (un petit chantage, certes, mais un chantage tout de même). Il semble que l'*éros* arrive même à transformer la discrète Cameron en une femme plus volontaire, et cette métamorphose est particulièrement évidente dans la proposition, aussi

audacieuse qu'assumée, qu'elle fait à Chase dans la troisième saison (bien que son comportement envers Chase ne soit pas guidé par l'amour, du moins au début). Il ne s'agit pas là de dire que l'amour n'est jamais moral, mais juste de souligner qu'il ne l'est pas nécessairement. Il y a un grand nombre de façons de manifester et de vivre un amour érotique, peut-être même autant qu'il existe d'amoureux. Ils ont pourtant quelque chose en commun : ils sont amoureux, bien sûr. Mais quel est le contenu du désir d'amour ? Que cherche Cameron auprès de House ?

La réponse ne semble pas être le sexe, bien que la sexualité fasse souvent partie de l'expérience de l'*éros*. Cameron est sans doute physiquement attirée par le charme trouble de son chef, mais cela ne semble pas être au cœur de son amour. Elle ne veut pas simplement coucher avec lui. Elle veut également l'enlacer, faire partie de sa vie, se sentir désirée par lui, partager du temps et des activités avec lui, etc. Elle veut être sa moitié. Elle n'est pas altruiste. Elle le veut pour elle-même. Elle veut être entière. C'est la vraie nature du désir érotique : deux personnes qui se correspondent[4].

House se comporte de manière immorale avec Stacy, espionnant les confidences qu'elle fait à son psychanalyste, et tentant de ruiner son mariage. Il se comporte souvent comme un véritable crétin, ce qui n'empêche pas le téléspectateur de se rendre à l'évidence qu'il l'aime. Il la connaît bien, il la désire physiquement, et il veut rester avec elle. Il ne nous en faut pas plus pour être certain qu'il l'aime.

On pourrait objecter que l'amour de House pour Stacy est moral. Ne considère-t-elle pas qu'il est impossible qu'il mette fin à leur relation ? Je ne crois pourtant pas qu'il le fasse sans tenir compte de l'*éros*. Il le fait au contraire parce qu'il est attaché à elle, et que même House est parfois capable d'accomplir des actions morales. Il pense que c'est la bonne chose à faire, comme lorsqu'il considère qu'il faut amputer une jambe. Souvenons-nous qu'il fait également ce qu'il faut avec Cameron. Il la tient à distance autant qu'il le peut, jusqu'à ce qu'il soit obligé de sortir avec elle. Il est alors sensible à ce que lui disent les autres, qui ne veulent pas qu'il la blesse.

L'*éros* en lui-même n'est pourtant pas moral. Cameron pourrait ne pas être d'accord, mais elle ne pense à rien de moral lorsqu'elle force House à sortir avec elle. Elle en est même si fière qu'elle ne cache pas leur relation, contrairement à ce que lui demande House. À cause de l'*éros*, et non d'une simple attirance sexuelle, les gens sont prêts à accomplir toutes sortes d'actes. Comme le note pertinemment C.S. Lewis : « L'amour qui conduit à des unions cruelles ou à la trahison, voire au meurtre ou à des pactes suicidaires, n'a que peu à voir avec le désir vagabond ou les sentiments futiles. Cela pourrait bien être Éros dans toute sa splendeur ; sincèrement déchirant et prêt à tous les sacrifices sauf au renoncement. »[5]

Pourquoi Dr. House ne peut pas aimer : la vulnérabilité dans l'amour

L'analyse du cas « House/Cameron » n'est pas encore terminée. Nous avons vu quelles étaient les raisons de Cameron, mais pas celles de House. Pourquoi finit-il par rejeter Cameron ? On peut suspecter qu'il n'a pas été entièrement sincère en lui disant qu'il ne voulait pas de cette relation. Il est certainement agacé par la pitié qui motive l'amour de Cameron. Mais la contradiction entre l'homme qui s'apitoie sur son propre sort et celui qui est si sûr de ses capacités et de son talent, devrait l'aider à prendre conscience que s'il n'était pas ce médecin aux yeux bleus plein d'esprit, charmant et brillant, Cameron aurait sans doute dirigé son amour vers quelqu'un d'autre. Nous l'avons vu, l'amour érotique s'adresse à des individus en particulier, qui possèdent des caractéristiques bien précises. Lorsque House, pendant une courte période, recouvre l'usage du muscle de sa jambe, il invite Cameron à sortir, mais elle ne semble plus intéressée. Il prétend que c'est parce qu'il est à nouveau en bonne santé, et qu'il a changé. Cameron fait à juste titre remarquer qu'il n'a pas tant changé que cela. Cependant, la douleur va revenir, et il devra à nouveau utiliser sa canne. House a aussi raison lorsqu'il note un changement d'attitude chez Cameron.

Qu'importe la raison, elle ne l'aime plus. L'amour n'est pas éternel ; même un amour authentique peut prendre fin.

Cela fait bien sûr très peur. C'est la raison pour laquelle nous aimons tant la fin des contes de fées : « Ils vécurent heureux pour toujours. » De la même façon, nous sommes touchés par des histoires tragiques comme celle de Roméo et Juliette. Leur amour durera toujours car ils n'auront pas le temps de vieillir et de se lasser l'un de l'autre (eux, au moins, pourraient observer cyniquement House). Nous aimerions que l'amour vrai soit éternel. Si cela existait, peut-être aurions-nous la chance de le trouver. L'amour demande beaucoup de travail, et House en a tout à fait conscience. Il ne croit pas souvent aux déclarations d'amour (et de fidélité) de ses patients, et il a souvent raison. Il n'est même pas convaincu par Esteban, le Cubain, qui risque sa vie pour soigner la maladie mystérieuse de sa femme. House a trop conscience des failles de l'amour. Ce n'est pas bien d'être naïf, mais être cynique est encore pire. Cela l'empêche d'être heureux sur de nombreux plans en le poussant, par exemple, à rejeter l'amour d'une femme belle et intelligente.

Wilson lui dit souvent qu'il cherche à être malheureux, et que c'est ce qui le pousse à se tenir à l'écart des gens. Mais Wilson, plus que n'importe qui d'autre, sait pourquoi House préfère la solitude : il est trop fragile, et incapable d'accepter les risques qu'impliquent les relations humaines en général, et l'amour érotique en particulier. C'est pour cela qu'il demande à Cameron, et à Stacy, de ne pas lui faire de mal. Elles sont toutes les deux étonnées, et sont chacune perçues comme la partie faible du couple. Au bout du compte, elles finissent respectivement avec Chase et Mark. Elles sont capables d'aimer, d'être blessées, de prendre des risques, de commencer une nouvelle histoire, et de recoller les morceaux. Pas House. Il finira à nouveau seul.

L'amour, quel qu'il soit, implique d'être capable d'avoir confiance, d'être blessé, et vulnérable vis-à-vis de l'autre. C'est la raison pour laquelle House a non seulement des difficultés à aimer une femme, mais aussi à se faire des amis. Même avec Wilson, son seul ami, il est constamment sur la défensive. Leur amitié n'est fondée que sur les capacités de Wilson de l'entretenir, de pardonner à House et d'être patient. House est certainement attaché à Wilson, mais il fait tout ce qu'il peut pour le dominer. Cela peut fonctionner dans le cadre d'une relation amicale, moins stricte et exclusive qu'une liaison amoureuse. Mais son obstination à vouloir tout contrôler ne peut pas fonctionner dans le contexte de l'*éros*, où un genre bien particulier de confiance intime est fondamental.

En ne s'impliquant pas, House s'est comporté moralement avec Cameron, et encore plus avec Stacy, sachant qu'il allait les faire souffrir. Mais ce qui le rend incapable de les rendre heureuses est sa trop grande crainte d'éventuellement souffrir. Hélas, cette éventualité est au cœur de toute expérience amoureuse.

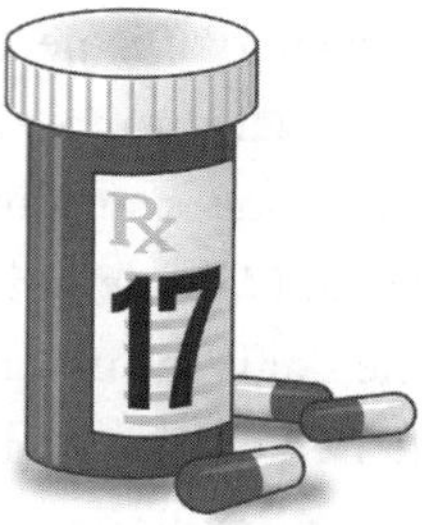

UNE PRESCRIPTION POUR L'AMITIÉ

Sara Waller

Les patients et les collègues de House se sentent constamment manipulés, rejetés, et traités de manière indélicate. Pourtant, régulièrement, Cameron, Wilson, Foreman et Cuddy le défendent, mentent pour lui et lui sauvent sa place. Sont-ils tous de vrais amis, ou bien les collègues de House sont-ils simplement masochistes ? Observons cette conversation entre Wilson et un patient :

> Le patient : C'est votre ami, hein ?
> Wilson : Oui.
> Le patient : Est-ce qu'il tient à vous ?
> Wilson : Je crois.
> Le patient : Vous n'en êtes pas sûr ?
> Wilson : Comme le Dr. House aime à le répéter, tout le monde ment.
> Le patient : L'important n'est pas ce que les gens disent, mais ce qu'ils font.
> Wilson : Oui, il tient à moi.

Wilson se berce-t-il d'illusions ? Est-il l'un de ces médecins trop attentionnés qui cherchent à tout prix ce qu'il y a de bon en chacun de nous, même chez un collègue aussi bourru et ingérable que House, dont ils ne seraient en définitive que les fournisseurs de drogue ? En réalité, il me semble que Wilson a raison d'affirmer que lui et House sont amis. Ils le sont au-delà du sens trivial du mot. Pour Aristote (384-322 av. J.-C.), certaines amitiés sont fondées sur l'utilité, d'autres sur le plaisir, et d'autres encore sur la vertu. L'amitié qui unit House et Wilson n'est pas fondée sur l'utilité – il ne s'agit pas uniquement de ce qu'ils peuvent faire l'un pour l'autre. Elle ne l'est pas non plus sur le plaisir. Cela ne signifie pas que leur relation n'implique ni utilité, ni plaisir, mais elle tient surtout grâce à quelque chose de plus significatif, qui est la vertu. Nous le verrons, on trouve ce type d'amitié chez d'autres personnages de la série.

Quelles qualités faut-il pour être un ami ?

Pour Aristote, l'amitié parfaite (amitié dans le sens d'*haplos*, autrement dit sans limites ni interférences) est « l'amitié des hommes bons, et égaux en vertu [...]. Ceux qui souhaitent que tout aille bien pour leurs amis, par simple égard pour eux, sont les meilleurs amis »[1]. Attardons-nous sur ce qu'Aristote entend par « bons » dans cette phrase. D'abord, l'amitié a lieu entre des personnes bonnes, pas entre n'importe qui. Aristote suggère qu'il ne peut y avoir d'amitié entre gens malhonnêtes. On ne peut être mauvais, et avoir des amis mauvais. Des personnes bonnes peuvent devenir amies, car elles sont capables de sincèrement se souhaiter que tout aille bien *par simple égard*, c'est-à-dire sans être intéressées, ni arrière-pensées. Deuxièmement, Aristote suggère que ces personnes bonnes ne le sont pas uniquement moralement, mais qu'elles sont également bonnes dans un domaine particulier. Pour Aristote, être bon revient à correctement remplir sa fonction. Être moralement vertueux n'est pas suffisant : il faut aussi avoir du talent, des capacités, être doué et réfléchi – vous devez avoir des vertus intellectuelles autant que morales. « Être bon » consiste à remplir sa fonction. Par exemple, pour un diagnosticien, « le bon » ne signifie pas simplement résoudre le cas (bien que cela soit bon pour l'hôpital, le patient et la carrière du médecin), mais aussi soigner les patients. Le médecin doit prendre la bonne décision pour la bonne raison.

Aristote emploie le mot grec *aretè*, qui veut dire *excellence*, pour définir un individu réellement bon, capable des plus nobles formes d'amitié. Avoir l'*aretè* revient à être complet – c'est-à-dire être bon moralement, intellectuellement et socialement. Selon Aristote, la meilleure vie possible se déroule en société, en remplissant les devoirs d'un bon citoyen.

La barre est placée assez haut. Les défauts et les manies des personnages font que la série ne manque jamais d'intérêt. House est sarcastique et irrévérencieux, contournant ou violant les règles dès qu'il le peut. Wilson donne l'impression d'être trop prévenant, faisant croire à la femme qu'il épouse qu'il aura toujours du temps pour eux deux. Cameron s'investit tellement pour ses patients qu'elle n'arrive plus à leur annoncer de mauvaises nouvelles. Chase est parfois si carriériste qu'il passe des accords avec les supérieurs de House pour protéger sa propre position. Quant à Foreman, il peut lui arriver d'agresser Cameron avec une seringue (qu'il lui vole), lui faisant courir le risque d'être atteinte d'une maladie infectieuse inconnue. Pourtant, malgré leurs défauts, Cameron, Wilson, Chase, Foreman et House font tout leur possible pour atteindre une certaine forme d'*aretè*.

House et Wilson sont-ils vraiment amis ? (ou « Tout est nul, alors autant trouver quelque chose d'amusant »)

Dès le début du premier épisode de la première saison, le décor de leur amitié est planté, et l'importance de remplir sa fonction est mise en valeur. Wilson ment à House sur son lien avec une patiente en disant que c'est sa cousine, afin que House s'intéresse à son cas. Selon les mots de House lui-même, Wilson a menti à un ami pour sauver une étrangère. Pourquoi ? Parce que la fonction de House, dans la société, est d'être l'un des médecins de l'hôpital. L'objectif général de sa vie est de guérir (pas simplement de résoudre des cas, comme il le pense), et il ne le fera pas sans un soutien extérieur. Wilson lui rappelle que son équipe ne fait rien, alors que leur objectif est de résoudre des cas : « Quel est l'intérêt de former une équipe si tu ne t'en sers pas ? Tu as trois médecins surqualifiés qui travaillent pour toi, et qui s'ennuient. » Ainsi débute un merveilleux voyage au cœur de l'amitié – l'*haplos* d'Aristote, où chacun souhaite le meilleur à l'autre. Il faudra passer par des mensonges, des manipulations, et une réelle affection pour persuader un véritable ami de mettre en œuvre toutes ses capacités, et de remplir ses obligations dans le contexte d'une institution sociale telle que l'hôpital. Le trait de la personnalité de House qui risque fort de l'empêcher d'atteindre l'*aretè* et, du coup, de réussir à remplir sa fonction et d'être heureux, est précisément cette propension à se limiter à la résolution des cas, plutôt que de tenir compte du spectre plus large de la vie d'un diagnosticien – avec ses relations humaines autant que ses stimulations intellectuelles. Wilson passe son temps à le pousser à faire mieux, à être plus ouvert et à étendre son champ d'action.

Afin de se motiver mutuellement vers l'excellence, House et Wilson doivent être égaux en bonté – soit en talent et en vertu. L'un et l'autre sont bons en quelque chose. Ils sont tous les deux chefs de service à l'hôpital de Princeton-Plainsboro ; House est un diagnosticien très réputé, et Wilson un oncologue confirmé. Ils ont chacun un talent qui va au-delà de la médecine de base, et les aide à remplir leurs fonctions à l'hôpital avec excellence. House peut diriger une équipe de trois médecins en ayant toujours une longueur d'avance. Wilson a le don de savoir dire aux patients qu'il ne leur reste que quelques mois à vivre, et ces derniers le remercient. House sait facilement manipuler le comité de transplantation d'organes et en général, il trouve un moyen d'obtenir ce qu'il veut malgré les efforts de Cuddy pour l'en empêcher. Wilson est d'un tempérament constant, et doué d'une grande perspicacité dans le fonctionnement des émotions humaines, dont celles de House. Les amis sont égaux en capacités et en talents, ainsi que du point de vue de leur statut social.

Sont-ils aussi bons l'un que l'autre en termes de vertu ? On pourrait penser que House est le vilain garçon et Wilson l'ami gentil et d'une patience à toute épreuve, qui s'arrange pour que House sorte de prison et tolère ses excès constants. Mais Wilson n'est pas aussi vertueux qu'il en a l'air. Après tout, il a bien « menti à House, de plus en plus, depuis qu'il lui a dit, l'année dernière, que sa coiffure lui allait bien », et il s'est régulièrement associé à Cuddy pour tromper et manipuler House de diverses façons, qu'il s'agisse de lui prendre des patients (dans le premier épisode, Wilson en fait passer une pour sa cousine), de mentir sur le lieu de son déménagement après son divorce (il s'installe dans l'appartement d'une patiente qui est son amante) ou de l'efficacité des soins qu'apporte House à ses patients (Wilson pousse Cuddy à tromper House sur l'efficacité d'une piqûre de cortisol sur un patient atteint de la maladie d'Addison. Le patient est guéri, mais Wilson s'était dit que si House prenait conscience du bien-fondé de son diagnostic, il serait encore plus arrogant, et ses « ailes pourraient fondre »). Au début de la saison trois, Wilson et Cuddy passent en revue les différents dossiers, et réfléchissent aux méthodes de présentation qui manipuleraient le mieux House pour le faire choisir un cas plutôt qu'un autre. Tout le monde ment ? Au bout du compte, ces deux meilleurs amis se mentent régulièrement l'un à l'autre. Ils sont, après tout, égaux en vertu.

On pourrait penser qu'une amitié au sein de laquelle deux personnes se mentent est tout sauf parfaite. Mais ces tromperies réciproques montrent qu'il n'y en a pas un plus vertueux que l'autre. Ils ont chacun leurs travers. Wilson couche avec une patiente et, sur le plan sentimental, il abandonne les femmes avec lesquelles il se marie. House est tellement peu diplomate qu'il coûte plus à l'hôpital en dépenses légales que n'importe quel autre médecin. On les voit chacun donner secrètement à l'autre des médicaments puissants (Wilson donne des antidépresseurs à House, et House des amphétamines à Wilson). Pourtant, quand le mariage de Wilson se brise, House lui ouvre la porte de sa maison (ne serait-ce que pour prendre plaisir à lui voler sa nourriture, et à l'obliger à faire la vaisselle). Lorsque House est sur le point d'être mis dehors par Vogler, Wilson vote pour son ami, mettant en danger sa position au sein du conseil d'administration. Dans les deux premières saisons, la manière dont leur amitié évolue montre deux hommes égaux en vertu, liés l'un à l'autre, et qui se soutiennent dans les moments cruciaux. Comme ils ont tous les deux des défauts, ni l'un ni l'autre n'atteint l'excellence parfaite. Mais Aristote nous prévient : « Aucun homme ne peut être considéré comme heureux tant qu'il n'est pas mort. » Cela signifie que le bonheur lié à une bonne vie, à l'*aretè*, et à l'épanouissement dans sa fonction, ne peut être entièrement atteint tant que la vie n'est pas terminée. Nous nous battons tous contre certaines choses, dans nos vies, car nous avons tous des défauts. Nous nous épanouissons au fur et à mesure de notre quête de la perfection. Les mensonges sont alors utiles, car ils aident les deux amis à faire des progrès différemment. Wilson manipule les patients parce que son talent social en fait dans l'ensemble un meilleur médecin. House abuse de son équipe car ça l'aide à établir de bons diagnostics. Wilson ment pour que House s'occupe de certains cas, et soulage les patients. House taquine Wilson en mangeant sa nourriture pour lui montrer que même pendant cette période sombre qu'est son divorce, il est encore possible de faire des blagues et des âneries. House et Wilson nous montrent comment tirer des forces de nos faiblesses, et nous battre pour atteindre l'excellence – l'excellence en s'épanouissant dans leur rôle de médecin dans le contexte social de l'hôpital.

Le challenge Vogler

Vogler, qui a donné 100 millions de dollars à l'hôpital pour en devenir le directeur, a immédiatement une dent contre House. D'abord, il veut que House porte une blouse – une exigence que l'intéressé commence par refuser. Ensuite, Vogler lui demande de congédier un membre de son équipe. Lorsque House suggère d'appliquer le compromis proposé par Cameron de baisser le salaire de chacun pour réduire le budget global de l'unité de diagnostic, Vogler refuse. Il n'est intéressé ni par l'argent, ni par l'efficacité, mais par le pouvoir. Vogler offre ensuite une issue à

House : si ce dernier fait un discours vantant les mérites d'un nouveau médicament fabriqué dans les laboratoires de Vogler, House pourra conserver son équipe. Cuddy et Wilson sont tous les deux soulagés, montrant là qu'ils accordent plus de valeur à la coopération de House, et à l'argent de Vogler, qu'à la fierté de House ou à son refus de principe d'être manipulé. Si House fait ce discours, il sauve les emplois de son équipe, et comme le médicament a fait ses preuves, ils considèrent que c'est un compromis acceptable. Cuddy et Wilson pensent que c'est la meilleure option : elle contribuera au bon fonctionnement de l'hôpital, aux meilleurs résultats pour tous les médecins et, à l'arrivée, au bien-être des patients.

House perçoit les choses différemment. Il fait un discours bâclé, agressif, qui revient à rejeter l'accord. Pourquoi ? Parce que bien qu'il soit d'accord avec l'idée que le but premier de l'hôpital est de soigner, il considère que pour remplir cette fonction, les médecins doivent avoir la liberté du choix. En d'autres termes, l'hôpital n'est pas un business. Les choix qui permettent de faire du profit ne correspondent pas nécessairement au meilleur intérêt des patients, ou à l'intérêt du progrès de la médecine. Ce qui est très néfaste, ici, n'est ni la publicité pour un médicament, ni le marchandage autour de son équipe, mais les compromis qui limitent la liberté médicale et les choix des professionnels de santé pour aider leurs patients. Wilson et Cuddy sont en désaccord avec House sur sa façon de faire, mais ils le suivent sur l'idée qu'il faut conserver ce qu'il y a de bon pour l'hôpital. Ils sont amis car au bout du compte, ils ont un discours rationnel sur la bonne marche à suivre. Comme le dit Cameron au moment de partir, elle croyait d'abord que House faisait tout cela pour aider les gens, mais elle sait désormais que c'est parce que c'est juste. La fonction de l'hôpital va au-delà d'une « simple » aide aux gens. Un hôpital soigne, soutient les patients et la recherche médicale, et offre des choix aux médecins. Pour Cameron et House, ce qui est juste n'est pas uniquement défini par le succès d'un traitement, mais par la protection du futur de la médecine et de la pratique médicale.

Malgré leur désaccord sur la meilleure façon d'aborder les choses, Wilson, en tant que membre du conseil d'administration, vote pour

que House reste. Vogler réagit en faisant voter contre Wilson, afin qu'il soit exclu du conseil. Lorsque House se retrouve face à lui, Wilson lui dit : « J'ai voté pour te garder [...]. Il n'y avait que deux choses qui fonctionnaient pour moi : ce boulot et cette stupide amitié foutue en l'air. Aucune des deux n'a semble-t-il suffi pour t'empêcher de faire ce discours minable. » Wilson se sent abandonné, et il remet en question la valeur de leur amitié. House lui répond : « Si, j'en ai tenu compte. »
Ils sont cependant tous les deux d'accord pour dire que s'il en avait l'occasion, House referait exactement la même chose. Il ne veut pas sacrifier Wilson, ou perdre la donation de Vogler. Mais il ne peut faire de compromis avec sa propre liberté (et par conséquent celle des autres) de diagnostiquer et de soigner les patients comme il l'entend. Ainsi, sur le plan du bien réciproque, sans qu'interfèrent les projets personnels ou les crises d'ego, ce que veut House, il le veut pour tout le monde. La liberté de décision médicale est dans l'intérêt de Wilson tant qu'il sera médecin. Même s'il est parfois horripilant, House œuvre pour que Wilson puisse continuer à exercer son métier ; en tant que médecin, il pourra faire les choix qu'il juge nécessaires dans le meilleur intérêt de ses patients. C'est cela être un véritable ami, car c'est une position qui va dans le sens du bien-être de Wilson, même si House est lui aussi convaincu qu'il risque sous peu de perdre son poste. Wilson ne pourrait pas être heureux de continuer à travailler à l'hôpital sans avoir la possibilité de faire des choix. Il serait d'autre part incapable de respecter House si ce dernier ne s'était pas battu pour ses principes, et n'avait pas agi en fonction de ce qu'il pense être juste.

Le challenge Tritter

Lorsque, dans la saison trois, House est arrêté par Tritter, ce dernier fait pression sur Wilson pour qu'il témoigne contre son ami en suspendant son droit d'établir des ordonnances, et en gelant son compte bancaire. Au début, Wilson en souffre, et House ne fait rien pour tenter d'arranger la situation. Lorsque Wilson a besoin que Cameron lui établisse une ordonnance, House refuse de la laisser faire. Wilson est furieux (à juste titre, selon le modèle d'amitié énoncé par Aristote, car ici, House interfère réellement avec l'excellence de Wilson en tant que professionnel de la santé et sur sa fonction sociale en tant que médecin). Dans l'épisode « Rendez-vous avec Judas », Wilson voit Cuddy éclater en sanglots après une remarque indélicate de House sur ses capacités d'être une bonne mère, comprend que Chase s'est fait frapper au menton (par House), et regarde les membres de l'équipe subir les interrogatoires policiers, alors que leurs biens financiers sont gelés. House entrave l'excellence et le bonheur de tout le monde en refusant d'admettre qu'il a mal soigné Tritter, et qu'il est sérieusement dépendant à la Vicodin.

Wilson finit par dire à Tritter qu'il accepte de témoigner. En apparence, cela ressemble à une trahison de Wilson envers House parce que la situation devient trop dure. Au bout du compte, cependant, Wilson ne décide d'interférer avec l'excellence et la fonction sociale de House qu'après que ce dernier a mis leur amitié en danger et compromis sa propre excellence. Même si dans un épisode précédent, Wilson se fâche contre House, lui disant que le fait qu'il lui fournisse sa drogue « n'est pas quelque chose dont il devrait se plaindre », on ne peut considérer Wilson comme un simple fournisseur. Il prend position, encourage House à aller en cure de désintoxication, et ne change d'avis que lorsqu'il s'excuse de façon suffisamment convaincante, et fait quelques pas (qui se révéleront faux) vers la guérison.

Plus tard, après les excuses de House, Wilson refusera de témoigner contre lui car en fin de compte, House remplit sa mission à l'hôpital et sauve des vies, plus que Wilson ne le fait. Bien que Tritter menace ce dernier de le condamner pour avoir interféré dans une enquête, Wilson ne revient pas sur sa décision : il vaut mieux pour les patients que ce soit lui qui aille en prison plutôt que House. Cuddy semble être d'accord avec Wilson si l'on en croit son témoignage dans « Cœurs brisés », s'arrangeant pour faire libérer House en se parjurant. L'affaire est classée, mais Cuddy n'est pas totalement convaincue d'avoir agi comme elle le devait en sauvant la carrière de House. Elle se souvient des événements récents, durant lesquels il était un obstacle pour le reste du personnel de l'hôpital, et ses mots sont durs : « La situation s'est détériorée pour tout le monde, à cause de vous. La seule bonne nouvelle, c'est que désormais, c'est moi qui vous tiens. » En tant qu'administratrice, elle a la responsabilité que l'hôpital atteigne au mieux l'*aretè*. Elle a sauvé House parce qu'elle pense que sa présence y est bénéfique (ou du moins qu'il en a le potentiel). Cuddy croit peut-être qu'elle peut se servir de son nouveau pouvoir pour pousser House à remplir plus correctement sa fonction, et contribuer ainsi à l'excellence de l'hôpital. Pour arriver à ses fins, elle voudrait qu'il ressente de la culpabilité.

Ce genre de manipulation est digne de House lui-même ! Sa seule façon d'aider les gens à remplir leur fonction est de les mettre mal à l'aise. Il dirige sans cesse son équipe pour que « leur amour-propre dépende de leur travail ». Alors que Wilson et Cuddy sont souvent en désaccord avec ses méthodes, insistant sur le fait que jouer sur la culpabilité et l'ego n'est pas la seule façon de former les meilleurs médecins, House pourrait faire remarquer que cela fonctionne, et donc, que c'est une bonne chose. House considère aussi qu'il doit ingérer de grosses doses d'anti-douleurs afin d'atteindre l'excellence. Cuddy et Wilson ne sont pas d'accord et souhaiteraient qu'il ait une vie meilleure, plus épanouie et moins dépendante des médicaments, qui contribuerait à son excellence dans son ensemble.

Chase et Cameron : le sexe ruine-t-il l'amitié ?

La tension sexuelle entre Chase et Cameron apparaît dans l'épisode trois de la première saison. Lors d'une conversation autour de la sécurité discutable des activités sexuelles d'un patient, Cameron suggère que le sexe peut être dangereux, et Chase lui demande alors si elle a déjà tué quelqu'un pendant un rapport sexuel. Après ça, Foreman dit à Cameron qu'elle a pris l'ascendant sur Chase en parlant de sexe avec autant d'assurance.

Cette tension sexuelle s'accentue quand Cameron, qui a pris du crystal meth ou de l'ecstasy (ou les deux), séduit un Chase plutôt surpris. Ils décident de ne pas recommencer, d'accord sur l'idée que continuer à avoir des relations sexuelles interférerait sur leur *aretè*, et sur leur capacité de bien faire leur travail. Lorsque dans la saison trois ils entament une relation « amis-amants », les raisons sont les mêmes. En d'autres termes, la vie sera plus drôle et épanouissante avec un bon partenaire sexuel que sans. Chase, perplexe, compare la relation à une pizza réchauffée au four à micro-ondes, mais Cameron soutient que comme la première fois ne les a pas rendus « dingues » (« De tous les gens avec qui je travaille, tu es celui dont il y a le moins de chances que je tombe amoureuse »), il n'y a alors aucune raison de croire que des relations sexuelles occasionnelles les empêcheront d'être encore plus efficaces grâce à un meilleur épanouissement physique. Ils prennent le temps pour décider ensemble que cette relation ne fera de mal ni à l'un ni à l'autre, et que leur vie professionnelle se poursuivra sans entraves. Le respect mutuel est sans ambiguïté, et n'exclut pas quelques moments privés.

Évidemment, cet accord ne fonctionne pas si bien que ça. Chase en veut plus, et (au début) Cameron le repousse. Puis cela influe sur le bon fonctionnement de toute l'équipe. Foreman s'en méfiait : « Oh merde, vous voilà à nouveau ensemble, tous les deux. » Alors qu'ils couchent ensemble, ils se mettent d'accord sur des diagnostics et des prévisions de traitement, laissant un patient seul dans la pièce des diagnostics des troubles du sommeil (Foreman, inquiet, arrive à temps pour le sauver). Quand ils ne couchent pas ensemble, ils se disputent, se chamaillent et sont en compétition pour être bien vu de House. En aucune façon, ils ne cessent de se respecter mutuellement – aucun des deux ne part ou n'essaye de faire renvoyer l'autre, ni n'interfère volontairement sur ses pratiques médicales. Ils se souhaitent toujours le meilleur l'un pour l'autre ; ils ne veulent juste pas rester trop proches tant que leur situation sentimentale ne sera pas clarifiée (House prenant un malin plaisir à les envoyer ensemble entrer illégalement chez quelqu'un, à les faire passer des tests ensemble, etc.). Chase et Cameron étaient des amis qui ont simplement eu les yeux plus gros que le ventre. Ils se considèrent toujours comme égaux, comme des professionnels, mais leurs émotions interfèrent sur leur excellence et leur bonheur (et sur celui des autres), en diminuant leurs capacités de fonctionner ensemble en tant que membres d'une équipe. Des amants peuvent parfois être amis, mais ces deux-là affaiblissent leur degré d'excellence en augmentant leurs contacts physiques.

Cameron et Foreman ne sont pas amis – vraiment ?

« Écoute, Cameron est une amie » dit Foreman à House dans la première saison, alors que ce dernier est sur le point de la retrouver pour un rendez-vous amoureux – la condition émise par Cameron pour reprendre le travail après le challenge Vogler. Foreman a décidé de s'occuper de Cameron et de l'aider à protéger son bien-être en s'assurant qu'elle ne soit pas sentimentalement blessée par le bourru et peu compatissant House. Foreman fait clairement passer le bon fonctionnement de l'équipe avant tout le reste. Il répète régulièrement qu'il a choisi de travailler avec House pour apprendre de ce dernier (peut-être en a-t-il trop appris, à la fin de la saison trois), en d'autres termes, de perfectionner sa propre excellence en tant que médecin. C'est évidemment dans l'intérêt de Foreman de s'assurer que l'équipe avance sans à-coups, mais il y avait plusieurs façons de parler à House avant son rendez-vous galant. Foreman aurait pu insister pour qu'il n'y aille pas, et proposer à Cameron une autre condition pour son retour dans l'équipe. Il choisit à la place de défendre Cameron en tant qu'amie qu'il se doit de protéger – une égale, une personne douée de sentiments et qui, en retour, lui souhaite le meilleur.

Il est donc surprenant, au moment où l'on apprend qu'il a dérobé les notes de Cameron, que Foreman réagisse en lui disant : « Nous ne sommes pas amis, nous sommes collègues. » Il fait passer son propre intérêt avant son soutien à Cameron, ajoutant la blessure à l'injure en l'infectant potentiellement après avoir contracté une maladie mystérieuse, et peut-être fatale, dans l'épisode « De l'autre côté ». Il souhaite franchement qu'elle tombe malade afin de l'aider, lui, à guérir. Cameron lui renvoie l'ascenseur en nature, acceptant qu'il soit, comme il lui a demandé, son tuteur médical (ce qui permet de comprendre qu'il a bien lu l'article qu'elle a écrit, et qu'il respecte son opinion et ses qualifications), mais elle rejette ses excuses et son pardon, lui qui voudrait préserver leur amitié. Elle est donc prête à remplir sa fonction en faisant d'abord passer son bien-être, exactement comme l'a fait Foreman, mais pas à le laisser dire qu'ils sont amis. Elle finit par accepter ses excuses, mais il faut du temps avant que la blessure ne cicatrise.

Nous avons affaire là au cas d'une amitié qui se détériore pour des raisons égocentriques. Ni l'un ni l'autre ne réagit bien lorsque Foreman fait passer un crédit de publication avant leur amitié, puis que Cameron met en avant les intérêts de sa propre carrière en en parlant à Cuddy. Lorsqu'ils se saluent à la fin de la saison trois, Cameron lui offre un souvenir encadré de leur brouille, peut-être une façon de lui rappeler, en le taquinant, ce qu'il lui avait volé[I]. Seront-ils encore amis dans dix ans, ou se contenteront-ils de cartes vœux à Noël ? La réponse se trouve dans leur capacité de faire passer leur bienveillance réciproque avant leur carriérisme et leur ego.

La recherche de l'excellence

Que le challenge concerne Vogler, Tritter, l'attirance sexuelle ou le carriérisme, c'est l'échange libre et égalitaire d'idées entre les amis et les collègues qui est le ciment de la cohésion de l'équipe. Ce qui les pousse à se séparer à la fin de la saison trois n'est que leur désir de maintenir l'excellence. Foreman conclut qu'être un excellent médecin ne veut pas dire être House, Chase constate que conserver son poste aux dépends de son intégrité et du respect de lui-même n'est pas bénéfique, et Cameron se rend compte que House ne fait pas toujours ce qu'il y a de mieux. Bien qu'ils recherchent ce qui, selon eux, est le meilleur, de manière différente ou conflictuelle, nous ne pouvons qu'espérer que ces amis continueront à se battre pour l'*aretè* et à se soutenir les uns les autres.

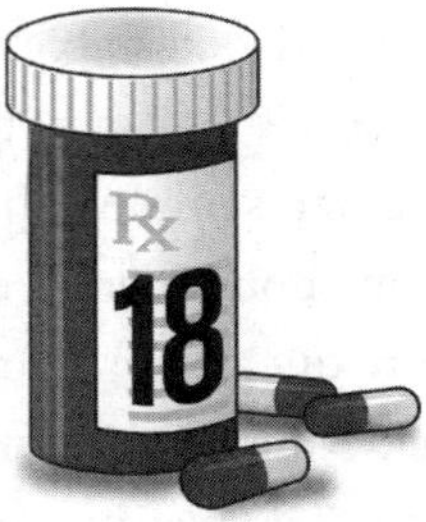

DIAGNOSTIC DU CARACTÈRE : Y AURAIT-IL DEUX DR. HOUSE ?

Heather Battaly et Amy Coplan

Rebecca (la patiente) : Le Dr. House est-il un homme bon ?
Wilson : C'est un bon médecin.
Rebecca : L'un est-il possible sans l'autre ? Ne devez-vous pas prendre soin des gens ?
Wilson : C'est une bonne motivation, mais il a trouvé autre chose.

(« Les symptômes de Rebecca Adler »)

Foreman (à House) : Pour être comme vous en tant que médecin, je dois être comme vous en tant qu'être humain. Je ne veux pas devenir comme vous.

(« Deux frères »)

Comment Gregory House peut-il à la fois être un médecin aussi excellent et une personne aussi détestable ? Rebecca, la patiente du premier épisode, a-t-elle raison ? Doit-on être quelqu'un de bon pour être un bon médecin ? Foreman semble ne pas le penser. En fait, dans « Deux frères », il explique que pour devenir un diagnosticien du calibre de House, on ne peut pas être quelqu'un de bon – ou plutôt, on doit être comme House. Nous considérons que Foreman a raison. Le caractère inégal de House n'interfère pas sur ses immenses qualités de médecin ; au contraire, c'est même un moteur. S'il était moralement meilleur, House serait un plus mauvais diagnosticien.

Le patient Gregory House

House est sans conteste un diagnosticien doué, qui arrive à des conclusions fiables et correctes sur les maladies dont souffrent ses patients[1]. Il possède une perception très fine qui lui permet de repérer des signaux qui échappent aux autres. Il remarque les spasmes musculaires involontaires, les fausses réactions à la douleur, et de minuscules anomalies sur les résultats d'IRM. House utilise le talent inductif de la déduction pour arriver à la meilleure explication dans presque chaque épisode – il trouve l'explication la plus simple pour les symptômes du patient. Il utilise aussi, régulièrement, ses talents de raisonnement déductif : par exemple, si le patient avait un cancer, cela se verrait sur les résultats de l'IRM ou de l'analyse sanguine. Ce n'est pas le cas, donc le patient n'a pas de cancer.

Ces talents de diagnosticien font-ils de House une personne moralement bonne ? Sûrement pas. Pour être quelqu'un de moralement bon, il faut posséder les vertus morales, des traits de caractère qui incluent la bienveillance, le sens de la justice, le courage ou encore la modération, pour n'en citer que quelques-uns. On peut être doué de bien des façons – comme diagnosticien, musicien, athlète – sans être moralement vertueux. Les grands cambrioleurs, par exemple, sont doués pour le vol, mais ne sont pas des gens justes. Alors que les talents, comme ceux d'un voleur, peuvent être utilisés à de mauvaises fins, ce n'est pas le cas des vertus morales.

Les talents de diagnosticien de House font-ils de lui une personne intellectuellement bonne ? Après tout, c'est un diagnosticien hors pair – il arrive à des conclusions fiables et correctes sur les maladies dont souffrent ses patients. Mais ces talents seuls ne sont pas suffisants. Pour être une personne intellectuellement bonne, il faut posséder les vertus intellectuelles, des traits de caractère qui incluent l'ouverture d'esprit, de l'attention lorsqu'on rassemble et évalue des preuves, le courage et l'indépendance d'esprit. Pour posséder ces vertus, il faut savoir rechercher la vérité pour ce qu'elle est, et non dans un but ultérieur, comme de gagner de l'argent ou devenir célèbre. On peut être doué en induction, en déduction et en diagnostic sans pour autant se limiter à la seule vérité. Les étudiants d'un cours de logique peuvent par exemple devenir doués en déduction et en induction non pas parce qu'ils s'intéressent à la seule vérité, mais parce qu'ils veulent de bonnes notes. Même des diagnosticiens talentueux peuvent finir par être motivés par l'argent ou par leur réputation – ils peuvent ne plus uniquement s'intéresser à la vérité pour ce qu'elle est (bien que cela ne corresponde pas à House). Si une personne se retrouve dans ce cas, alors, aussi douée soit-elle pour arriver à des conclusions correctes, elle n'est pas intellectuellement vertueuse. House a-t-il ces vertus intellectuelles ?

Sur le tableau : que sont les vertus ?

Notre définition des vertus se fonde sur la théorie des vertus morales d'Aristote (384-322 av. J.-C.)[2]. Les vertus sont des habitudes liées à des actions, émotions, choix, perceptions et motivations corrects. Pour être vertueux, il faut accomplir des actions vertueuses. Par exemple, une personne ouverte d'esprit sait écouter les autres au bon moment ; ceux qui n'en sont pas capables ne le sont pas. Une personne bienveillante aide les autres lorsqu'elle comprend que le besoin s'en ressent ; ceux qui n'en sont pas capables ne sont pas bienveillants. Pour être vertueux, il faut également le vouloir. Se contenter de reproduire ce que ferait une personne vertueuse ne vous rend pas vertueux pour autant. Aider les autres au bon moment ne suffit pas pour être bienveillant, de même que les écouter quand il le faut ne suffit pas pour être ouvert d'esprit. Il faut également accomplir ces actions pour de bonnes raisons. Les manipulateurs, par exemple, aident et écoutent les autres, mais sont motivés par un intérêt personnel et non par l'altruisme ou la recherche de la vérité.

Les personnages de *Dr. House* font parfois ce que feraient des gens vertueux (ce qui ne signifie pas nécessairement qu'ils ont totalement acquis les vertus). Comme illustration, prenons l'épisode « L'histoire d'une vie », dans lequel Foreman et Wilson s'occupent de leur patiente, Victoria, et ne veulent pas qu'elle meure seule. Ils quittent l'hôpital et partent à la recherche de James, une personne dont Victoria a parlé. Ils n'arrivent pas à le trouver, mais ils essayent (hélas, ils découvrent que James, qui est le fils de Victoria, est mort dans un accident). Ils font ce qu'une personne bienveillante ferait dans ce type de circonstances. Dans « Test de paternité », Chase saisit à bras-le-corps un patient en proie à des hallucinations, pour l'empêcher de tomber du toit de l'hôpital. Dans ce cas, Chase fait ce qu'une personne courageuse ferait.

House écoute sans cesse les différents diagnostics que lui propose son équipe, ainsi que Wilson et Cuddy : c'est ce que ferait une personne ouverte d'esprit. Dans « Des maux d'amour », Foreman commence par suggérer que le patient, Harvey, souffre d'une endocardite bactérienne (l'infection d'une valvule cardiaque). Chase envisage ensuite un anévrisme, suite à un traumatisme. L'équipe obtient alors un autre élément : ils voient « l'amie » de Harvey, Annette, l'étrangler et déduisent qu'elle est dominatrice. Foreman admet alors que le diagnostic de Chase est plus probable que le sien. Dans cette situation, Foreman fait ce qu'une personne intellectuellement courageuse ferait, à savoir laisser tomber sa première idée.

House manque de vertu morale

House est un impressionnant misanthrope qui ne cesse de rater ce qu'une personne bienveillante réussirait. Il est d'une cruauté non justifiée avec les patients et leurs familles, ainsi qu'envers ses collègues et ses amis. Il insulte régulièrement et gratuitement, et il est d'une insensibilité si constante que l'on est toujours surpris lorsqu'en de rares occasions, il manifeste de la compassion. Puisqu'il rate sans cesse ce qu'une personne bienveillante réussirait, on peut dire qu'il ne l'est pas. House viole aussi régulièrement le droit à la vie privée de ses patients et de ses collègues. Dans « Test de paternité », par exemple, il fait faire des analyses ADN à partir des tasses de café des parents de son patient sans leur consentement, afin de gagner le pari qu'ils ne sont pas ses parents génétiques. Il consulte également les dossiers médicaux privés de Wilson, Cameron et Stacy sans leur avoir demandé l'autorisation. House ne se comportant pas comme l'aurait fait quelqu'un de juste, il ne l'est pas.

Ce qui l'intéresse est de chercher la vérité, pas de la dire. Il ment à Tritter, et à ses collègues, en leur disant qu'il ne prend plus de Vicodin. Il lui arrive aussi de tromper les autres médecins. Dans « Une mère à charge », par exemple, il piège volontairement un chirurgien pour que ce dernier opère sa patiente – il réduit la tumeur de la patiente de manière qu'elle soit suffisamment petite pour que le chirurgien puisse l'enlever. Ne se comportant pas comme l'aurait fait une personne honnête, House n'est donc pas honnête.

Il manque à House certaines des vertus morales, mais il n'y a ici rien de particulièrement choquant. Ce qui le serait beaucoup plus, serait de découvrir qu'il n'a pas de vertu intellectuelle. Il semble clairement avoir des motivations intellectuellement vertueuses ; après tout, il cherche la vérité (il veut résoudre l'énigme) pour ce qu'elle est, et rien de plus – ni la gloire, ni l'argent, ni même la santé de ses patients. Il accomplit souvent, aussi, des actions intellectuellement vertueuses : il envisage plusieurs hypothèses, sait défendre ses diagnostics quand ils sont remis en question, et rassemble des preuves à partir d'analyses, de revues médicales et de visites au domicile des patients. House semble alors être un absolu parangon de vertu intellectuelle. Certaines de ces apparences sont pourtant trompeuses. Des philosophes comme Platon ou Aristote affirment que soit l'on a toutes les vertus, soit aucune. C'est la Thèse de l'Unité des Vertus. Cela impliquerait que puisque objectivement, House ne possède pas toutes les vertus, il n'en a aucune.

L'Unité des Vertus

De ce point de vue, la maladie liée au caractère de House est systémique. Tous ses traits de caractère, qu'ils soient moraux ou intellectuels, sont touchés car ils sont tous reliés entre eux. La vie est désordonnée. Une situation unique peut avoir des conséquences sur plus d'une vertu. Imaginons que Cuddy soit amenée à prendre grand soin d'une patiente qui souffre d'insuffisance rénale. Doit-elle utiliser son pouvoir pour placer sa patiente en tête de liste des transplantations d'organes, même s'il n'y a aucune raison médicale d'agir ainsi ? Cuddy doit être aussi sensible à des considérations de bienveillance qu'à la justice – elle doit reconnaître que bien qu'elle veuille aider sa patiente, la placer en tête de liste serait injuste vis-à-vis de ceux qui y sont déjà. Les vertus de bienveillance et de justice s'entrecroisent, et si Cuddy n'apporte pas une réponse appropriée aux droits des autres, elle ne sera ni juste, ni bienveillante. À cet égard, cela ne concerne pas la bienveillance ou la justice en particulier. Toutes les vertus morales se croiseront entre elles. La vie est compliquée, et les problèmes se chevauchent. En résumé, si l'on ne réagit pas correctement à ce qui touche les droits des autres, cela ne nous empêchera pas uniquement d'être juste, mais aussi d'être bienveillant, modéré, et courageux. Chaque trait de caractère moral étant lié à tous les autres, si l'un est touché, ils le sont tous.

On peut en dire de même des vertus intellectuelles. Dans « L'erreur est humaine », Cameron diagnostique à un patient une réaction allergique. L'un de ses collègues pense qu'elle se trompe, et que le patient souffre en réalité d'une maladie auto-immune. Cameron doit-elle prendre cet autre diagnostic en considération, ou plutôt se battre pour défendre le sien ? Doit-elle essayer d'anticiper sur sa propre réaction ? Cela dépend entièrement du contexte : quel est le collègue qui a proposé l'autre diagnostic et son domaine de compétence, Cameron en sait-elle plus que lui sur le sujet, est-elle vraiment sûre de son propre diagnostic, s'est-elle déjà servie d'autres éléments convaincants qui lui permettent d'éliminer les maladies auto-immunes, etc. L'ouverture d'esprit ne doit pas non plus déboucher sur une trop grande naïveté : il faut éviter de prendre en considération des alternatives inutiles. Parfois, cependant, ne pas être naïf revient à savoir défendre ses propres conclusions – c'est-à-dire avoir la bonne sensibilité liée à son courage intellectuel.

À la fin du même épisode, House reproche à Cameron de n'avoir pas su défendre son diagnostic. Admettons que House ait raison, et que Cameron ait été intellectuellement lâche. Si c'est le cas, elle a également été naïve. Cela démontre que la vertu de l'ouverture d'esprit et celle du courage intellectuel s'entrecroisent. Cela ne concerne pas l'ouverture d'esprit ou le courage intellectuel en particulier. On peut s'attendre à ce que toutes les vertus intellectuelles s'entrecroisent. Si l'on ne réagit pas correctement lorsqu'on doit défendre ce à quoi l'on croit, on sera non seulement intellectuellement lâche, mais on ne sera pas plus ouvert d'esprit, intellectuellement indépendant, ou attentif à la réunion de preuves. En résumé, si l'un des traits du caractère intellectuel s'avère inefficace, ils le seront alors tous, puisqu'ils sont liés les uns aux autres.

Enfin, et c'est le plus important, la vie est tellement compliquée que nos vies morales et intellectuelles se mêlent aussi. Les exemples sont nombreux. Considérons un cas classique dans lequel s'entrecroisent les intérêts de la justice et ceux de la recherche de preuves. Supposons que vous ayez deux jeunes enfants mais, hélas, le premier est perturbateur, et le second manipulateur. L'un d'entre eux est responsable de la perte d'un solide héritage, mais vous ne savez pas lequel. Chacun accuse l'autre. Si vous ne cherchez pas vraiment à établir la vérité et, ainsi, ne rassemblez pas suffisamment d'éléments, votre décision de punir l'un ou l'autre de vos enfants sera injuste. Dans ce cas, il n'y a pas que la justice et la volonté de rechercher de nouveaux éléments qui s'entrecroisent : chaque vertu morale et intellectuelle est liée à toutes les autres. Si l'un des traits, quel qu'il soit, est inefficace, les autres le seront aussi. Les traits de caractère sont comme les fils d'une toile d'araignée. Si vous tirez sur l'un d'entre eux, cela affectera tous les autres.

Oh, quelle toile enchevêtrée !...[1]

Il est plus simple de démontrer la maladie systémique du caractère de House en se concentrant sur son obsession pathologique de la recherche de la vérité. Tirons alors sur ce fil de la toile de House, et observons ce qui se passe. Son désir excessif de trouver la vérité le rend injuste ; il s'occupe trop de cette recherche et pas assez des droits des gens. Dans « Vivre ou laisser mourir », le patient de House est un célèbre trompettiste à qui un autre médecin a diagnostiqué une SLA (sclérose latérale amyotrophique). House décide d'outrepasser l'IVV (« interruption volontaire de la vie »), pourtant signée par le musicien, en l'intubant et en le soignant pour la maladie de Wegener. Il veut avoir la confirmation que le diagnostic d'une SLA est faux. Dans « Dernier espoir », House soigne une patiente sauvée de la noyade alors qu'elle tentait de fuir Cuba. Elle meurt (ndt : croit-on, pendant presque 24h), mais il maintient son pontage pendant des heures, sans rien dire à son mari, car House veut savoir exactement ce qui s'est passé. Cuddy demande à House : « À part votre curiosité, avez-vous la moindre raison de poursuivre le pontage ? Vous voulez une fin romanesque ? [...] Je sais que vous ne vous en fichez pas. » Ce à quoi House répond : « Si. Mes motivations sont pures. » Cela signifie qu'il ne s'intéresse qu'à la vérité, et non au droit du mari de savoir que sa femme est morte. Guidé par son désir excessif de recherche de la vérité, House viole aussi régulièrement le droit des patients à la vie privée, envoyant en secret son équipe à leur domicile pour y chercher de nouveaux éléments. Les choix de House démontrent qu'il ne se soucie pas assez des droits des autres, de leur vie privée, et de leur indépendance. Par conséquent, il n'est pas juste.

Ce désir très poussé de recherche de la vérité qui caractérise House le rend, dans le même temps, tout aussi excessivement cruel avec ses « amis » et ses patients. Dans « Jeux d'enfants », Tritter met la pression sur Wilson (dont on peut dire qu'il est l'ami de House), l'empêchant de pouvoir faire des ordonnances pour qu'il dise la vérité sur l'addiction de House à la Vicodin. Ce dernier donne son accord pour que Cameron les rédige à sa place, mais peu après change d'avis sous le prétexte qu'il a besoin d'elle pour résoudre le cas dont il s'occupe. House est également célèbre pour son comportement cruel envers les patients et leurs familles afin de leur soutirer des informations. Ses choix démontrent qu'il ne tient pas suffisamment compte du bien-être des autres. Il n'est donc pas bienveillant.

Ce désir d'obtenir la vérité à tout prix peut le rendre imprudent. Il pense trop à la vérité qu'il recherche, et pas assez aux risques pris. Il saisit trop vite les occasions d'« expérimenter » en soignant ses patients. Dans « Panique à la maternité », il décide de s'occuper de deux bébés malades avec différents médicaments pour déterminer l'origine de l'infection et l'empêcher de se propager. Il sait que l'un des deux enfants mourra Si House avait pleinement informé chaque couple de parents, en leur donnant tous les détails de son approche, puis obtenu leur consentement, alors ses traitements auraient sans doute été courageux. Mais comme il ne les informe de rien, c'est juste imprudent, et non courageux ou respectable.

Certes, House accomplit souvent ce qu'aurait fait quelqu'un d'intellectuellement vertueux, et il recherche la vérité pour elle-même, et non dans le but d'obtenir la gloire ou plus d'argent. Mais sa motivation étant excessive, il passe à côté d'une vertu intellectuelle totale. Et puisque selon la Thèse de l'Unité, toutes les vertus (morales et intellectuelles) se recoupent, House n'est pas un homme vertueux.

Il est malade, mais pas tant que ça

Aurions-nous établi le diagnostic de House trop rapidement ? Quel est le diagnostic différentiel ? Serait-il possible que la maladie du caractère de House soit localisée, et non systémique, et que par conséquent, bien qu'il ne soit pas moralement vertueux, il conserve néanmoins sa vertu intellectuelle ? Si c'est le cas, alors la Thèse de l'Unité est fausse, et il serait possible d'être à la fois moralement mauvais (ou moralement faible) et bon intellectuellement.

On peut facilement défendre que House possède tout ce qui est nécessaire pour être intellectuellement vertueux, en particulier de solides traits de caractère intellectuels. Il s'intéresse à la vérité pour ce qu'elle est, arrive à des conclusions fiables et correctes, a l'esprit ouvert, a du courage intellectuel et rassemble avec soin les différents éléments dont il a besoin.

On peut se demander si House ne s'intéresse pas trop à la vérité, mais on ne peut remettre en question le fait qu'il le fasse pour elle-même. Contrairement à beaucoup d'autres médecins spécialistes de la série, House n'est motivé ni par son statut, ni par l'argent. Mais il ne se contente pas de *s'intéresser* à la vérité : il la trouve, ce qui signifie qu'il résout constamment des cas qui semblent insolubles, sur lesquels tous les autres ont buté, et qu'il propose des traitements efficaces. Il est capable de le faire parce qu'il a l'habitude de garder l'esprit ouvert, d'être intellectuellement courageux et concentré dans sa recherche d'indices. Arriver, de cette façon, à des conclusions fiables et correctes, à partir d'une recherche de la vérité pour ce qu'elle est, semble suffisant pour le considérer comme intellectuellement vertueux.

L'ouverture d'esprit de House

Pour trouver la vérité, House développe des vertus intellectuelles spécifiques. D'abord, il a toujours l'esprit ouvert. Il est prêt à envisager de multiples hypothèses et explications pour des problèmes médicaux variés, même si elles peuvent sembler tirées par les cheveux. Il est bien plus prêt à innover que la plupart des autres médecins de la série, qui ont tendance à se concentrer sur les explications évidentes, laissant de côté les possibilités plus extravagantes, ou celles qui impliqueraient davantage les patients et leurs familles. Dans l'épisode « Bonheur conjugal », on envoie à House un jeune homme pour une série de symptômes inhabituels. L'équipe élimine rapidement les causes les plus évidentes, et House émet l'hypothèse que l'homme souffre d'un empoisonnement aux métaux lourds. Les analyses ayant démontré qu'il n'a été en contact avec aucun métal présent dans l'air ou dans l'eau, House conclut que c'est sa femme qui doit l'empoisonner. L'équipe reste incrédule et peu convaincue. House défend alors son explication *a priori* peu plausible auprès de Cameron : « C'est la seule explication possible. Nous avons éliminé toutes les autres possibilités. C'est n'est pas le lupus. Ce ne sont pas des allergies. Ce n'est pas une sclérose latérale amyotrophique, ni de l'arthrite ou une sarcoïdose. Il ne reste que ça. » Peu après, alors que House tente de convaincre Cuddy de l'autoriser à faire des recherches sur le corps de la femme, contre l'avis de Cameron, il explique à nouveau que, selon lui, la seule explication de l'état de l'homme est que sa femme l'empoisonne. Cameron considère que « c'est la seule explication qu'un esprit tordu comme le sien peut trouver ». L'explication est peut-être tordue, mais il s'avère que c'est la bonne.

House envisage souvent des explications peu habituelles, mais il n'écoute pas tout le monde, et ne retient pas toutes les alternatives qu'on lui propose. Il a plutôt tendance à régulièrement ne pas tenir compte de ce que les patients racontent de leur vie et leurs habitudes, mettant en doute ce qu'ils disent, puisque « tout le monde ment ». Son équipe et nombre de ses patients sont frustrés par sa mauvaise volonté à prendre au sérieux les dires de ces derniers. Mais avoir l'esprit ouvert ne veut pas dire que l'on écoute tout le monde. Il s'agit plutôt de ne rester attentif qu'à ceux qui valent la peine d'être écoutés pour le cas à traiter. Cette méfiance de House envers ce que lui disent les patients s'avère presque toujours justifiée. Il suffit de repenser à tous ceux, au cours de la série, qui ont caché un élément important lié à leur état : le père qui a eu des relations sexuelles avec sa fille dans « Confusion des genres », la mère de famille hyperactive qui ment sur sa consommation de Ritalin, et sur le fait qu'elle prenne la pilule (dans « Désirs illusoires »), ou encore la jeune femme qui ment sur ses réactions allergiques au chien que sa petite amie lui a offert, dans « Insomnies ». Ce ne sont là que quelques exemples de patients dont les propos s'avèrent ne pas être dignes de confiance. En étant sceptique, House peut diagnostiquer et soigner ses patients plus vite, et plus efficacement.

Le courage intellectuel de House

House est intellectuellement courageux. Il est toujours prêt à monter au créneau pour défendre ce à quoi il croit face aux critiques et à la pression exercée par les autres médecins. Souvenons-nous de l'épisode « Protection rapprochée », dans lequel personne n'arrive à comprendre pourquoi Melinda, une adolescente qui vient d'être greffée, fait un choc anaphylactique. Après plusieurs traitements infructueux, et alors que son état empire, House conclut qu'elle doit être allergique aux tiques, et qu'il doit y en avoir une quelque part sur son corps. Personne ne veut l'écouter. Ils ont déjà fait passer à Melinda des tests relatifs aux morsures d'insectes. La théorie de la tique est considérée comme une perte de temps précieux. Cuddy ordonne à House de quitter la pièce, mais il est sûr de sa conclusion, et ne veut pas laisser tomber. Il finit par coincer Melinda dans un ascenseur au moment où ils la transportent vers la salle d'opération. Son rythme cardiaque continue à baisser, et House contraint Foreman à lui administrer une dernière piqûre d'atropine, afin qu'il ait un peu plus de temps pour trouver la tique. Juste au moment au Foreman redémarre l'ascenseur et que Cuddy et les parents de Melinda commencent à craquer, House trouve la tique responsable des problèmes de Melinda. Elle se trouvait dans son vagin (où personne n'avait regardé).

House semble souvent ravi de l'emporter sur les autres en proposant des explications pour des états divers, mais il est tout aussi prêt à se rétracter s'il y a une bonne preuve contre, ou lorsque quelqu'un arrive à le persuader que son point de vue n'est pas le bon. Les réunions qu'il organise avec son équipe sont des brainstormings autour des diagnostics possibles et des explications pertinentes, ayant pour but d'éliminer le plus grand nombre d'hypothèses possible. Dans l'épisode

« Casse-tête », House émet l'hypothèse qu'un adolescent sévèrement brûlé lors d'un accident de véhicule tout-terrain, souffre de dépression. Il continue à défendre son hypothèse, face aux critiques, jusqu'à ce qu'il trouve une trace de brûlure sur le poignet du garçon qui implique une explication différente. House laisse immédiatement tomber l'hypothèse de la dépression. Malgré son égocentrisme, la vérité l'intéresse plus que d'avoir forcément raison.

Les asticots, les violations de domicile – tous les moyens sont bons

House est ouvert d'esprit, intellectuellement courageux, mais aussi très attentif lorsqu'il s'agit de réunir des preuves. Il ne lui arrive que rarement, voire jamais, de cesser prématurément sa recherche d'éléments nouveaux et souvent, alors que les autres ont abandonné en considérant un cas comme trop difficile à résoudre, House trouve des méthodes créatives et inhabituelles pour réunir d'autres informations, et finit par fournir de bons diagnostics et des traitements convaincants.
Toujours dans l'épisode « Casse-tête », les brûlures du patient sont si graves que les tests habituels, pour obtenir plus d'informations, ne peuvent être pratiqués. House propose donc à son équipe d'utiliser un galvanomètre, un instrument datant de la fin du dix-neuvième siècle, qui détecte les courants électriques. Ensuite, alors qu'il n'est toujours pas clair si l'infection du patient se situe dans son cerveau antérieur ou au niveau de sa peau brûlée, House et son équipe déposent ces milliers d'asticots sur la poitrine du patient pour qu'ils dévorent la chair morte, et nettoient la plaie. Cette méthode horrible permet d'éviter à l'équipe d'avoir à attendre que les brûlures cicatrisent, et de détecter plus rapidement l'origine de l'infection.
House envoie régulièrement les membres de son équipe pénétrer illégalement au domicile des patients, pour y chercher des indices. Cette méthode s'avère si efficace que Foreman l'utilise dans les épisodes « Problèmes de communication » et « Faux-semblants », lorsqu'il se

retrouve temporairement chef du département de House. C'est d'autant plus significatif que Foreman est celui qui critique le plus les tendances de House à outrepasser les lois. Pourtant, les deux fois où Foreman prend cette décision, les renseignements obtenus se révèlent être importants pour résoudre les cas. Les méthodes de House peuvent sembler excessivement zélées, mais elles mènent souvent à la vérité, en fournissant des informations vitales pour soigner les patients.

Non-unité des vertus ?

House possède au moins quelques-unes des vertus intellectuelles, ce qui impliquerait que la Thèse de l'Unité des Vertus serait fausse. House est intellectuellement vertueux, bien que manquant de vertu morale.

Dans certains cas, ou dans certains domaines, l'absence de vertu morale engendre peut-être des problèmes intellectuels, mais le manque de vertu morale de House ne semble pas empiéter sur sa capacité d'établir de bons diagnostics. Son manque de bienveillance et d'honnêteté font de lui un pauvre type, mais cela ne l'empêche pas pour autant d'avoir l'esprit ouvert, d'être intellectuellement courageux, et concentré dans sa recherche d'indices.

Ses vertus intellectuelles ne font pas de House une bonne personne morale, et ne le poussent pas à traiter les gens avec respect, ni avec gentillesse ou sensibilité, mais le but de la vertu intellectuelle n'est pas de se comporter correctement avec les autres. C'est la vérité. Une personne intellectuellement vertueuse ne s'intéresse à la vérité que pour ce qu'elle est. C'est ce que fait House.

Pronostic : voulons-nous vraiment d'un Dr. House en bonne santé ?

House est à la fois un con de première et un diagnosticien parmi les meilleurs au monde. Il utilise constamment des méthodes créatives et non conventionnelles pour obtenir des informations et des diagnostics qui lui permettent de sauver des patients qui ont des problèmes que personne d'autre n'a su résoudre. Ce contraste entre son échec dans ses relations aux autres et son succès comme diagnosticien est présent tout au long de la série. Foreman décrit House comme « un salaud manipulateur », mais également comme « le meilleur médecin avec qui il ait travaillé ».

De plus, si House était moralement vertueux – s'il était une meilleure personne –, il ne serait pas meilleur médecin. Il serait moins bon. On peut dire, ainsi, que si House était soigné pour la maladie liée à son caractère, il serait moins efficace avec ses patients.

Wilson soulève ce point dans les épisodes consécutifs « De l'autre côté » et « Au suivant », quand House cherche un diagnostic pour Foreman, qui a développé une maladie du cerveau mystérieuse et mortelle. Wilson pose des questions à House sur ses méthodes, lui disant qu'il est « prudent » et « banal » parce que le patient est Foreman. L'état de Foreman empirant, et le temps commençant à manquer, Foreman demande à House de lui faire une biopsie de substance blanche au cerveau, une procédure extrêmement dangereuse qui peut causer des dégâts irréversibles sur le fonctionnement du cortex cérébral. House refuse, insistant sur le fait que c'est dangereux, et qu'ils ont encore du temps. Wilson s'en rend compte, et dit que House ne se comporte pas comme d'habitude parce qu'il tient trop à Foreman. Wilson essaye de le faire changer d'avis : « Tu ne veux pas voir tes patients, parce que tu te sentirais plus concerné, et si c'était le cas, tu ne prendrais jamais de décisions risquées. » Wilson veut dire que s'il ne s'agissait pas de Foreman, House n'aurait pas pris les risques en compte, et aurait entamé la procédure.

S'il éprouvait de la compassion pour ses patients, et s'il s'investissait personnellement auprès d'eux, il lui serait impossible de pratiquer la médecine comme il le fait. Il s'inquiéterait plus des risques qu'il prend régulièrement pour obtenir des informations sur l'état de ses patients, et serait moins enclin à les soumettre à des douleurs physiques et émotionnelles. La recherche empirique démontre que les gens qui éprouvent plus facilement de la compassion risquent d'être trop sensibles à la souffrance des autres, ce qui les rend moins capables de les aider[3].

La malhonnêteté de House et sa volonté de ne pas respecter la loi font aussi partie, de manière essentielle, de ses méthodes de diagnostic habituelles. Il pénètre régulièrement, et illégalement, chez les patients pour y rechercher des indices sur leur état. Il s'agit là d'un viol de la vie privée, mais il s'avère que cela lui fournit souvent des renseignements essentiels pour résoudre le cas. Cela arrive dès le premier épisode de la série. House envoie Foreman et Cameron chez une institutrice dont il n'arrive pas à expliquer tous les symptômes. Alors qu'ils semblent ne rien trouver, House apprend que la patiente a du jambon dans son frigidaire, ce qui l'amène à la conclusion qu'elle a un ver solitaire dans le cerveau. Comme d'habitude, il a raison, mais il ne peut atteindre cette conclusion qu'après avoir forcé la porte de son domicile. Cette façon de réunir des preuves est objectivement inopportune, pour ne pas dire illégale. Néanmoins, elle est extrêmement efficace.

Ce ne sont que quelques exemples de la façon dont le manque de vertu morale de House l'aide à trouver les bons diagnostics, et à sauver ses patients. Il est très rare que pour y arriver (souvent contre toute attente), il n'emploie pas de méthodes trompeuses ou indélicates. En d'autres termes, le fait que House ne soit pas une bonne personne morale fait partie de ce qui l'aide à être un médecin si exceptionnel.

Qu'est-ce qui explique la personnalité de House ? Pourquoi est-il à ce point prêt à faire ce que d'autres ne feraient pas ? Pourquoi prend-il tant de risques ? C'est parce qu'il ne pense qu'à la résolution de ses cas, à trouver des réponses à des questions difficiles, et à proposer des diagnostics que les autres ne trouvent pas. Cette obsession le pousse à ne pas respecter les règles, à traiter les gens avec cruauté et sans sensibilité, à entrer dans leur vie privée, à leur mentir, et à soumettre ses patients à des risques que d'autres médecins trouveraient trop grands. C'est ce qui fait de lui un diagnosticien exceptionnel. Mais à quel prix ?

En dehors de sa carrière, House n'a pas de vie. Il n'a pas de compagne, aucun autre véritable ami que Wilson (qu'il traite très mal), et aucun contrôle sur son addiction sévère à la drogue. Du coup, une fois les cas résolus et les patients sauvés, sa vie est presque inexistante. Ces points sont majeurs, certes, mais insuffisants pour mener une vie équilibrée. House ne pense donc qu'à une seule chose. Que devons-nous en conclure, et quel est le lien avec la question de la vertu ? Son grand talent de diagnosticien n'est possible que parce que sa vie est déséquilibrée. Il est capable d'être le plus grand médecin avec qui Foreman a jamais travaillé, celui que Cuddy décrit comme le meilleur qui soit sous sa direction, et celui qui démêle des situations impossibles à résoudre par qui que ce soit d'autre, parce qu'il veut à tout prix trouver la vérité et résoudre ses cas. Cette obsession est tout ce qu'il a. C'est toute sa vie. House nous fascine à la fois parce qu'il est si bon dans son domaine, et si mauvais dans presque tout le reste – et parce que ces deux points semblent reliés. Voudrions-nous que House soit une meilleure personne ? Pas si nous souffrions d'un mal mystérieux. Dans ce cas, nous serions tout à fait prêts à supporter sa grossièreté, sa malhonnêteté, et son empressement à enfreindre la loi[4].

COLLABORATEURS

L'Équipe du CHU de Princeton-Plainsboro

Jerold J. Abrams est maître de conférence en philosophie à la Creighton University d'Omaha, dans le Nebraska. Il écrit régulièrement sur la philosophie du cinéma et de la culture populaire, et ses essais ont été publiés dans différents ouvrages : *Battlestar Galactica et la Philosophie* (*Battlestar Galactica and Philosophy*, Blackwell, 2007) ; *La Philosophie du film noir* (*The Philosophy of Film Noir*), *La Philosophie du nouveau film noir* (*The Philosophy of Neo-Noir*) et *La Philosophie de Martin Scorsese* (*The Philosophy of Martin Scorsese*, University Press of Kentucky). Contrairement à House, Abrams marche très bien, n'ayant donc aucune excuse pour son sale caractère.

Jeremy Barris est professeur de philosophie à la Marshall University de Huntington, en Virginie-Occidentale. Comme philosophe, il s'intéresse principalement aux liens entre la réalité, la pensée, la façon de s'exprimer, l'humour et la justice. Il a notamment publié *Le Paradoxe et la Possibilité de la connaissance : l'exemple de la psychanalyse* (*Paradox and the Possibility of Knowledge: The Example of Psychoanalysis*) et *La (Dé)marche de la grue : Platon, le pluralisme et l'inconstance de la vérité* (*The Crane's Walk: Plato, Pluralism, and the Inconstancy of Truth*). Il aime frapper violemment avec sa canne des étrangers pris au hasard, pour voir si cela l'aidera à trouver des réponses.

Heather Battaly est maîtresse de conférence en philosophie à la California State University de Fullerton. Elle eut la chance d'avoir comme parents un mathématicien et une historienne. Cela explique deux de ses plus grandes passions philosophiques – la logique et Aristote – et son plaisir à enseigner. Ses publications se concentrent sur la théorie de la connaissance et de la vertu intellectuelle. Elle est l'auteur de « Enseigner les vertus intellectuelles », dans *Enseigner la philosophie* (*Teaching Philosophy*, 2006), de « La vertu intellectuelle et la connaissance de son orientation sexuelle », dans *Le Sexe et l'Éthique* (*Sex and Ethics*, publié par R. Halwani, 2007), et co-éditrice de *Points de vue sur la philosophie de William P. Alston* (*Perspectives on the Philosophy of William P. Alston*, 2005). Elle adore le Dr. House, mais aucune quantité de Vicodin ne suffirait pour qu'elle accepte le poste de Cuddy.

Teresa Blankmeyer Burke enseigne la philosophie et la bioéthique à la Gallaudet University de Washington, D.C., la seule université des arts libéraux au monde pour les sourds et malentendants. Elle écrit sur la bioéthique et le handicap, et s'intéresse tout particulièrement aux conséquences potentielles des technologies génétiques sur la communauté des sourds communiquant par le langage des signes. Teresa caresse secrètement l'idée d'utiliser l'approche du diagnostic différentiel de House pour évaluer ses étudiants, mais elle sait que Cuddy ne sera jamais d'accord.

Amy Coplan est maîtresse de conférence en philosophie à la California State University de Fullerton. Ses recherches s'orientent en particulier vers la psychologie morale, la philosophie du cinéma, et la philosophie des Grecs anciens. Elle co-signe actuellement un ouvrage interdisciplinaire sur l'empathie (et *oui*, elle sait ce que House en penserait), et publie un livre sur *Blade Runner*. En plus de la philosophie et des films, elle aime entretenir des relations parasociales avec des gens comme House ou Wilson, explique à tout le monde comme ses deux labradors sont extraordinaires (ce qui est objectivement vrai, au passage), et diagnostique les troubles de la personnalité de ses amis et de sa famille. Étant donné les tendances misanthropes et les manières caustiques de House, elle pense qu'il aurait toute sa place lors d'un congrès de l'Association américaine de philosophie.

Jane Dryden n'est pas un médecin avec une guitare électrique dans son bureau, mais elle a un doctorat en philosophie et un banjo. Comme elle passe l'essentiel de son temps seule à la bibliothèque, elle aimerait avoir une équipe d'assistants sensationnels pour l'aider dans ses recherches, qui se concentrent sur l'idéalisme allemand et la philosophie féministe. Jane considère que Hugh Laurie est extraordinaire, grâce à son accent anglais, dans (la série télévisée anglaise des années 90) *Jeeves and Wooster*.

Kenneth Ehrenberg est maître de conférence en philosophie et enseignant-chercheur en droit à la State University of New York, à Buffalo. Il a publié dans les domaines de la théorie juridique, de la méta-éthique et de la théorie de la valeur, et travaille actuellement sur des questions qui impliquent l'autorité et les méthodes utilisées pour comprendre la loi. Il a remarqué la dette de House envers Sherlock Holmes dès la première fois qu'il a vu la série, et se sent aujourd'hui de plus en plus proche de Hugh Laurie.

John R. Fitzpatrick enseigne la philosophie à la University of Tennessee, à Chattanooga. Il est l'auteur de *La Philosophie politique de John Stuart Mill : équilibrer la liberté et le bien collectif* (*John Stuart Mill's Political Philosophy: Balancing Freedom and the Collective Good*, Continuum Press, 2006) et *Commencer avec Mill* (*Starting With Mill*, à paraître, Continuum Press, 2009). Il est depuis longtemps fan de films policiers ou se déroulant dans le milieu médical, et il est Maître national aux échecs. Comme House, John pratique la vertu de l'excentricité avec aisance.

Comme tous ceux qui ont toujours voulu devenir médecin, **Melanie Frappier** n'a jamais été inscrite à l'école de médecine, a passé une licence en ingénierie physique, puis a opté pour la philosophie. Elle enseigna avec plaisir à Mankato, à la Minnesota State University, avant de donner des cours sur l'histoire des sciences à l'Université de King's College, à Halifax, au Canada, où elle attend toujours un premier poste de chercheuse dans un hôpital. Comme House, elle considère que la méthode socratique est la meilleure façon de tout enseigner, mais elle est canadienne (n'est-ce pas !) et n'ose l'appliquer de peur de blesser quelqu'un. Elle vit à Nova Scotia avec son mari et leurs deux fils.

David Goldblatt est professeur émérite de philosophie à la Denison University de Granville, dans l'Ohio. Il est l'auteur de *L'Art et le Ventriloquisme* (*Art and Ventriloquism*, Routledge) et le co-éditeur, avec Lee B. Brown, de *L'Esthétique : un lecteur en philosophie des arts* (*Aesthetics: A Reader in Philosophy of the Arts*, Prentice Hall), dont la deuxième édition vient de sortir. Il est également l'auteur d'un grand nombre d'articles philosophiques, en particulier dans le domaine de l'esthétique. Il ne prend aucune drogue sur ordonnance, et considère que moins il en sait sur le fonctionnement interne de son anatomie, mieux il se porte.

Henry Jacoby enseigne la philosophie à l'East Carolina University de Greenville, en Caroline du Nord. Il a publié des articles sur la philosophie de l'esprit, du langage et de la religion, et sur la nature de la perception morale. Il a également participé à un autre livre de cette série, *South Park et la Philosophie*. Comme House, il s'aliène tout le monde depuis l'âge de trois ans.

Renee Kyle est maîtresse de conférence et chercheuse en philosophie à l'Université de Wollongong, en Australie. Elle s'intéresse en particulier à la philosophie féministe, à la psychologie morale, aux troubles liés à des traumatismes, à la personnification et à la santé des femmes. Elle poursuit actuellement des recherches sur les implications éthiques de la nanotechnologie, mais chaque mardi, elle attend encore que Chase lui donne rendez-vous.

Jennifer L. McMahon est maîtresse de conférence en anglais et en philosophie, et est titulaire de la chaire du Département d'anglais et des langues à l'East Central University de Ada, dans l'Oklahoma. Elle est notamment spécialisée dans l'existentialisme, la philosophie et la littérature, l'esthétique, et la philosophie comparative. Elle a publié des articles dans des revues et des anthologies. Ses plus récentes recherches se sont focalisées sur la culture populaire et la philosophie. Bien qu'elle ait beaucoup écrit sur les travaux de l'existentialiste Jean-Paul Sartre, Jennifer ne souscrit pas à l'assertion de ce dernier, « L'enfer, c'est les autres ». Elle est toutefois d'accord avec Gregory House et son « Tout le monde ment ».

Sara Protasi aime tellement la philosophie qu'elle en est diplômée pour la deuxième fois, à l'Université de Yale. Elle a publié des articles et des comptes rendus de livres sur l'éthique en italien, et travaille sur un projet de recherche qui développe son étude précédente sur l'amour vrai. Sara a eu peur que Foreman ne lui vole son article, mais elle fut encore plus inquiète lorsque House l'en dissuada.

Jeffrey C. Ruff enseigne les religions à la Marshall University de Huntington, en Virginie-Occidentale. C'est un spécialiste des traditions méditatives (en particulier le Zen et le Yoga) et des expériences visionnaires mystiques et poétiques (et de la rhétorique associée). Comme artiste et comme universitaire, il s'intéresse d'une façon générale à la créativité, aux processus et aux méthodes – comment les êtres humains pratiquent le travail créatif, imaginatif et intellectuel, et la manière dont ils l'envisagent, et en parlent. Dans ses cours comme dans ses écrits sur le Zen, au lieu de faire des exposés sur l'histoire des koans ou des kensho, il parle beaucoup plus volontiers des gâteaux au chocolat, des écureuils du campus et d'observation de la Lune. House le détesterait.

Catherine Sartin est étudiante en troisième cycle de philosophie à la University of Florida, à Gainesville. Quand elle décidera de grandir et de trouver un vrai travail, elle a comme projet de travailler au sein du comité éthique d'un hôpital (c'est sa façon de justifier qu'elle regarde, en boucle, tous les épisodes de *Dr. House* pour ses recherches). En attendant, elle se concentre pour trouver une occupation qui ne soit pas l'enfer absolu.

Barbara Anne Stock est maîtresse de conférence en philosophie à la Gallaudet University de Washington, D.C. Elle s'intéresse notamment, dans ses recherches et pour l'enseignement, à la philosophie morale, à l'éthique médicale, aux débuts de la philosophie moderne, et à la philosophie à travers la science-fiction. On ne saura jamais comment Gallaudet lui a permis de pervertir l'esprit de jeunes étudiants sans défense avec un cours interdisciplinaire intitulé « Le sens de la vie, selon *Dr. House* ». Elle attend avec impatience le retour de la véritable star de la série, Steve McQueen.

Peter Vernezze est maître de conférence en philosophie à la Weber State University d'Ogden, dans l'Utah. Il est l'auteur de *Pas d'inquiétude, restez stoïques : sagesse ancienne pour époque troublée* (*Don't Worry, Be Stoic: Ancient Wisdom for Troubled Times*) et le co-éditeur de *Les Sopranos et la Philosophie* et *Bob Dylan et la Philosophie*. Il aimerait trouver un moyen d'appliquer la théorie du soin médical selon House au milieu universitaire, pour pouvoir garder son travail sans avoir à rencontrer ses étudiants.

Sara Waller est maîtresse de conférence en philosophie à la Case Western Reserve University de Cleveland, dans l'Ohio. Elle a terminé il y a peu un stage de formation animale au Shedd Aquarium, portant sur les hypothèses émises à propos du cerveau des animaux, tout en travaillant avec des loutres de mer, des otaries, des bélugas et des dauphins à flancs blancs du Pacifique. On peut trouver plus d'informations concernant son travail sur les implications philosophiques du cerveau et des modes de communication et de vocalisation des dauphins, sur www.case.edu/artsci/phil/cetacean/cetacean2.htm. Elle est spécialisée en philosophie de la neurologie, de l'éthologie cognitive, et de l'esprit, mais connaît également très bien *Dr. House* et *Buffy contre les vampires*. Elle espère être la suivante sur la longue liste des femmes de Wilson : du sexe de grande qualité, beaucoup d'attention, et lorsqu'il l'ignorera jusqu'à ce qu'elle parte, elle sait qu'ensuite il sera toujours son ami.

Mark R. Wicclair est professeur de philosophie et professeur adjoint de médecine générale à l'Université de West Virginia, à Morgantown. À l'Université de Pittsburgh, il est professeur adjoint de médecine et membre du Centre pour la bioéthique et du droit de la santé. Mark s'autoproclame « accro à House », et utilise des extraits de la série pour ses classes de licence et de médecine, ainsi que lors d'exposés professionnels. Lorsqu'il ne regarde pas *Dr. House* (pendant qu'il fait du cardio-training sur son vélo elliptique ou qu'il enseigne), il écrit sur de nombreux sujets liés à la bioéthique. Il a publié un livre, *L'Éthique et les Personnes âgées* (*Ethics and the Elderly*, Oxford University Press), et a signé de nombreux chapitres de livres et articles de revues. Il rédige actuellement un ouvrage sur l'objection de conscience dans les services de santé, publié chez Cambridge University Press. En tant que conseiller éthique dans deux hôpitaux, le premier conseil que Mark donne aux médecins est le suivant : ne traitez pas vos patients comme le fait House.

NOTES

Chapitre 1

1. Extrait d'une célèbre anecdote racontée par Bertrand Russell. House aurait pu ajouter : « Tant que nous y sommes, comment se fait-il qu'il puisse arriver du mal à des chiots ? Cameron veut savoir. »
2. Bertrand Russell, *The Problems of Philosophy* (Oxford / Oxford Univ. Press, 1976), 161.

Chapitre 2

1. Jean-Paul Sartre, *L'Être et le Néant*, traduit (en anglais) par Hazel E. Barnes (New York, Washington Square Press, 1956), 340.
2. Jean-Paul Sartre, *Huis Clos*, dans *Huis Clos et Trois Autres Pièces*, traduit (en anglais) par Stuart Gilbert (New York, Vintage International Press, 1989), 45.
3. *Ibid.*, 475.
4. *Ibid.*, 345.
5. *Ibid.*, 342.
6. *Ibid.*, 343.
7. *Ibid.*, 347.
8. *Ibid.*, 475.
9. *Ibid.*, 503.
10. *Ibid.*, 78.
11. *Ibid.*, 99.
12. *Ibid.*, 490-495. Ici, Sartre utilise le terme sadomasochisme en référence aux relations dans lesquelles l'une des parties tient un rôle subordonné, et assume ce rôle d'objet en ce sens qu'il ou elle laisse l'autre partenaire de la relation déterminer son rôle ou sa fonction. Bien que la référence soit sexuelle, Sartre n'utilise pas le terme de sadomasochisme pour faire uniquement – ni principalement – référence aux relations sexuelles.

13. *Ibid.*, 89.
14. *Ibid.*, 473.
15. *Ibid.*, 495.
16. *Ibid.*, 482.
17. *Ibid.*, 5.
18. *Ibid.*, 42.
19. *Ibid.*, 22.
20. *Ibid.*, 43.

Chapitre 3

1. Cité dans *Karl Pletsch, Young Nietzsche: Becoming a Genius* (New York, Free Press, 1991), 183.
2. Friedrich Nietzsche, *Ainsi parlait Zarathoustra*, traduit (en anglais) par Walter Kaufmann (New York, Viking, 1966), 14. Toutes les autres brèves citations de Nietzsche proviennent de cette édition.
3. George J. Stack, *Nietzsche and Emerson: An Elective Affinity* (Athens, Ohio Univ. Press, 1992), 338.
4. Walter Kaufmann, *Nietzsche: Philosopher, Psychologist, Antichrist*, 3e éd. (New York, Vintage, 1968), 313-314.
5. Nietzsche, *La Généalogie de la morale*, traduit (en anglais) par Walter Kaufmann, cité dans *Existentialism*, éd. Robert Solomon (New York, Modern Library, 1974), 68-69.
6. Georg Simmel, *Schopenhauer and Nietzsche*, traduit par H. Loskandl, D. Weinstein et M. Weinstein (Univ. of Illinois Press, 1991), 166.
7. M.S. Silk et J.P. Stern, *Nietzsche on Tragedy* (Cambridge, Eng., Cambridge Univ. Press, 1981), 296.
8. Martin Heidegger, *Who Is Zarathustra ?* dans *The New Nietzsche*, publié et traduit (en anglais) par David Allison (Cambridge, MA, MIT Press, 1985), 67.

NDT I : le titre original, « Is there a Superman in the House ? », fait à la fois référence à l'expression « Is there a doctor in the house ? » (« Y a-t-il un médecin dans la salle ? »), au « Surhomme » (« Superman ») de Nietzsche et, bien sûr, au Dr. House lui-même.

Chapitre 4

1. Bernard Williams, « La chance morale » dans *Moral Luck: Philosophical Papers 1973-1980* (Cambridge, Cambridge Univ. Press, 1981). Réimprimé à partir de *Proceedings of the Aristotelian Society*, supplementary vol. 50 (1976).
2. Thomas Nagel, « La chance morale » dans *Mortal Questions* (New York, Cambridge Univ. Press, 1979). Réimprimé à partir de *Proceedings of the Aristotelian Society*, supplementary vol. 50 (1976).
3. *Ibid.*, 27.
4. Williams, « La chance morale », 27.

5. *Ibid.*, 28.
6. Bien sûr, le fait que les émotions de House ne soient pas toujours conformes à ses convictions est souligné lorsque juste après avoir déclaré cela, il avoue avoir recueilli le vieux chien de Wilson, d'une certaine manière culpabilisé par l'ex-femme de ce dernier.
7. Margaret Urban Walker, "The Virtues of Impure Agency", dans *Moral Luck*, éd. Daniel Statman (Albany, State Univ. of New York Press, 1993), 240.
8. *Ibid.*
9. *Ibid.*
10. Donna Dickenson, *Risk and Luck in Medical Ethics* (Cambridge, Polity Press, 2003), 65. Je ne tenterai pas d'aborder tous les aspects légaux du consentement informé, car il me faudrait beaucoup plus de place que je n'en ai ici.
11. *Ibid.*, 84.
12. *Ibid.*, 78.
13. *Ibid.*, 84-85.
14. *Ibid.*, 157.
15. Margaret Walker (Coyne), « Chance morale ? » dans *Journal of Value Inquiry* 19, n° 4 (1985), 322-323.
16. Walker, *Moral Luck*, 241.

Chapitre 5

1. Sir Arthur Conan Doyle, *The Complete Sherlock Holmes* (New York, Barnes and Noble Books, 1992), 93.
2. Christopher Morley, "In Memoriam" dans *The Complete Sherlock Holmes*, 8 ; et Thomas Sebeok et Jean Umiker - Sebeok, "You Know My Method: A Juxtaposition of Charles S. Peirce and Sherlock Holmes" dans *The Sign of Three: Dupin, Holmes, Peirce*, éd. Umberto Eco et Thomas Sebeok (Bloomington, Indiana Univ. Press, 1983), 30-31.
3. Doyle, *A Study in Scarlet* (*Une étude en rouge*), dans *The Complete Sherlock Holmes*, 26-27.
4. Il faut noter ici que la connaissance qu'a House de la chimie, comme celle d'un médecin, est « profonde », alors que sa connaissance de l'anatomie est « précise, mais pas totale » (*Une étude en rouge*, 22).
5. Leur utilisation commune de la canne est un autre parallèle intéressant à faire. House l'utilise pour soulager sa jambe malade. Holmes en utilise également une (mais rarement). Dans *The Adventure of the Speckled Band* (*Le Ruban moucheté*), Watson dit : « Dès que nous l'avons entendu, Holmes se précipita hors de son lit, gratta une allumette, et frappa furieusement avec sa canne sur la sonnette » (Doyle, *The Complete Sherlock Holmes*, 271). Également, dans *The Red-headed League* (*La Ligue des rouquins*), Watson dit : « Il y eut un flash de lumière au bout du canon du revolver, mais la canne de Holmes frappa le poignet de l'homme, et l'arme cogna sur le sol en pierre (Doyle, *The Complete Sherlock Holmes*, 189).

6. Eco et Sebeok, eds., *The Sign of Three* ; voir en particulier Sebeok et Jean Umiker - Sebeok, "You Know My Method: A Juxtaposition of Charles S. Peirce and Sherlock Holmes", 11-54.

7. Doyle, *Une étude en rouge*, 32.

8. *Ibid.*, 83-84.

9. Charles S. Peirce, "On the Logic of Drawing History from Ancient Documents" dans *The Essential Peirce: Selected Philosophical Writings*, vol. 2 (1893-1913), éd. the Peirce Edition Project (Bloomington, Indiana Univ. Press, 1998), 107.

10. Peirce, "Pragmatism as the Logic of Abduction" dans *The Essential Peirce*, vol. 2, 231.

11. Souvent, en médecine, et très clairement dans *Dr. House*, ces anomalies apparaissent par hasard.

12. Eco et Sebeok, eds. *The Sign of Three*, 206-207.

13. Le producteur exécutif David Shore fait également remarquer l'importance de l'utilisation des métaphores par House, dans le commentaire du DVD de l'épisode « Leçon d'espoir » : « Ces métaphores sont essentielles à la série. » Je tiens beaucoup à remercier Bill Irwin pour nos discussions sur l'utilisation des métaphores par House.

14. Doyle, *The Adventure of the Abbey Grange* (*Le Manoir de l'abbaye*), dans *The Complete Sherlock Holmes*, 636.

15. Doyle, *La Ligue des rouquins*, 183.

16. Doyle, *Une étude en rouge*, 20.

17. Peirce écrit qu'à travers la méditation, « ces problèmes qui, de prime abord, semblent totalement insolubles, dévoilent, dans cet état bien précis – comme le note Edgar Poe dans *Meurtres dans la rue Morgue* – leurs clés les plus adaptées. Cela les rend particulièrement cohérentes avec le « Jeu de la méditation » ("The Play of Musement", dans "A Neglected Argument for the Reality of God", dans *The Essential Peirce*, vol. 2, 437). On notera également que Sherlock Holmes fut inspiré par le personnage de C. Auguste Dupin, d'Edgar Allan Poe, qui lui aussi passe par la méditation pour résoudre ses cas.

18. Doyle, *La Ligue des rouquins*, 184. House joue aussi du piano (dans « Une mère à charge » et « L'erreur est humaine »), tout comme Holmes joue du violon pour être d'humeur méditative.

19. House conserve également chez lui une seringue, pour s'injecter de la morphine.

20. David Shore en dit plus sur le nom et le personnage de Moriarty dans le commentaire DVD de l'épisode « House à terre ».

21. Doyle, *The Final Problem* (*Le Dernier Problème*), dans *The Complete Sherlock Holmes*, 471.

22. *Ibid.*

23. *Ibid.*, 487.

24. Lorenzo Magnani, *Abduction, Reason, and Science: Processes of Discovery and Explanation* (New York, Kluwer Academic/Plenum Publishers, 2001), 64.

25. Doyle, *Une étude en rouge*, 17.

26. Sebeok et Umiker - Sebeok, "You Know My Method", 49n7.

Chapitre 6

1. G.W. Leibniz, *Principles of Nature and Grace, Based on Reason*, section 7, dans *Philosophical Essays*, publié et traduit (en anglais) par Roger Ariew et Daniel Garber (Indianapolis, Hackett Publishing Company, 1989) ; voir aussi *The Monadology*, section 32.
2. Peter van Inwagen, *Metaphysics* (Boulder, CO, Westview Press, 1993), 135.
3. Leon Lederman, *The God Particle: If the Universe Is the Answer, What Is the Question?* (New York, Dell Publishing, 1994), 21.
4. Voir Jim Holt, "Unstrung: In String Theory, Beauty Is Truth, Truth Beauty. Is That Really All We Need to Know?" *New Yorker*, 2 oct. 2006.
5. Chris Carter, "Field Trip", *The X-Files*, 20th Century Fox/Ten Thirteen Productions (1999).

Chapitre 7

1. Mu Soeng, *Thousand Peaks: Korean Zen – Traditions and Teachers* (Cumberland, RI, Primary Point Press, 1996), 173.
2. Ici, nous avons apposé le mot « action » à celui de « sens », et nous verrons un peu plus loin que ce lien est très important dans le zen comme dans le cas de House – et qu'il y a une raison aussi majeure que lumineuse d'avoir ajouté ce terme d'« action », même de manière un peu sournoise, sans explication ou justification flagrante ! C'est une petite allusion au fait que notre essai lui-même est dépendant des astuces du zen ou de House, et nous verrons plus loin pourquoi ; tout comme nous verrons pourquoi les auteurs ne contrôlent pas ces astuces, mais en sont autant les sujets (ou les objets), menés ou manipulés par elles, que vous, les lecteurs !
3. Shunryu Suzuki, *Not Always So: Practicing the True Spirit of Zen* (New York, HarperCollins, 2003), 117. Toutes les citations suivantes de Suzuki proviennent de ce texte.
4. *Ibid.*, 40.
5. Taisen Deshimaru, *The Zen Way to the Martial Arts: A Japanese Master Reveals the Secrets of the Samurai* (New York: Compass, 1982), 5.
6. Origine inconnue.
7. Suzuki, 41.

NDT I: Le titre original de ce chapitre, « The Sound of One House Clapping », est volontairement calqué sur le koan cité peu après : « (What is) the sound of one hand clapping? » (« Quel bruit fait une main qui applaudit ? »)

NDT II : « House sitting », titre original de cette section, fait référence à la position assise (« sitting ») du bouddhisme zen, pendant la méditation, mais signifie également « garder la maison de quelqu'un en son absence ».

Chapitre 8

1. Cette traduction du *Ménon* provient de *Plato's Earlier Dialectic*, de Richard Robinson. 2ᵉ éd. (Oxford, Clarendon Press, 1951). Il y a de nombreuses traductions – toutes bonnes – du *Ménon* de Platon, dont cette autre, de W.K.C. Guthrie, dans *The Collected Dialogues of Plato*, publiée par Edith Hamilton et Huntington Cairns (Princeton, Pantheon Books, 1961). Afin de permettre au lecteur de retrouver les mêmes passages dans différentes éditions, les lignes sont généralement numérotées. Celui-ci, par exemple, est numéroté *Meno* 84c.

2. Gregory Vlastos fait remarquer cette utilisation pédagogique de l'ironie dans son article "Socratic Irony", publié dans son livre *Socrates, Ironist and Moral Philosopher* (Ithaca, NY, Cornell Univ. Press, 1991), 21-44.

3. Ce passage est numéroté *Phaedo* 100a. On le retrouve dans *The Collected Dialogues of Plato*, éd. Hamilton and Cairns, 81.

4. *Ibid.*

Chapitre 9

1. *Dao De Jing*, traduit et commenté par Roger T. Ames and David L. Hall (New York, Random House, 2003), 80. Bien que de plus anciennes traductions emploient la translittération *tao*, les plus récentes utilisent le terme linguistiquement plus correct de *Dao*. Dans ce chapitre, j'ai choisi de garder cette dernière.

2. *Ibid.*, 114.

3. *Ibid.*, 77.

4. *The Analects of Confucius*, traduit, présenté par Roger T. Ames et Henry Rosemont (New York, Random House, 1998), 45.

5. *Dao De Jing*, 77.

6. *Ibid.*, 84.

7. *Ibid.*

8. *Ibid.*, 206.

9. Aristote, *Nichomachean Ethics*, I.4, traduction de l'auteur.

10. *The Book of Chuang Tzu*, traduit (en anglais) par Martin Palmer (New York, Penguin, 2006), 22.

11. J'ai rédigé cet essai alors que je servais comme volontaire dans le cadre d'une organisation américaine de coopération et d'aide aux pays en développement (« Peace Corps »), à l'université de Sichuan Normal, à Chengdu, en Chine. Là-bas, de nombreuses personnes m'ont aidé à affiner ma pensée sur le daoïsme, et à trouver l'inspiration pour écrire ce texte. Je tenais tout particulièrement à remercier Spencer Brainard et Sophie Tong.

Chapitre 10

1. Susan Sherwin, "The Relationship of Feminism and Bioethics", dans *Feminism and Bioethics: Beyond Reproduction*, éd. Susan M. Wolf (New York, Oxford Univ. Press, 1996), 57.

2. Carol Gilligan, *In a Different Voice: Psychological Theory and Women's Development* (Cambridge, Harvard Univ. Press, 1982).
3. Virginia Held, *The Ethics of Care: Personal, Political and Global* (New York, Oxford Univ. Press, 2006), 10-15.
4. Sandra Lee Bartky, *Femininity and Domination: Studies in the Phenomenology of Oppression* (New York, Routledge, 1990), 118.
5. Held, *Ethics of Care*, 10.

Chapitre 11

1. Tom L. Beauchamp et James F. Childress, *Principles of Biomedical Ethics*, 5e éd. (Oxford, Oxford Univ. Press, 2001).
2. John Rawls, *A Theory of Justice* (Cambridge, MA, Harvard Univ. Press, 1971), 16.
3. Les décisions concernant ceux qui bénéficient de greffes d'organes ne sont pas prises comme on nous le montre dans *Dr. House*. La question de la transplantation d'organes n'a aucun lien avec la politique interne de l'hôpital. Elle est centralisée à partir d'un programme fédéral subventionné, le « United Network for Organ Sharing » (UNOS) (http://www.unos.org).

Chapitre 12

1. Voir Tom L. Beauchamp et James F. Childress, *Principles of Biomedical Ethics*, 6e éd. (New York, Oxford Univ. Press, 2008) ; et Ruth R. Faden et Tom L. Beauchamp, *A History and Theory of Informed Consent* (New York, Oxford Univ. Press, 1986).
2. Bien que non classifiable dans le paternalisme, la tentative de passer outre la décision d'un parent pour promouvoir le bien-être d'un enfant est légitiment sujette à une évaluation éthique.
3. Voir Lonnie D. Kliever, *Dax's Case: Essays in Medical Ethics and Human Meaning* (Dallas, Southern Methodist Univ. Press, 1989). M. Cowart a changé son nom, de Donald en Dax, en 1982.
4. *Dax's Case* fut produit par Unicorn Media, Inc., pour Concern for Dying, Inc. Il est sorti en 1985.
5. Robert Nozick, *Anarchy, State, and Utopia* (New York, Basic Books, 1974), 42-45.
6. Certains philosophes font la distinction entre un paternalisme « fort » et « faible », ou un paternalisme « étendu » et « limité » (ou « restreint »). Le premier type de paternalisme est considéré comme ayant lieu lorsqu'il est pratiqué en relation avec des personnes autonomes, et le second lorsqu'il l'est avec des gens qui ne le sont pas pleinement. Voir James F. Childress, *Who Should Decide? Paternalism in Health Care* (New York, Oxford Univ. Press, 1982).

Chapitre 14

1. H.L.A. Hart, *The Concept of Law* (1961), éd. Penelope A. Bulloch et Joseph Raz, 2e éd. (Oxford, Clarendon Press, 1994).

2. John Austin, *The Province of Jurisprudence Determined and the Uses of the Study of Jurisprudence* (1832), éd. H.L.A. Hart (Indianapolis, Hackett Pub., 1998).
3. Joseph Raz, *The Authority of Law: Essays on Law and Morality* (Oxford ; New York, Clarendon Press, 1979) ; Joseph Raz, *The Morality of Freedom* (Oxford ; New York, Clarendon Press, 1986) ; Joseph Raz, "The Problem of Authority: Revisiting the Service Conception", *Minnesota Law Review* 90 (2006), 1003.
4. Tous mes remerciements à Tamar Zeffren et Daniel Friedman pour leurs commentaires et leurs suggestions supplémentaires sur les épisodes, à Sara Morrison de www.televisionwithoutpity.com pour ses résumés concis et humoristiques des intrigues, et à Celeste Clearly pour le lien.

Chapitre 15

1. Platon, *Apology*. Cette traduction de Benjamin Jowett est disponible sur le site http://classics.mit.edu/Plato/apology.html.
2. Pour en savoir plus sur House et la vie non examinée, voir le chapitre un de ce livre.
3. John Stuart Mill, *De la liberté* (1859), chapitre 3, paragraphe 4. Comme il existe de nombreuses éditions de cet ouvrage, j'ai préféré citer les chapitres et les paragraphes plutôt que les numéros de page.
4. Mill, *De la liberté*, chapitre 3, paragraphe 13.
5. *Ibid.*, chapitre 3, paragraphe 14.
6. *Ibid.*, chapitre 2, paragraphe 10.
7. Cette chanson, écrite par Ed et Patsy Bruce, a été interprétée par des stars comme Johnny Paycheck, Waylon Jennings, et bien sûr par Willie Nelson. Ed Bruce et Patsy Bruce, *Mama, Don't Let Your Babies Grow Up to Be Cowboys* (Memphis, United Artists, 1974). Current copyright, éd. Bruce, Sony/ATV (Tree Publishing Co., Inc., 2007).

Chapitre 16

1. Dans ce chapitre, nous traiterons de l'amour romantique, ce que les Grecs appellent l'*éros*, par opposition à l'amour amical (la *philia*), l'amour de la famille proche (la *storge*) et l'amour de Dieu (l'*agapè*). Pour plus de détails sur ces distinctions (d'un point de vue chrétien), voir C.S. Lewis, *The Four Loves* (San Diego, Harcourt, 1991).
2. De nombreux auteurs considèrent l'amour comme un état volitionnel, plutôt qu'une émotion, dont Robert Nozick et Harry Frankfurt. Voir Robert Nozick, "Love's Bond" dans son livre *The Examined Life: Philosophical Meditations* (New York, Simon and Schuster, 1989) et Harry Frankfurt, *Reasons of Love* (Princeton, Princeton Univ. Press, 2004).
3. Il semble difficile de spécifier quelles caractéristiques font que l'on puisse dire « Je t'aime », mais le fait qu'une théorie soit difficile à analyser ne signifie pas qu'elle soit fausse. En d'autres termes (philosophiques) : la question concernant la connaissance

que nous pouvons avoir d'une certaine réalité n'est pas la même que celle qui concerne la nature et le fonctionnement de cette réalité. La première question est *épistémologique* (*épistémè* signifiant « le savoir » en grec ancien), et la deuxième *ontologique* (de *ontos*, « l'être »).

4. Cette histoire est racontée par le dramaturge Aristophane dans un dialogue de Platon, le *Symposium*. Platon, l'un des plus grands philosophes de tous les temps, vivait à Athènes entre le cinquième et le quatrième siècle av. J.-C. Aristophane était son contemporain, et dans ce dialogue imaginaire, Platon lui raconte l'histoire de l'origine des sexes, ainsi que du désir sexuel et de la reproduction. C'est une histoire complexe et fascinante, qui vise à expliquer l'attirance hétérosexuelle et homosexuelle. L'idée principale est qu'autrefois, l'être humain était rond, et qu'il a été coupé en deux parties qui depuis cherchent absolument à se rassembler.

5. Voir Lewis, *The Four Loves*, 108.

Chapitre 17

1. Aristote, *The Basic Works of Aristotle, Nicomachean Ethics*, publié et traduit (en anglais) par Richard McKeon (New York Random House), 1941), livre 8, chapitre 3, 1156b.

NDT I : Il s'agit de la page de sommaire d'une revue d'études médicales. L'article signé Foreman (« un viol intellectuel », selon House) est stabiloté par Cameron...

Chapitre 18

1. Les talents de diagnosticien de House ne sont pas fiables dans le sens où ils débouchent sur plus de conclusions correctes que de mauvaises concernant les maladies de ses patients. Par sa façon de travailler, House passe toujours par plusieurs faux diagnostics avant de trouver quel est le réel problème, et ses conclusions sont globalement plus souvent mauvaises que correctes. Il est néanmoins fiable dans la mesure où il finit toujours par atteindre la bonne conclusion sur leurs maladies, sous la forme d'un bon diagnostic. Il résout tous les cas.

2. Aristote, *Nicomachean Ethics*, traduit (en anglais) par David Ross (New York, Oxford Univ. Press, 1998), Book 2.6, 1006b36.

3. Voir Nancy Eisenberg, "Empathy and Sympathy", dans *Handbook of Emotions*, éd. Michael Lewis et Jeanette M. Haviland-Jones (New York, Guilford Press, 2000) ; Nancy Eisenberg et Paul Miller, "Empathy, Sympathy, and Altruism: Empirical and Conceptual Links", dans *Empathy and Its Development*, éd. Nancy Eisenberg et Janet Strayer (Cambridge, Cambridge Univ. Press, 1987) ; Martin Hoffman, *Empathy and Moral Development* (New York, Cambridge Univ. Press, 2000) ; et E. Ann Kaplan, "Vicarious Trauma", dans *Empathy: Philosophical and Psychological Perspectives*, éd. Amy Coplan et Peter Goldie (Oxford, Oxford Univ. Press, à paraître).

4. Nous sommes profondément reconnaissants envers nos familles et amis pour les discussions fructueuses, ainsi que pour leurs commentaires sur nos premières ébauches :

Rob Battaly, Trudy Battaly, Bettie Coplan, Shirley Coplan, Tobyn De Marco, Marco Iacoboni, Katie Kruse, Cori Miller, Ryan Nichols, Clifford Roth et Margie Roth.

NDT UN : le titre original de cette partie, « Oh What a Tangled Web », est un extrait (très célèbre – « Oh ! what a tangled web we weave », « Oh, quelle toile enchevêtrée nous tissons ») du poème *Marmion* du poète écossais Sir Walter Scott (1771-1832).

Imprimé en juin 2009 sur les presses de l'imprimerie «La Source d'Or»
63039 CLERMONT-FERRAND
Imprimé en France
Pour le compte de Music & Entertainment Books
ISBN 978-2-35726-021-4
Dépôt légal : juin 2009
Première édition : juin 2009
Directeur d'édition : Eddy Agnassia
Collection coordonnée par Flore Law de Lauriston
Composition et mise en page : Anthony Gaucher
Couverture : Mathieu Tougne www.freelancer.fr